챗GPT와 랭체인을 활용한

LLM 기반
AI 앱 개발

랭체인 기초부터
슬랙 앱 제작과 배포까지,
실무 중심의
LLM 애플리케이션 구축

챗GPT와 랭체인을 활용한
LLM 기반
AI 앱 개발

랭체인 기초부터
슬랙 앱 제작과 배포까지,
실무 중심의
LLM 애플리케이션 구축

지은이 **요시다 신고, 오시마 유키**

옮긴이 **최용**

펴낸이 **박찬규** 엮은이 **전이주** 디자인 **북누리** 표지디자인 **Arowa & Arowana**

펴낸곳 **위키북스** 전화 **031-955-3658, 3659** 팩스 **031-955-3660**

주소 **경기도 파주시 문발로 115, 311호 (파주출판도시, 세종출판벤처타운)**

가격 **27,000** 페이지 **300** 책규격 **175 x 235mm**

초판 발행 **2024년 06월 05일**
ISBN **979-11-5839-523-0 (93000)**

등록번호 **제406-2006-000036호** 등록일자 **2006년 05월 19일**
홈페이지 **wikibook.co.kr** 전자우편 **wikibook@wikibook.co.kr**

챗GPT와 랭체인을 활용한

LLM 기반
AI 앱 개발

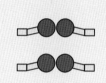

랭체인 기초부터
슬랙 앱 제작과 배포까지,
실무 중심의
LLM 애플리케이션 구축

요시다 신고,
오시마 유키 지음
최용 옮김

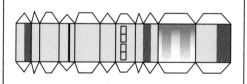

위키북스

소개

이 책은 챗GPT(ChatGPT)와 랭체인(LangChain)을 사용하여 대규모 언어 모델(LLM)을 프로덕션 수준의 시스템에 통합하기 위한 지식을 단계별 실습을 통해 배울 수 있는 책이다.

2022년, 미드저니(Midjourney)와 챗GPT가 출시되면서, 언젠가는 올 거라고 생각했던 AI의 민주화가 갑자기 찾아왔다는 사실에 놀란 사람이 많을 거라 생각한다. 이전부터 AI/ML 엔지니어로 활약해 온 사람은 그렇다 치더라도, 저자들과 같은 애플리케이션 개발자에게는 AI/ML 지식이 필요한 애플리케이션 개발에 도전하기에는 장벽이 높았다. 하지만 생성 AI와 그 API를 통해 AI를 활용한 애플리케이션을 쉽게 구현할 수 있지 않을까 하는 생각이 들었을 것이다. 생성 AI를 활용한 제품을 만들어보고 싶다고 생각하는 사람도 많을 거라 생각한다.

또한, 생성 AI 관련 진화가 워낙 빠르고 매일 뉴스가 쏟아져 나오다 보니, 어디서부터 손을 대야 할지 몰라 고민하는 사람도 많을 것 같다.

처음 생성 AI 프로젝트를 진행할 때 가장 먼저 시도해볼 수 있는 것은 OpenAI API(챗GPT의 API)와 랭체인이라는 프레임워크다. 이를 잘 익히면 기본적인 대규모 언어 모델(LLM)의 성질을 이해하고 서비스나 업무 시스템을 구축할 수 있다. 또한, 향후 LLM의 진화에 대해서도 머릿속에 지식 체계와 업계 지도를 확실히 그려볼 수 있게 된다.

생성 AI와 같이 언뜻 보면 마술처럼 보이는 기술을 과학적 방법론의 하나로 보고, 시스템의 일부 또는 대부분으로 활용할 수 있도록 하기 위한 입문서로서 최적의 책을 내고자 이 책을 썼다.

> *멋진 LLM 앱을 만들기는 쉽지만, 프로덕션 수준의 LLM 앱을 만들기는 매우 어렵다.*
> *– 칩 후옌(Chip Huyen)*

이 책에서는 OpenAI API와 랭체인을 사용해 시스템을 구축한다. 실제로 여러분이 프로덕션 시스템을 만들 때 더 좋은 품질의 번역 성능과 요약 성능, 설계 의도에 맞는 조건 분기, 빠른 응답 성능, 테스트와 평가의 용이성, 보안 대책 등 많은 과제에 직면하게 될 것이다. 실제로 이러한 과제들에 대해 하루가 다르게 다양한 뉴스가 쏟아져 나오고 있지만, 만드는 애플리케이션의 성격에 따라 중점적으로 신경 써야 할 과제가 천차만별이라고 생각한다. 이 책에서는 그 한 단면을 이해할 수 있도록 실제로 구축하고 구동해 보면서 가능한 한 많은 과제와 현재 애플리케이션 개발자들이 생성 AI를 시스템에 활용할 때 공통적으로 겪는 문제에 대해서도 밝히고, 해결의 힌트가 될 수 있는 정보를 제공하고자 한다.

앞으로 시스템 활용이 더욱 기대되는 생성 AI에 대해 이 책을 통해 여러분이 자신감을 가지고 도전할 수 있게 되기를 바란다. 함께 노력하자.

이 책에서 배울 수 있는 것

이 책의 전반부에서는 OpenAI API(Chat Completions API)와 랭체인(LangChain)에 관해 설명한다. OpenAI가 기존의 1/10의 비용으로 GPT-3.5를 처리할 수 있는 gpt-3.5-turbo를 출시한 이후, 이 모델을 사용해 간단한 챗봇이나 문서 요약 및 번역 앱을 사용하는 기사가 인터넷에 많이 공개됐다. 하지만 본격적인 시스템에 적용하려면 기존 프로그래밍과 마찬가지로 입력 검사 및 여러 함수를 사용한 소스 코드 구현이 필요하다. 또한 챗GPT를 더 실용적으로 만들기 위해 학습된 데이터로부터 통계적으로 생성된 결과를 보다 명확하게, 의도된 전문 지식을 사용하여 답변할 필요가 있다. 이런 경우 LLM이나 주변 생태계 도구 등을 추상화하고 조합하여 구현할 수 있는 것이 바로 랭체인이다.

랭체인은 단순히 여러 작업을 추상화하는 도구로서도 훌륭하지만, LLM을 활용한 애플리케이션을 만들 때 직면하는 다양한 과제에 대해 논문 등에서 제안되는 새로운 방법도 적극적으로 도입하고 있다. 따라서 처음 자신의 애플리케이션 설계로는 달성할 수 없는 기능적, 비기능적 과제에 직면했을 때 참고할 수 있는 많은 아이디어의 보물창고로 활용할 수 있다.

클라우드를 최대한 활용하기

이 책에서는 기본적으로 모든 구현을 클라우드상에서 진행한다. 리포지터리, 노트북, IDE, 실행 환경, LLM, 스토리지, 벡터 스토어 등 모든 것을 클라우드에서 제공하는 기능만 활용한다. 따라서 환경 설정에 대한 고민 없이 빠르게 리소스를 조달하고 빠르게 실제 작동하는 애플리케이션을 얻을 수 있다.

또한, 필요에 따라 추가로 스케일업-스케일아웃이 가능한 구성을 목표로 한다. 적은 비용으로 빠르게 실천할 수 있는 최적의 구성을 생각하고 있다.

이 책으로 할 수 있는 일

- LLM을 활용한 애플리케이션 개발자가 될 수 있을까? → 이 책은 그 입문서다. 이를 실천하면 향후 OpenAI 이외의 LLM을 다루거나 다른 클라우드 툴과 결합할 때도 무엇을 어떤 이유로 선정해야 하는지 그 요령을 이해할 수 있게 될 것이다.

- 챗GPT를 사용한 실용적인 슬랙(Slack) 앱을 만들고 싶다. → 이 책의 코드를 작성할 때 나름대로 신경 썼기 때문에 그대로 사내 도입 시 베이스로 삼을 수 있을 것 같다.

- 사내에서 대량의 문서를 검색하는 채팅 시스템을 원한다. → 이 책의 코드는 실제 사용하는 장면을 상정하여 작성했다.

이 책에서 다루지 않는 것들

- 머신러닝 전문지식이나 생성 AI의 작동 원리 등은 설명하지 않는다. 그에 관해 알고 싶다면 다른 전문 서적에 더 자세히 나와 있으니 참고하기 바란다.

대상 독자

이 책은 다음과 같은 사람을 대상으로 한다.

- 대규모 언어 모델(LLM)을 활용한 시스템을 만들어보고 싶은 애플리케이션 개발자

- 작동하는 것을 만들면서 LLM의 지식 체계와 요령을 배우고 싶은 사람

- LLM 애플리케이션 개발 전문가가 되기 위해 먼저 알아야 할 기술을 알고 싶은 사람

전제 지식 및 준비 사항

이 책을 읽어나가는 데 있어 몇 가지 전제 지식과 준비 사항이 있다.

파이썬 프로그래밍

우선 이 책에서는 프로그래밍 언어로 파이썬을 사용하며, 파이썬에 대해서는 실제로 작동하는 코드를 작성할 수 있는 것을 전제로 한다. 따라서 이 책에서는 파이썬의 기본은 설명하지 않는다.

단, 파이썬에 익숙하지 않더라도 다른 프로그래밍 언어를 일반적으로 다룰 수 있는 정도만 이해하면 문제 없다. 이 책에서는 구현하는 코드를 차근차근 설명하며, 작동을 확인하는 코드도 공개하고 있으니 안심하고 따라해보기 바란다.

각종 클라우드 서비스 등록

이 책에서는 OpenAI의 API와 AWS, 그리고 몇 가지 클라우드 서비스를 사용한다. 따라서 이 책의 내용을 실제로 시험해보기 위해서는 환경 구축 절차에 따라 이들 서비스를 설정할 수 있는 정도의 IT 활용 능력이 필요하다.

이 책에서 구현하는 애플리케이션은 최대한 비용을 절감할 수 있는 구성과 요금제를 이용하도록 노력하고 있다. 그러나 약간의 요금이 발생할 수 있다. 공부를 하는 데 몇만 원 정도 이용료를 지불할 용의가 있는 사람을 전제로 하고 있다. 또한, 이 책에서 사용하는 일부 서비스에서는 결제를 위해 신용카드 등록이 필요하다.[1]

이 책의 구성

이 책에서는 실제로 작동하며 바로 사용할 수 있는 애플리케이션을 프로그래밍하는 것을 목표로 한다. 어느 정도 개발 경험이 있는 사람을 대상으로 하지만, 소스 코드를 모두 기재하고 깃허브(GitHub)에 올려놓았으므로 누구나 책을 그대로 따라 하면 작동하는 애플리케이션을 구축할 수 있다.

최종적으로 특정 문서를 검색하고 답변하는 채팅 시스템을 구축하기 위해 2장부터 중요한 부분을 직접 입력해 연습해 본다.

각 장에서는 최종적으로 구축되는 애플리케이션에서 사용하지 않는 지식 등은 가급적 칼럼에 수록해 빠르게 읽을 수 있게 했다.

---

1 (옮긴이) 해외 결제 가능한 체크카드도 쓸 수 있다.

사용 중인 소프트웨어 버전

이 책의 코드는 다음 버전에서 작동을 확인했다.[2]

- Python 3.10
- LangChain 0.1.14

그 외 이 책을 작성하면서 작동을 확인한 패키지 버전은 깃허브에 공개된 `requirements.txt`를 참고하기 바란다.

실제로 애플리케이션을 개발할 때 의존 패키지는 가능한 한 최신 버전을 사용하고 싶을 때가 많을 것이다. 이 책에 소개한 소스 코드가 버전 차이로 인해 잘 작동하지 않는다면 각자 원인을 찾아보거나 `requirements.txt`에 명시된 버전을 사용하기 바란다.

이 책의 프로그램 코드에 대하여

이 책에 수록된 프로그램은 다음 깃허브 저장소에 공개돼 있다.

- `https://github.com/ychoi-kr/langchain-book`

3장부터 5장까지의 소스 코드는 구글 코랩(Google Colab)에서 위 주소를 입력해 열어 볼 수 있다.

6장부터 8장까지의 소스 코드도 위의 저장소에서 참조할 수 있다.

---

2 (옮긴이) 원서는 랭체인 0.0.292 버전을 기준으로 하는데, 원서 출간 이후 0.1 버전에서 변경이 많아서 저자가 그에 맞는 코드를 저장소에 게시했다. 번역서는 그 코드를 기준으로 삼아 테스트하고, 본문 내용도 그에 맞게 고쳤다.

감사의 말

LLM으로 세상이 완전히 바뀔 이 중요한 시기에 이 책을 집필하게 해주신 편집자 호소야 겐고 선생님, 감사합니다. 또한, 집필을 통해 도움을 주신 다음 분들께도 진심으로 감사드립니다.

LLM에서 앱을 만들자고 결심하고 참여한 오시마 씨의 랭체인 스터디에서 제 공부가 시작되었는데, 이제 이렇게 함께 글을 쓸 수 있게 되었습니다. 매일 같이 글을 쓰면서 정말 많은 것을 배울 수 있었습니다.

7장 슬랙 앱은 세라 카즈히로 씨의 정확하고 세세한 지적을 통해 보다 구체적이고 알기 쉬운 설명이 되었습니다.

실전 릴리스를 위한 장에서는 에가시 타카시 씨의 관점에서의 리뷰를 통해 보다 실용적인 내용을 담았습니다.

리뷰와 소감을 보내주신 챗GPT 커뮤니티와 서버리스 커뮤니티의 기여로 많은 분들께 이 책을 전달할 수 있을 것 같습니다. 앞으로도 랭체인과 LLM의 많은 커뮤니티에서 매일매일 자극을 받으면서 저 역시 LLM으로 세상을 바꾸기 위해 계속 기여해 나가겠습니다.

편집 제작을 담당해 주신 탑스튜디오의 신속하고 헌신적인 작업으로 빠르게 변화하는 인공지능 관련 서적을 집필부터 출판까지 짧은 시간 안에 전달할 수 있었습니다.

요시다 신고(吉田 真吾)

먼저 이 책을 함께 집필하지 않겠냐고 제안하고 끝까지 함께 집필해 준 요시다 신고 씨에게 진심으로 감사드립니다. 요시다 씨가 집필해 주신 부분이나 집필 중에 상담해 주신 내용은 저에게도 큰 공부가 되었습니다. 감사합니다.

이 책은 주제의 특성상 매우 단기간에 집필을 마쳤습니다. 이 바쁜 집필을 도와주신 편집자 호소야 겐고(細谷謙吾) 씨에게도 감사의 말씀을 드립니다.

이 책의 공저자로 참여하게 된 계기는 제가 지난 4월에 개최한 스터디 '프롬프트 엔지니어링으로 시작하는 랭체인 입문'이었습니다. 이 스터디를 주최한 커뮤니티 'StudyCo'는 친구들과 수년간 지속해 온 스터디를 기반으로 하고 있습니다. StudyCo 운영진 여러분, 스터디에 참가해 주신 여러분께 감사의 말씀을 드립니다. 특히 요시다 타쿠시 씨, 에자키 타카히로 씨는 리뷰에도 도움을 주셨습니다. 사전 지식이 없으면 이해하기 어려운 여러 가지 사항을 지적해 주셔서 저 스스로도 깨닫게 된 점이 많았습니다. 감사합니다.

랭체인을 사용하는 분의 관점에서 오미도 히로시 씨와 무타카타 히데오 씨도 리뷰에 협조해 주셨습니다. 설명 방식이나 설명 내용의 세세한 오류까지 지적, 조언해 주셔서 이 책의 해설의 질을 크게 향상시킬 수 있었습니다. 정말 감사합니다.

오시마 유키(大嶋 勇樹)

저자 약력

요시다 신고(吉田真吾)

주식회사 사이다스 이사 CTO/주식회사 섹션나인 대표이사 CEO. 일본 챗GPT 커뮤니티를 주최한다. HCM Suite 'CYDAS PEOPLE'의 개발 및 운영을 맡고 있다. 서버리스 기술 커뮤니티를 주최해 일본에서의 서버리스 보급을 촉진하고 있다. 《AWSによるサーバーレスアーキテクチャ(AWS에 의한 서버리스 아키텍처)》(쇼영사)를 감수, 《서버리스 싱글 페이지 애플리케이션》(오라일리)를 감역했으며, 《AWSエキスパート養成読本(AWS 전문가 양성 독본)》(기술평론사)를 공저했다.

오시마 유키(大嶋勇樹)

소프트웨어 엔지니어. IT 기업에서 프리랜서 엔지니어를 거쳐 회사를 세웠다. 현재는 현업에 종사하는 엔지니어의 스킬 향상을 주제로 스터디 모임 개최 및 교재 제작 활동을 하고 있다. 온라인 강좌 유데미(Udemy) 베스트셀러 강좌를 다수 보유하고 있다. AWS, 도커/쿠버네티스, 서버리스 기술 등을 다루는 '야생의' 클라우드 네이티브 인재이며 최근에는 랭체인(LangChain) 전문가로 인정받고 있다. 스터디 커뮤니티인 StudyCo를 운영한다.

대규모 언어 모델(LLM)을 이용한 애플리케이션을 개발하고 싶다!

2022년 11월에 출시된 챗GPT(ChatGPT)를 이용해 본 사람이라면 그 높은 대화 성능에 매우 놀랐을 거라고 생각한다. 특히 애플리케이션 개발자라면 지금까지 할 수 없었던 비즈니스나 기능을 실현할 수 있을지도 모른다는 기대감에 들떴을 것이다. 애플리케이션 개발자들에게는 가능성이 커졌고 뭔가 실현해 보고 싶다는 생각이 드는 한편, 대규모 언어 모델(LLM) 관련 뉴스가 매일 쏟아져 나오면서 그 진화의 속도에 당황스러워하는 경우도 많은 것 같다.

우리 IT 엔지니어에게 지금 중요한 것은 이 마법 같은 LLM이 어떤 기술 원리와 성질에 의해 움직이는지 파악해 사용자를 위한 편익을 설계하고 시스템에 잘 녹여내는 것이다. 어떤 기술을 조합하고 인력을 얼마나 투입해 어떤 시스템을 실제로 구현할 수 있는지 아는 것은 시스템 개발 현장에서 LLM 활용의 필요성이 대두될 때 중요한 지식과 기술이 될 것이다. 그 첫걸음을 내딛는 데 필요한 실무 노하우를 이 책에 담았다. 이제 겁먹지 말고 LLM을 활용한 앱 개발을 시작해 보자!

1.1 　챗GPT를 사용해 보자

이 책에서 다루는 주제를 따라가기 위해서는 무엇보다도 먼저 챗GPT를 사용해 봐야 한다. 챗GPT의 URL(https://chat.openai.com/)에 접속해 회원으로 가입하면 챗GPT를 사용할 수 있다.[1]

예를 들어 챗GPT에 "자기소개를 해주세요!"라고 입력하면 챗GPT는 유창한 한국어로 자기소개를 한다.

그림 1.1 자기 소개를 해주세요!

그 외에도 예를 들어 "오늘 저녁은 뭐가 좋을까?"라고 입력하면 몇 가지 아이디어를 제시해 준다.

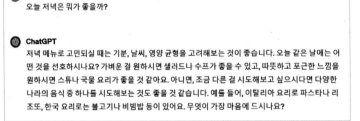

그림 1.2 오늘 저녁은 뭐가 좋을까?

---

1 (옮긴이) 2024년 4월부터는 OpenAI에 회원으로 가입하지 않아도 챗GPT를 사용할 수 있다. https://openai.com/blog/start-using-chatgpt-instantly 참조.

지금까지 AI 챗봇을 사용할 때 한국어가 어색하거나 엉뚱한 대답만 하는 것 같다는 느낌을 받은 사람도 많았을 것이다. 하지만 챗GPT는 매우 자연스러운 언어로 입력한 내용을 제대로 이해하고 있는 것처럼 응답해 준다.

1.2 프롬프트로 할 수 있는 일

챗GPT에 입력하는 것을 '프롬프트'라고 부른다. 챗GPT와 잡담을 나누는 것도 재미있지만, 프롬프트를 창의적으로 활용하면 일상 업무나 프로그래밍에 도움을 얻을 수 있다. 다음은 프롬프트를 활용하는 몇 가지 예시다.

일상 업무에 활용해 보자

챗GPT에 지시를 내리면 적절한 상황에 맞는 메일을 작성해 준다.

> **You**
> 다음 내용으로, 서비스 이용 고객에게 연락하는 메일을 써줘.
> ---
> 제목: 장애 발생 1차 보고
> 내용: 오늘 18시경 일부 지역 정전으로 당사 데이터센터 내 일부 서버가 정지. 현재 복구 중이며 8시에 다시 메일로 연락하겠음.
>
> **ChatGPT**
> 제목: [중요] 장애 발생 1차 보고 및 추후 안내
>
> 안녕하세요,
>
> 귀하께서 이용 중이신 서비스에 대해 중요한 업데이트를 전달 드립니다.
>
> 오늘 18시경, 일부 지역에서 발생한 정전 사태로 인해 당사 데이터센터 내 일부 서버의 운영이 중단되었습니다. 이로 인해 서비스 이용에 불편을 겪으신 고객님들께 깊은 사과의 말씀을 드립니다.
>
> 당사는 현재 복구 작업에 최선을 다하고 있으며, 서비스 정상화를 위해 노력하고 있습니다. 복구 진행 상황에 대한 다음 업데이트는 오늘 20시에 메일을 통해 안내드릴 예정입니다.
>
> 서비스 이용에 불편을 드린 점 다시 한번 사과드리며, 고객님의 너그러운 양해를 부탁드립니다. 더욱 안정적인 서비스를 제공하기 위해 최선을 다할 것을 약속드립니다.
>
> 추가 문의 사항이 있으시면 언제든지 연락 주시기 바랍니다. 고객님의 이해와 협조에 깊이 감사드립니다.
>
> 감사합니다.
>
> [귀하의 이름]
> [귀하의 직위]
> [회사명]
> [연락처]

그림 1.3 이메일 내용 만들기

예를 들어, 프레젠테이션의 콘셉트를 지정하여 목차 및 개요를 작성하게 하는 등 생각보다 시간이 오래 걸리는 아이디어의 밑그림을 그리도록 지시할 수 있다.

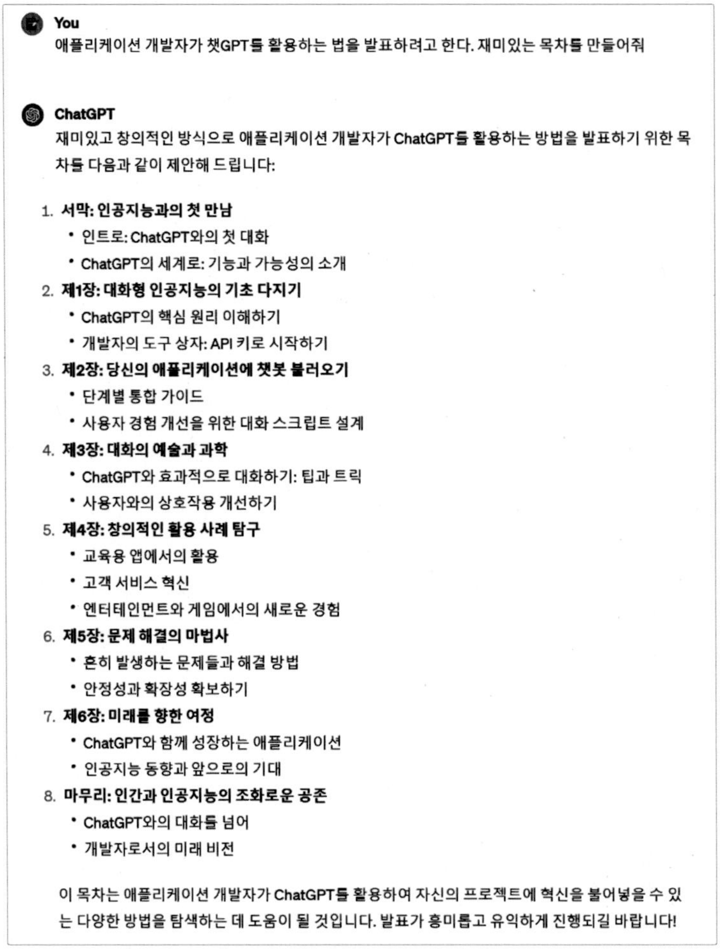

그림 1.4 프레젠테이션 아이디어

그림 1.5와 같이 업계나 자사 자산을 활용한 신규 사업 아이디어를 생각해 볼 수도 있다. 물론 챗GPT는 지칠 줄 모르기 때문에 "다른 제안을 해주세요"라고 계속 물어보거나 "그 외에 5개를 만들어 주세요"라고 지시하면 만족할 만한 영감이 떠오를 때까지 몇 번이고 아이디어를 만들어 준다.

You

우리는 40년간 지속된 리폼 전문 기업이야. 업계에서 아무도 손대지 않은 새로운 상품의 기획력과 공장이 없는 가벼운 경영이 특징이야. 여기에 더해 내년부터 개발할 신상품의 기획서를 쓰고 싶어. 대상 독자는 이사회의 사람들이야. 어떤 상품이 있을까? 개요도 함께 설명해 줘.

ChatGPT

귀사의 40년 역사와 리폼 분야에서의 전문성, 그리고 혁신적인 경영 모델을 바탕으로 새로운 상품 개발 아이디어를 제안합니다. 이는 기존 시장에서 탐색되지 않은 영역을 대상으로 하며, 귀사의 경량 경영 철학과도 잘 어울립니다.

신상품 제안: "지속 가능한 스마트 리폼 플랫폼"

개요

이 신상품은 지속 가능성을 중심으로 한 디지털 플랫폼입니다. 고객이 가지고 있는 가구나 인테리어 소품을 직접 리폼하지 않고, 가상으로 리디자인하고 결과를 미리 볼 수 있는 서비스를 제공합니다. 이 플랫폼은 사용자가 원하는 스타일, 색상, 재료를 선택하여 가상의 리폼을 실시간으로 체험할 수 있도록 합니다. 완성된 디자인은 협력 업체를 통해 실제 리폼 작업으로 이어질 수 있습니다.

제품 특징

- **가상 리폼 시뮬레이션**: AR(증강 현실) 기술을 활용해 가구나 소품의 리폼 전후 모습을 가상으로 체험할 수 있습니다.
- **사용자 맞춤형 디자인**: 다양한 디자인 옵션과 색상, 재료를 선택할 수 있어 사용자의 개성과 취향을 반영한 맞춤형 리폼이 가능합니다.
- **지속 가능한 솔루션**: 친환경 재료 선택, 재활용 가능한 제품 리폼 등 지속 가능한 소비를 장려합니다.
- **공장 없는 생산 모델**: 협력 네트워크를 통해 주문 제작 방식으로 운영되어, 공장을 소유하지 않는 가벼운 경영 모델을 유지합니다.

시장 위치 및 전략

- **대상 시장**: 환경을 생각하는 젊은 세대, DIY 및 인테리어 디자인에 관심이 많은 사용자.
- **경쟁 우위**: 가상 리폼을 통한 신속하고 개인화된 디자인 제안, 지속 가능한 소비 촉진.
- **마케팅 전략**: 소셜 미디어, 블로깅, 온라인 광고를 통해 타겟 고객에게 도달. 리폼 전후 사례와 사용자 리뷰를 중심으로 콘텐츠를 제작하고 공유합니다.

실행 계획

1. **기술 개발 및 테스트**: AR 및 사용자 인터페이스 기술 개발에 집중하고, 초기 사용자 그룹을 대상으로 테스트를 실시합니다.
2. **협력 업체 네트워크 구축**: 친환경 재료 공급업체, 리폼 작업 전문가 등과 협력 관계를 구축합니다.
3. **사용자 참여 촉진 프로그램 개발**: 디자인 공모전, 사용자 제작 콘텐츠 공유 등을 통해 커뮤니티 활성화를 도모합니다.
4. **출시 및 홍보**: 타겟 고객에게 맞춤형 마케팅 캠페인을 실시하고, 제품 출시를 위한 프로모션을 계획합니다.

그림 1.5 사업 아이디어

또한, 챗GPT는 절차를 지시하면 그에 따른 비서 역할도 해준다. 그림 1.6과 같은 프롬프트를 통해 지시한 절차에 따라 1:1로 실행해 주는 간단한 개인 비서 역할을 수행한다.

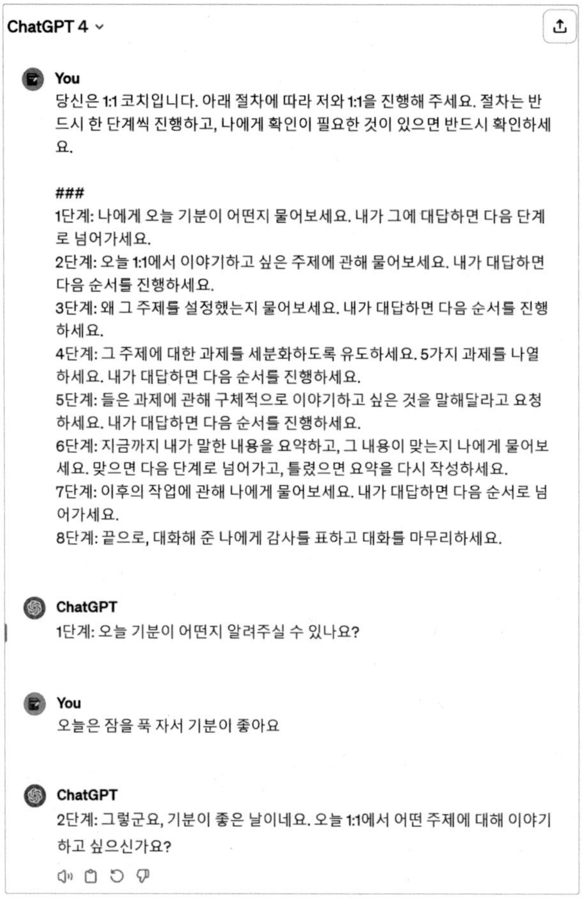

ChatGPT 4 ˅

You
당신은 1:1 코치입니다. 아래 절차에 따라 저와 1:1을 진행해 주세요. 절차는 반드시 한 단계씩 진행하고, 나에게 확인이 필요한 것이 있으면 반드시 확인하세요.

###
1단계: 나에게 오늘 기분이 어떤지 물어보세요. 내가 그에 대답하면 다음 단계로 넘어가세요.
2단계: 오늘 1:1에서 이야기하고 싶은 주제에 관해 물어보세요. 내가 대답하면 다음 순서를 진행하세요.
3단계: 왜 그 주제를 설정했는지 물어보세요. 내가 대답하면 다음 순서를 진행하세요.
4단계: 그 주제에 대한 과제를 세분화하도록 유도하세요. 5가지 과제를 나열하세요. 내가 대답하면 다음 순서를 진행하세요.
5단계: 들은 과제에 관해 구체적으로 이야기하고 싶은 것을 말해달라고 요청하세요. 내가 대답하면 다음 순서를 진행하세요.
6단계: 지금까지 내가 말한 내용을 요약하고, 그 내용이 맞는지 나에게 물어보세요. 맞으면 다음 단계로 넘어가고, 틀렸으면 요약을 다시 작성하세요.
7단계: 이후의 작업에 관해 나에게 물어보세요. 내가 대답하면 다음 순서로 넘어가세요.
8단계: 끝으로, 대화해 준 나에게 감사를 표하고 대화를 마무리하세요.

ChatGPT
1단계: 오늘 기분이 어떤지 알려주실 수 있나요?

You
오늘은 잠을 푹 자서 기분이 좋아요

ChatGPT
2단계: 그렇군요, 기분이 좋은 날이네요. 오늘 1:1에서 어떤 주제에 대해 이야기하고 싶으신가요?

그림 1.6 1:1 코치

1.3 프로그래밍에 활용해 보자

챗GPT를 프로그래밍에도 활용할 수 있다. 예를 들어, "문자열에 포함된 'ChatGPT'의 개수를 세는 함수를 파이썬으로 작성하세요."라고 입력해 보자. 그러면 파이썬 코드를 구현해 준다.

그림 1.7 챗GPT로 코드 작성하기

이 코드는 실제로 작동한다.

이어서 "pytest로 테스트 코드를 작성하세요."라고 입력해 테스트 코드를 작성해 달라고 요청했다.

You

pytest로 테스트 코드를 작성하세요.

ChatGPT

`pytest`를 사용하여 간단한 테스트 코드를 작성해 보겠습니다. 먼저, 위에서 정의한 `count_chatgpt` 함수를 테스트하는 예제를 작성해 보겠습니다. `pytest`는 테스트 함수가 `test_`로 시작하는 이름을 가지고 있어야 함을 기억하세요.

아래의 코드는 `count_chatgpt` 함수를 위한 간단한 테스트 케이스를 포함합니다. 이 코드는 두 가지 시나리오를 테스트합니다: 하나는 'ChatGPT'가 여러 번 포함된 문자열을 처리하는 경우이고, 다른 하나는 'ChatGPT'가 전혀 포함되지 않은 경우입니다.

먼저, `count_chatgpt` 함수와 테스트 코드를 포함한 `test_count_chatgpt.py` 파일을 생성하세요.

```python
# 함수 정의
def count_chatgpt(text):
    return text.count('ChatGPT')

# 테스트 코드
def test_count_chatgpt_multiple():
    assert count_chatgpt("ChatGPT is great. ChatGPT can do many things.") == 2

def test_count_chatgpt_none():
    assert count_chatgpt("This text does not contain the keyword.") == 0
```

`pytest`를 사용하여 이 테스트 코드를 실행하기 전에, `pytest`가 시스템에 설치되어 있어야 합니다. 설치되어 있지 않다면, 터미널에서 다음 명령어로 설치할 수 있습니다:

```sh
pip install pytest
```

설치가 완료되면, 테스트 파일이 위치한 디렉터리에서 터미널을 열고 다음 명령어를 실행하여 테스트를 진행할 수 있습니다:

```sh
pytest test_count_chatgpt.py
```

`pytest`는 자동으로 `test_`로 시작하는 모든 함수를 찾아 실행하고, 각 테스트의 성공 여부를 보고합니다. 위의 예제에서는 두 테스트 모두 성공해야 합니다. 만약 어떤 이유로 테스트가 실패한다면, `pytest`는 실패한 테스트와 그 이유를 출력하여 문제 해결을 도울 것입니다.

그림 1.8 챗GPT로 테스트 코드 작성하기

이 예에서는 챗GPT가 훌륭한 테스트 코드를 작성했지만, 테스트가 잘못 작성되는 경우도 있으므로 그럴 때는 테스트 코드를 수정해 달라고 요청하자.

프로그래밍과 관련된 다른 예를 들면, 챗GPT에 오류 메시지를 주고 어떻게 대처할지 물어보거나 코드 변경 내용을 바탕으로 풀 리퀘스트(pull request)에 대한 설명문을 작성하게 할 수도 있다.

1.4 챗GPT 사용 시 주의 사항

챗GPT를 사용할 때 몇 가지 주의할 점이 있다.

첫째, 챗GPT의 답변은 내용의 정확성이 보장되지 않는다. 사실과 다른 답변을 하는 할루시네이션(환각)에 특히 주의해야 한다.

또한 업무에서 이용하는 경우 보호해야 할 고객의 개인정보를 실수로 입력하거나 아직 세상에 공개되지 않은 자사 경쟁력의 원천이 되는 기술 노하우와 같은 기밀 데이터를 입력하는 것에 주의해야 한다. 인터넷 저편에 데이터가 저장되어 있고, 한 번 입력하고 유출된 데이터는 원칙적으로 없었던 것으로 할 수 없다. 일반적인 클라우드 서비스 이용 시 많은 회사에서 서비스 이용 여부를 판단하는 검토 과정을 거친 후 이용하는 것이 일반적이듯이, 챗GPT를 제공하는 OpenAI의 이용약관 및 라이선스 세부 사항을 조사하고 검토한 후 이용하기 바란다. 이 책의 집필 시점(2023년 8월 8일)에는 약관에 따라 채팅에 입력된 이력 데이터는 챗GPT의 서비스 개선을 위해 OpenAI사가 모델 훈련에 활용할 수 있도록 되어 있다. 단, 이는 유료/무료 사용자에 상관없이 챗GPT의 Settings 메뉴에서 활성화/비활성화 전환이 가능하다.

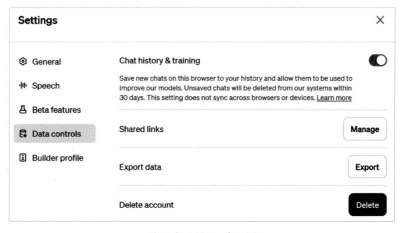

그림 1.9 Chat history & training

그 외에도 OpenAI의 이용약관, 개인정보보호정책 등의 문서에 콘텐츠의 소유권, 콘텐츠의 필터링 및 입출력 금지 사항, 사용자로 등록한 개인정보의 제3자 공개 권리, 통계 처리된 데이터의 처리 등 우리가 입력하는 콘텐츠 데이터에 대한 많은 규정이 정해져 있다. 이용 전에 꼭 한번 읽어보기 바란다.

또한, 사내에서 많은 사람이 챗GPT에 접속해 이용하는 경우, 모든 사람이 약관 등을 모두 확인하여 적절한 데이터 취급을 보장하는 것은 실효성이 높지 않다. 사전에 사내에서 챗GPT를 비롯한 생성 AI를 활용하기 위한 사내 가이드라인을 정비하고 알리면 보다 안전하게 활용할 수 있다. 공공기관과 협회에서 생성 AI 활용 가이드라인을 공개하고 있으므로, 이를 활용해 가이드라인을 수립하고 정기적으로 사내 교육을 실시한다면 안전한 운용과 함께 이용상의 판단에 있어 공통된 인식을 정착시킬 수 있을 것이다.

자체 가이드라인 작성에 대해서는 9장 'LLM 앱의 프로덕션 릴리스를 향해'에서 좀 더 자세히 설명한다.

1.5　챗GPT의 유료 플랜으로 할 수 있는 것들

챗GPT는 무료로 사용할 수도 있지만, 유료 플랜인 'ChatGPT Plus'에 가입하면 다양한 혜택을 누릴 수 있다. 유료 플랜은 이 책의 집필 시점에 월 20달러로 책정돼 있다.

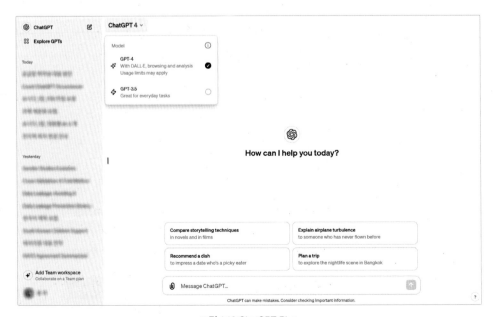

그림 1.10 ChatGPT Plus

GPT-4

먼저, 무료 플랜에서도 사용할 수 있는 'GPT-3.5' 외에 'GPT-4'라는 모델을 선택할 수 있는데, 챗GPT에서 '모델'은 OpenAI가 제공하는 대규모 언어 모델의 종류를 의미하며, 입력 텍스트에 대해 출력 텍스트를 생성하는 부분이다. 모델의 성능이 좋을수록 같은 입력 내용이라도 더 좋은 품질의 응답을 생성한다.

GPT-4는 GPT-3.5보다 훨씬 성능이 뛰어나며, GPT-3.5보다 더 적절한 프로그램을 생성하고 전문적인 질문에도 정확하게 답변하는 경우가 많아 GPT-4를 접한 사람들은 반드시 충격을 받는다고 해도 과언이 아니다. 어떤 사람은 무료인 GPT-3.5만 사용해 보고 'AI가 대단하다고 하는데, 막상 써보니 별 볼 일 없더라'라고 생각할 수 있다. 사실 그것은 모두가 대단하다고 떠드는 AI를 실제로 만져보지 않았기 때문이라고 해도 과언이 아니며, GPT-4는 GPT-3.5에서 할 수 없는 일들을 상당 부분 해결해 준다. 꼭 GPT-4를 사용해 보기 바란다.

브라우징

ChatGPT Plus에서는 GPT-4의 브라우징 기능을 사용해 웹상의 정보를 바탕으로 답변을 받을 수 있다. 유럽연합의 인공지능 법안(EU AI Act)의 현재 진행 상황에 관해 챗GPT에 질문해 보자.

ChatGPT 4 ˇ

You
EU AI act의 2024년 현재 진행 상황을 알려주세요

ChatGPT
As of 2024, the EU Artificial Intelligence (AI) Act has made significant progress. The European Parliament approved the act on March 18, 2024, aiming to regulate the use of AI across the EU to ensure safety, protect fundamental rights, and encourage innovation. This approval came after the EU's 27 member states unanimously endorsed the AI Act, marking a critical step towards its implementation (AIACT-Info) (Artificial Intelligence Act EU).

Key developments in 2024 include the launch of the European Artificial Intelligence Office within the Commission on February 21, designed to support the implementation of the AI Act, particularly for general-purpose AI (Artificial Intelligence Act EU). This establishment is part of the broader effort to create a comprehensive legal framework that addresses the challenges and opportunities posed by AI, focusing on aspects like data quality, transparency, human oversight, and accountability (World Economic Forum).

The AI Act introduces a classification system for AI systems based on the level of risk they pose, ranging from minimal to unacceptable. It stipulates that high-risk AI systems must adhere to stringent regulations, including thorough testing and proper documentation, to ensure their safety and compliance with EU standards (World Economic Forum).

For companies, non-compliance with the AI Act can lead to substantial penalties, potentially reaching up to €30 million or 6% of global income. The Act also proposes the establishment of a European Artificial Intelligence Board to oversee its implementation and ensure uniform application across the EU (World Economic Forum).

This legislative framework represents the EU's ambitious approach to managing the development and use of AI technologies, balancing the need for innovation with the protection of citizens' rights and safety.

그림 1.11 GPT-4의 브라우징 기능으로 최신 정보에 관해 질의응답

챗GPT가 웹상의 정보를 바탕으로 답변했다. 이 책을 쓰는 시점에 챗GPT는 2021년 9월까지의 정보로 학습했으므로 2024년 현재의 정보를 알지 못한다.[2] 하지만 GPT-4의 브라우징 기능을 사용하면 최신 정보를 바탕으로 답변을 받을 수 있다.

데이터 분석

ChatGPT Plus에는 2023년 7월부터 데이터 분석[3] 기능이 추가됐다. 데이터 분석은 GPT-4가 생성한 파이썬 코드를 실제로 OpenAI의 샌드박스 환경에서 실행시키는 기능을 한다.

예를 들어, 파일을 업로드하고 그 내용을 그래프로 만들어 볼 수 있다. 먼저 상품 판매 데이터의 CSV 파일(sample.csv)을 적당히 만든다.[4]

```
날짜,상품ID,상품명,단가,수량,매출액
2023-08-01,001,상품A,100,5,500
2023-08-01,002,상품B,200,3,600
2023-08-02,001,상품A,100,2,200
2023-08-02,003,상품C,300,1,300
2023-08-03,002,상품B,200,1,200
```

---

2 (옮긴이) GPT-4(gpt-4-0613)는 2021년 9월까지, GPT-4 Turbo(gpt-4-turbo-2024-04-09)는 2023년 말까지의 정보를 학습했다. https://platform.openai.com/docs/models/gpt-4-turbo-and-gpt-4 참조.

3 공개 당시 명칭은 '코드 인터프리터(Code Interpreter)'였다.

4 이 데이터도 챗GPT로 생성했다.

```
2023-08-03,003,상품C,300,4,1200
2023-08-04,001,상품A,100,1,100
2023-08-04,002,상품B,200,2,400
2023-08-05,003,상품C,300,3,900
```

챗GPT에서 이 파일을 업로드한 후 "이것은 무슨 데이터인가요?"라고 물어보면 챗GPT는 sample.csv를 불러와 어떤 데이터가 포함되어 있는지 답변해 준다.

그림 1.12 데이터를 업로드해 분석하기

챗GPT의 응답 상단 끝에 있는 '분석 보기'( ) 아이콘을 클릭하면 챗GPT가 생성한 코드와 그 실행 결과를 확인할 수 있다.

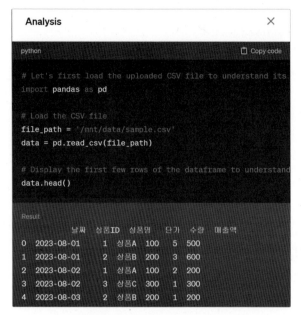

그림 1.13 데이터 분석 기능으로 생성한 코드와 실행 결과

챗GPT는 사용자의 입력에 대해 이러한 파이썬 코드를 생성하고, 샌드박스 환경에서 실행한 결과를 바탕으로 최종 응답을 해준다.

이번에는 "날짜별 매출을 그래프로 만들어 주세요."라고 입력해 본다. 그랬더니 다음과 같은 그래프를 만들어 주었다.

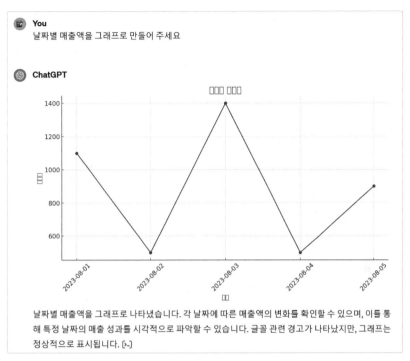

그림 1.14 챗GPT의 데이터 분석 기능으로 그래프 그리기

(이 예시에서는 라벨이 제대로 표시되지 않았지만)[5] 데이터를 그래프로 표시하는 데 성공했다. 챗GPT의 데이터 분석 기능의 잠재력이 매우 크다는 것을 느낄 수 있지 않은가?

챗GPT 외의 OpenAI 서비스

이 책에서는 챗GPT와 같은 채팅 기능을 구현하기 위해 OpenAI의 서비스 중 챗GPT만 소개하고 다음 장 이후에서 그 API 기능을 설명하지만, OpenAI는 챗GPT 외에도 다양한 서비스를 제공하고 있다. 위스퍼(Whisper)라는 음성 인식 AI나 DALL · E라는 이미지 생성 AI 등도 제공하고 있으며, 챗GPT와 마찬가지로 API를 통해 이용할 수 있다. 관심이 있다면 이들도 이 책에서 설명하는 것과 동일한 방법으로 API를 통해 이용할 수 있으니 꼭 사용해 보기 바란다.

---

5 (옮긴이) koreanized—matplotlib의 설치 파일(koreanize_matplotlib-0.1.1-py3-none-any.whl)을 https://pypi.org/project/koreanize-matplotlib/#files에서 내려받아 챗GPT에 업로드하고, 'Matplotlib 한글 사용 환경을 설정'하라고 지시하면 그래프에 한글을 표시할 수 있다.
   그보다 더 간편한 방법으로, 다음 주소의 〈Korean Plot – 한글이 안 깨지는 차트〉 GPT를 사용하면 한글 사용 설정이 자동으로 처리된다. https://chat.openai.com/g/g-5vfIupYCK-korean-plot-hangeuli-an-ggaejineun-cateu

1.6 대규모 언어 모델(LLM)을 비즈니스에 활용

챗GPT에서 사용하는 GPT-3.5, GPT-4와 같은 모델을 '대규모 언어 모델(LLM: Large Language Model)'이라고 하는데, LLM을 통해 구현할 수 있는 것은 매우 다양하다. 당장 떠오르는 것으로 챗봇 구현이나 문장 요약 등이 있다.

물론 그런 알기 쉬운 용도도 편리하지만, LLM의 큰 특징은 프롬프트를 잘 만들어 내면 특별히 학습하지 않은 다양한 작업에 대응할 수 있는 경우가 있다는 점이다. 2장에서 프롬프트에 대한 몇 가지 방법을 소개하겠지만, 예를 들어 '주어진 텍스트가 긍정적인 내용인지 부정적인 내용인지 판단하게 한다', '주어진 텍스트에서 속성을 추출하게 한다'와 같은 것이 가능하다.

또한 챗GPT의 브라우징이나 데이터 분석처럼 LLM에 웹 검색 등의 도구를 제공하거나 LLM이 출력한 코드를 실행하는 애플리케이션을 구현할 수도 있다. 단순히 텍스트를 생성하는 것이 아니라, 생성된 내용을 바탕으로 현실 세계에 작용하게 할 수 있는 것이다.

최근에는 자율적으로 작동하는 'AI 에이전트'도 주목받고 있다. AI 에이전트는 사용자의 입력에 대해 즉각적인 응답으로 끝나는 것이 아니라, 주어진 과제를 해결하기 위해 어떻게 해야 할지를 계획하고, 필요에 따라 주어진 도구를 현실 세계에 적용하여 과제를 해결한다. AI 에이전트의 작동 원리와 구현 사례는 5장에서 설명한다.

1.7 LLM을 활용한 비즈니스 및 응용 사례 소개

이미 많은 기업에서 신규 서비스나 기존 사업에 기능을 추가하는 형태로 LLM의 활용이 진행되고 있다.

사이다스 주식회사 사례: CYDAS PEOPLE Copilot Chat

총무-노무-인사 담당자의 많은 문의를 효율적으로 처리하기 위해 FAQ와 문의 이력을 바탕으로 챗봇이 답변하는 서비스다.

그림 1.15 CYDAS PEOPLE Copilot Chat[6]

PingCAP 주식회사 사례: Chat2Query

챗GPT를 이용하여 자연어에서 SQL을 생성하는 기능이다.

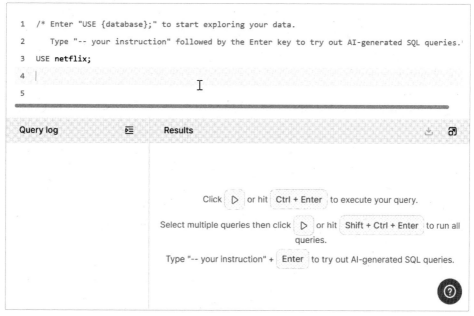

그림 1.16 Chat2Query[7]

---

6 https://www.cydas.co.jp/news/press/202304_people-gpt/에서 인용

7 https://pingcap.co.jp/chat2query-ai-powered-sql-generator/에서 인용

Alexa 기술 사례 (개인 개발) : helloGPT

Alexa에 챗GPT를 결합하여 음성으로 챗GPT와 대화하거나 영어 회화 레슨을 받을 수 있는 Alexa 스킬이다.[8]

그림 1.17 helloGPT

주식회사 소라콤 사례: SORACOM Harvest Data Intelligence

IoT 기기에서 수집한 데이터에 대해 챗GPT를 활용하여 이상값, 트렌드, 특징적인 요소 등을 분석하여 자연어로 해설을 표시하고 그 내용에 대해 대화식으로 분석할 수 있는 기능이다.

그림 1.18 soracomharvestdate_intelligence04[9]

---

8 https://note.com/uramot/n/n333c2aa1f25c에서 인용

9 https://soracom.com/ja-jp/news/20230706-ai-analyzes-iot-data/에서 인용

여기 소개한 사례는 일부에 불과하며, 현재 매일 다양한 기업이 LLM을 활용한 새로운 서비스나 자사 기능 확장을 위한 LLM 옵션 기능을 발표하고 있다.

1.8 LLM을 이용한 애플리케이션 개발에서 주의해야 할 점

이처럼 다양한 응용이 가능한 LLM이지만, 실제 애플리케이션을 개발할 때는 주의해야 할 점이 많다.

첫째, 지금까지의 프로그래밍 기반 애플리케이션 개발과 크게 다른 점은 챗GPT는 동일한 입력에 대해 반드시 동일한 응답을 반환하는 것은 아니라는 점이다. 따라서 반복적인 작동을 기대하는 용도에는 적합하지 않다. 함수처럼 A를 넣으면 반드시 B가 나오는 것은 아니기 때문에 응답 내용의 차이와 그에 따른 사용자 경험의 편차를 전제로 설계해야 한다.

응답 형식을 제어하고 싶다, 응답 편차를 최대한 줄이고 싶다, 반대로 매번 창의력 있게 다른 답변에 변화를 주고 싶다, 사내 문서에 기반한 답변을 원한다 등 제공하는 애플리케이션의 특성에 맞는 LLM의 능력 확장을 위해 이 책에서는 랭체인 프레임워크를 활용하는 방법에 대해 설명한다.

1.9 이 책에서 다루는 기술에 대하여

1장 마지막에 이 책에서 다루는 기술을 간략하게 소개한다.

랭체인

랭체인(LangChain)은 LLM을 이용한 애플리케이션 개발 프레임워크다. 깃허브에서 오픈소스로 개발되고 있으며, 매일 새로운 버전이 출시되고 있다. 글을 쓰는 시점에서 깃허브의 스타 수는 57,000개를 넘어섰으며, 많은 관심을 받고 있음을 알 수 있다.

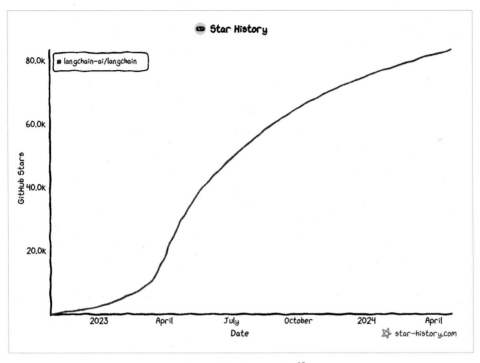

그림 1.19 랭체인의 스타 수 추이[10]

챗GPT를 접하고 흥미를 느낀 개발자가 실제로 LLM을 이용해 애플리케이션을 구현하려고 하면 여러 가지 벽에 부딪히게 된다. 자기 애플리케이션 특유의 것이 아니라 많은 개발자가 똑같이 요구하는 독창성을 재창조하는 경우도 있을 텐데, 랭체인은 이미 많은 개발자가 부딪히는 벽에 대한 모듈을 제공하고 있다.

랭체인을 따라가다 보면, LLM을 실제 세계에 애플리케이션으로 적용한다는 것이 어떤 것인지 알 수 있다. 또한, LLM을 애플리케이션에 접목해 활용할 수 있는 아이디어가 떠오르는 경우가 많다.

LLM을 활용한 애플리케이션 개발에 대한 연구도 활발히 진행되고 있으며, 다양한 논문이 발표되고 있다. 그중 세 가지 사례를 소개한다.

---

10 https://star-history.com/#langchain-ai/langchain&Date

- LLM이 대화에 그치지 않고 행동으로 옮기게 하는 'ReAct'

  〈ReAct: Synergizing Reasoning and Acting in Language Models(ReAct: 언어 모델에서 추론과 행동의 시너지 효과)〉, https://arxiv.org/abs/2210.03629

- 사내 문서 등 Q&A의 품질을 높이는 'HyDE'

  〈Precise Zero-Shot Dense Retrieval without Relevance Labels(연관성 라벨 없이도 가능한 정밀한 제로샷 밀도 검색)〉, https://arxiv.org/abs/2212.10496

- AI 에이전트들을 가상의 도시에 살게 하는 'Generative Agents'

  〈Generative Agents: Interactive Simulacra of Human Behavior(제너레이티브 에이전트: 인간 행동의 인터랙티브 시뮬라크르)〉, https://arxiv.org/abs/2304.03442

랭체인에는 이러한 논문에 기반한 기법들도 속속 구현되고 있다. 따라서 랭체인을 배우는 것은 LLM을 이용한 새로운 기법을 배우는 것이기도 하다.

클라우드 서비스 (특히 서버리스)

LLM 사례에서 일부 소개한 것처럼, LLM의 역량을 활용한 서비스나 추가 기능에 대한 아이디어는 많이 있다. 분명 여러분이 관여하고 있는 서비스에서도 활용할 수 있는 아이디어가 있을 것이다. 이를 빠르게 구현하고, 실제 사용자의 피드백을 받아 빠르게 개선하기 위해서는 이제 클라우드 서비스 활용이 필수적이다. 이 책에서도 채팅 서비스를 호스팅하는 클라우드 서비스, 채팅 기록 관리, 벡터 데이터베이스, IDE에 이르기까지 모든 구현을 클라우드 서비스에서 완성할 수 있게 설명하고 있다. 그중에서도 특히 서버의 인스턴스나 프로세스 관리를 의식하지 않고 완전히 제로에서 무한대로 확장할 수 있고, 사용한 만큼만 과금되는 특징을 가진 서버리스 서비스가 빠른 개발에 매우 유리하다.

이 책의 구현 경험이 향후 LLM 애플리케이션 개발의 생산성 향상에 큰 도움이 될 것이라 확신한다.

슬랙 앱으로 협업을 촉진

이 책의 후반부에서는 웹 애플리케이션으로서의 채팅 시스템뿐만 아니라 슬랙(Slack) 앱을 서버리스 방식으로 구현한다. 사내에서 챗GPT를 활용하는 장면에서는 매번 웹 앱에 접속하는 것보다 업무 협업으로 항상 이용하는 비즈니스 채팅 서비스 안에서 투명하게 이용할 수 있는 것이 경험적으로 더 좋다고 생각하기 때문이다. 또한, 개인별로 사용하는 웹 앱에 비해 여러 사용자가 같은 채널 내에서 사용함으로써 더 우수하고 재미있는 사용법을 참고할 수 있고, 협업 촉진에도 도움이 되는 경우가 많을 것이다.

요약

이 장에서는 챗GPT를 비즈니스에 활용하기 위해 먼저 이해해야 할 다양한 사례와 챗GPT의 능력에 대해 알아봤다. 더 많은 사례와 챗GPT의 활용 방법에 대해 알고 싶다면 다양한 커뮤니티에서 매일 열리는 스터디 모임 등에 참여해 보는 것을 추천한다.

또한, 단순히 참여하는 것뿐만 아니라 자신이 직접 시도해 보고 얻은 지식이나 배운 것을 나눔으로써 더 깊은 이해를 할 수 있는 것도 커뮤니티 참여의 큰 장점이니 적극적으로 그런 기회를 찾아보는 것도 추천한다.

## CHAPTER 2

프롬프트
엔지니어링

이 장에서는 LLM의 입력 프롬프트를 고안하는 '프롬프트 엔지니어링'의 기초 지식을 설명하고, 챗GPT를 사용하여 실제로 프롬프트 엔지니어링 기법을 시험해 보는 모습도 살펴본다.

이 책의 3장 이후를 읽기 위해서는 프롬프트 엔지니어링의 기본이 전제돼야 한다. 이 장에서 지식을 확실히 쌓아두자.

2.1   왜 갑자기 프롬프트 엔지니어링?

챗GPT의 프롬프트 엔지니어링

LLM에 입력하는 텍스트를 '프롬프트'라고 한다. 챗GPT가 유행하면서 '프롬프트 엔지니어링'이라는 용어를 자주 듣게 된다. 챗GPT에 입력하는 프롬프트를 고안하면 여러 가지 재미있는 작동을 얻을 수 있다는 것이다. 예를 들어, 다음과 같은 아이디어가 화제가 되기도 했다.

- JSON, CSV 등 특정 형식으로 출력하게 하기
- 챗GPT가 역사 속 인물이나 어떤 캐릭터처럼 행동하게 만들기
- 챗GPT가 게임 상황에 맞는 이미지를 선택해 표시하게 하기[1]

예를 들어, 프로그래밍과 관련해 챗GPT에 질문할 때도 프롬프트 엔지니어링 기법을 사용하면 적절한 답변을 쉽게 얻을 수 있다.

애플리케이션 개발에서의 프롬프트 엔지니어링

이 책의 주제는 LLM을 이용한 애플리케이션 개발이다. LLM을 이용한 애플리케이션 개발에서는 LLM에 다음과 같이 작동을 지정하고 싶을 때가 많다.

- 특정 출력 형식을 준수하라(예: '지정된 JSON 형식으로 출력하라').
- 지정한 정보를 바탕으로 답변하라.

일반적인 프로그래밍의 연장선상에서 생각해 보면 이런 지시를 쉽게 구현할 수 있을 것 같다고 생각할 수 있다. 실제로 해보면 알겠지만, 의외로 어렵다는 것을 알 수 있다.

일반 프로그래밍과 달리 LLM은 지시를 잘 따르지 않는 경우가 많다. 프롬프트를 나름대로 고안하더라도, LLM은 적지 않은 비율로 지시를 무시하며, 조금만 프롬프트를 변경해도 지시를 무시하는 경우가 있다.

아무리 노력해도 LLM이 100% 지시를 따르게 할 수는 없지만, 실용적인 비율로 지시를 따르게 하고 싶을 것이다. 이때 사용할 수 있는 기법이 바로 '프롬프트 엔지니어링'이다.

---

1 참고: 이미지로 소설 게임을 할 수 있는 프롬프트를 만들었더니 너무 현실감이 넘쳐나는 이야기.
   https://note.com/churin_1116/n/n1e3697c9db7f

프롬프트 엔지니어링에 대한 지식을 쌓으면 LLM에서 무한한 가능성을 끌어낼 수 있다. 현실적으로 애플리케이션을 개발할 때 안정적인 결과물을 얻기 위해서도 프롬프트 엔지니어링 지식은 중요하다.

이 책에서는 LLM을 이용한 애플리케이션 개발 프레임워크인 랭체인도 비중 있게 다룬다. 사실 랭체인을 이해하기 위해서는 내부에서 사용되는 프롬프트 엔지니어링이 핵심이다. 프롬프트 엔지니어링의 기초 지식을 익히면 랭체인도 쉽게 배울 수 있다.

프롬프트 엔지니어링은 위험하지 않나?

프롬프트 엔지니어링에 대한 다양한 정보가 떠돌고 있고, 그중에는 눈살을 찌푸리게 하는 정보도 있는 것은 부인할 수 없는 사실이다. 그래서 '프롬프트 엔지니어링이라는 것이 좀 수상한 분야인가 보다'라고 생각하는 사람도 적지 않을 것이다(솔직히 필자 역시 처음에는 조금 의심스러웠다).

프롬프트 엔지니어링 자체는 연구 분야로도 주목받고 있다. 이 책에 등장하는 Few-shot 프롬프트, Chain of Thought 프롬프트, ReAct 등 다양한 기법에 대한 논문이 있다.

또한 저자가 실제로 프롬프트 엔지니어링을 배우고 느낀 점은 '상상했던 것보다 훨씬 더 공학적이고 재미있다'는 것이다. 나중에 소개할 프롬프트 엔지니어링의 기법을 배우면 '확실히 엔지니어링 같기도 하다'고 생각할 수 있을 것이다.

그리고 무엇보다도 모르는 분야를 무조건 싫어하기보다는 실제로 접하고 직접 눈으로 보고 느끼는 것이 중요하다고 생각한다. 의외의 재미있는 발견도 있을 테니 재미있게 읽기 바란다.

COLUMN

파인 튜닝 및 프롬프트 엔지니어링

예전부터 언어 모델에 특정 캐릭터와 같은 반응을 생성하게 하거나 어떤 지시를 따르게 하고 싶을 때가 종종 있었다. 머신러닝 모델을 특정 용도에 특화하기 위해서는 기존에는 전용 모델을 처음부터 새로 만들거나 기존 모델에 추가 학습을 시키는 '파인튜닝'이라는 방법을 사용해야 한다고 생각했다. 특히 파인튜닝은 처음부터 전용 모델을 만드는 것보다 시간적, 금전적 비용이 적게 든다는 점에서 주목받았다.

그러나 LLM은 파인튜닝을 하지 않아도 프롬프트 엔지니어링을 통해 특별히 학습하지 않은 분야에도 대응할 수 있다는 것이 밝혀지고 있다.

파인튜닝은 큰 연산 자원(특히 GPU)이 필요하고, 프로그래밍이나 머신러닝 전문 지식이 필요하기 때문에 진입 장벽이 낮지 않았다. 반면 프롬프트 엔지니어링은 이를 위한 GPU 등이 필요 없고, 자연어 문장만 쓰면 가능하다는 낮은 문턱으로 인해 주목받고 있다.

실제로 OpenAI가 공개한 프롬프트 엔지니어링 베스트 프랙티스에서도 뒤에서 설명할 Zero-shot 프롬프트나 Few-shot 프롬프트와 같은 프롬프트 엔지니어링 기법부터 시작하고, 그래도 어려운 경우 파인튜닝을 고려해야 한다고 나와 있다.

> 참고: Best practices for prompt engineering with OpenAI API
> https://help.openai.com/en/articles/6654000-best-practices-for-prompt-engineering-with-openai-api

2.2 프롬프트 엔지니어링이란?

지금까지 프롬프트 엔지니어링이라는 단어를 무심코 사용해 왔는데, 프롬프트 엔지니어링이란 도대체 무엇일까?

챗GPT에 "프롬프트 엔지니어링이란?"이라고 물어봤다.

> **프롬프트 엔지니어링이란?**

그러자 챗GPT(GPT-4)는 다음과 같이 답변했다[2].

> 프롬프트 엔지니어링(prompt engineering)은 특히 인공지능 시스템에 입력할 프롬프트를 구성하고 최적화하는 기술이나 방법론을 말합니다. 이는 인공지능이 원하는 정보나 결과를 보다 정확하게 제공할 수 있도록 돕는 역할을 합니다. 프롬프트 엔지니어링은 다음과 같은 주요 요소를 포함합니다:
>
> 1. **정확성**: 프롬프트가 명확하고 정확하게 질문하거나 명령을 내리도록 구성합니다. 이를 통해 인공지능이 더욱 정확한 결과를 도출할 수 있습니다.
> 2. **효율성**: 프롬프트를 최적화하여 인공지능의 처리 시간과 자원 사용을 최소화합니다.
> 3. **유연성**: 다양한 상황이나 조건에 맞춰 프롬프트를 조정하여 인공지능이 다양한 요구사항에 맞게 응답할 수 있도록 합니다.

---

2 이 응답은 챗GPT(GPT-4)에서 실제로 생성된 내용이다. 그러나 챗GPT의 출력이 매번 같은 내용이 아닐 수 있고, 업데이트에 따라 응답이 달라질 수 있다.

4. **응용력**: 프롬프트 엔지니어링은 인공지능의 응용 분야를 확장하는 데 도움을 줍니다. 이를 통해 새로운 문제 해결 능력이나 창의적인 응답이 가능해질 수 있습니다.

프롬프트 엔지니어링은 다양한 인공지능 기술, 특히 자연어 처리(NLP), 이미지 생성, 음성 인식 등에서 중요한 역할을 합니다. 이러한 최적화를 통해 인공지능 시스템의 사용성과 효율성을 높일 수 있습니다.

챗GPT가 질문에 간결하게 답변해 주기를 원하지만, 이렇게 필요 이상으로 긴 답변을 출력하는 경우가 많다. 챗GPT를 사용하다 보면 이런 일이 자주 발생한다. 그래서 짧게 답변할 수 있는 프롬프트를 고안해 봤다.

아래 질문에 100자 내외로 답해 주세요.

질문: """
프롬프트 엔지니어링이란?
"""

그러자 챗GPT(GPT-4)는 다음과 같이 답변했다.

프롬프트 엔지니어링은 인공지능 시스템에 입력할 프롬프트를 최적화하여 정확하고 효율적인 결과를 얻는 기술입니다.

프롬프트를 고안하여 의도한 길이의 답변을 얻을 수 있었다. 이것이 바로 프롬프트 엔지니어링의 예다.

프롬프트 엔지니어링에 대해 정리한 《프롬프트 엔지니어링 가이드》 웹사이트[3]에는 다음과 같이 적혀 있다.

프롬프트 엔지니어링은 다양한 애플리케이션과 연구 주제에 언어모델(LM)을 효율적으로 사용할 수 있도록 프롬프트를 개발하고 최적화하는 비교적 새로운 분야입니다.

---

3 https://www.promptingguide.ai/kr

2.3 프롬프트 구성 요소의 기초

프롬프트 엔지니어링에는 다양한 방법이 있지만, 우선 프롬프트의 구성 요소에 대한 기본을 이해하는 것이 좋다. 이 절에서는 GPT-3.5와 GPT-4를 이용한 애플리케이션 개발 사례를 통해 프롬프트 구성 요소의 기본을 설명한다.

주제: 레시피 생성 AI 앱

예를 들어 '레시피 생성 AI 앱'(웹 애플리케이션이나 모바일 애플리케이션)을 생각해 보자. 이 앱은 요리 이름을 입력하면 AI가 해당 요리의 재료 목록과 조리 과정을 생성해 준다.

그림 2.1 레시피 생성 AI 앱

카레 레시피는 그다지 재미 없지만, '밥 없는 오므라이스'나 '얼음 없는 빙수'와 같은 무모한 짓을 하면 재미있을 것 같다(참고로 GPT-3.5나 GPT-4는 이런 무모한 짓을 해도 꽤나 좋은 대답을 해 주기도 한다).

이러한 애플리케이션을 만들 때 일반적인 구성은 그림 2.2와 같다.

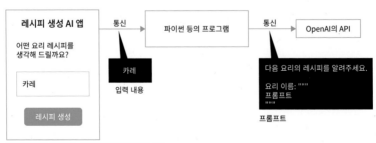

※ 웹 애플리케이션 또는 모바일 애플리케이션의 화면

그림 2.2 LLM을 사용한 애플리케이션의 일반적인 구성

웹 애플리케이션이나 모바일 애플리케이션 화면이 있고, 사용자는 '카레'와 같은 요리 이름을 입력한다. 사용자가 입력한 내용은 파이썬과 같은 프로그램으로 전송되고, 파이썬과 같은 프로그램은 사용자가 입력한 내용을 바탕으로 프롬프트를 만들어 OpenAI의 API로 요청을 보낸다.

이러한 애플리케이션을 개발할 때 어떤 프롬프트를 써야 할지 생각해 보자.

프롬프트 템플릿화

레시피 생성 AI 앱을 개발할 때 간단한 프롬프트의 예는 다음과 같다.

```
다음 요리 레시피를 생각해 보자.
요리명: """
카레
"""
```

이 프롬프트 전체를 사용자가 입력하는 것은 아니다. 사용자가 입력하는 것은 '카레'와 같은 요리 이름만 입력한다. 애플리케이션에서는 사용자가 입력하는 부분을 템플릿화하여 다음과 같은 문자열을 준비해 둔다.

```
다음 요리 레시피를 생각해 보자.
요리명: """
{dish}
"""
```

사용자의 입력을 받으면 그 내용으로 {dish} 부분을 채운 후 OpenAI의 API에 요청을 보낸다.

명령과 입력 데이터의 분리

이렇게 프롬프트를 템플릿화하여 많은 프롬프트에서 명령어와 입력 데이터를 분리하게 된다.

그림 2.3 명령어와 입력 데이터의 분리

LLM이 수행하기를 원하는 작업을 명령어로 작성하되, 사용자의 입력 데이터와 독립적으로 작성한다. 그리고 입력 데이터는 이해하기 쉽도록 ""나 ###와 같은 기호로 구분하는 경우가 많다.

문맥을 제공하기

전제 조건이나 외부 정보 등을 컨텍스트(context)로 제공하면 컨텍스트에 따른 답변을 얻을 수 있다. 애플리케이션에 따라 다양한 정보를 문맥으로 제공할 수 있다.

예를 들어, 레시피 생성 AI 앱이라면 '1인분', '맛은 매운맛을 선호한다'와 같은 정보를 제공할 수 있다. 이러한 전제조건을 사용자 정보로 등록해 두고, 그 내용을 프롬프트에 포함시켜 주면 사용자에게 적합한 레시피를 쉽게 생성할 수 있다.

전제조건을 바탕으로 다음과 같은 요리 레시피를 생각해 보자.

전제 조건: """
분량: 1인분
선호하는 맛: 매운맛
"""

요리명: """
카레
"""

또 다른 방법으로는 데이터베이스에 다양한 요리 레시피 목록을 준비해 두었다가 이번에 입력한 내용과 유사한 레시피를 프롬프트에 포함시켜 참고하게 하는 방법이 있다.

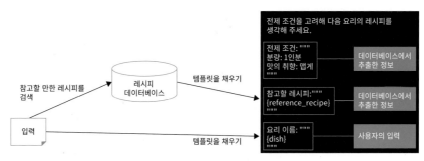

그림 2.4 데이터베이스에 기반한 답변

이처럼 프롬프트에 포함된 외부 정보를 바탕으로 답변하게 하는 것도 LLM을 활용한 응용 프로그램의 단골 메뉴다.

출력 형식 지정하기

또한, 프롬프트에서 출력 형식을 지정하는 경우가 많다. LLM의 응답을 그대로 사용자에게 보여주기도 하지만, 일부만 추출하거나 정형화하여 표시하고 싶은 경우도 있다. 예를 들어 다음과 같이 프롬프트에서 출력 형식을 지정하는 경우를 생각해 볼 수 있다.

요리 레시피를 생각해 보세요.

출력은 아래와 같은 JSON 형식으로 작성해 주세요.

```json
{
  "재료": ["재료1", "재료"],
  "순서": ["순서1", "순서2"]
}
```

요리명: """
카레
"""

이 프롬프트에 대해 챗GPT(GPT-4)는 다음과 같은 결과를 반환했다.

```
{
  "재료": ["양파", "감자", "당근", "치킨 또는 비프", "카레 루", "물", "밥"],
  "순서": [
    "양파, 감자, 당근을 깍둑썰기한다.",
    "기름을 두른 팬에 썰어둔 채소들과 고기를 볶는다.",
    "고기가 어느 정도 익으면 물을 부어준다.",
    "물이 끓으면 카레 루를 넣고 잘 저어 녹인다.",
    "중불에서 카레가 끓을 때까지 10분 정도 더 끓인다.",
    "밥 위에 카레를 얹어서 제공한다."
  ]
}
```

결과의 JSON 앞뒤에 불필요한 문장이 추가되는 경우, JSON 부분을 정규식 등으로 추출해 사용하면 LLM의 출력을 정형화하여 화면에 표시할 수 있다.

여기서는 프롬프트 엔지니어링의 기초 지식으로 JSON 형식의 출력을 지정하는 예제를 소개했다. 하지만 이 책의 집필 시점에 GPT-3.5나 GPT-4 API를 사용하는 경우, 생성된 텍스트에서 JSON 부분을 추출하는 방법 외에 Chat Completions API의 Function calling 기능을 응용하여 JSON 형식의 문자열을 출력할 수도 있다. Function calling 기능을 응용한 데이터 추출에 대해서는 5장 'LangChain 활용'에서 설명한다.

프롬프트 구성 요소 요약

지금까지 프롬프트의 구성 요소로 다음 네 가지를 소개했다.

- 명령
- 입력 데이터
- 컨텍스트(context)
- 출력 형식 지정

프롬프트가 이러한 요소로 구성되기 쉽다는 것은 'Prompt Engineering Guide[4]'에도 나와 있다. Prompt Engineering Guide는 DAIR.AI에서 오픈소스로 공개하고 있다. 이 장의 설명도 'Prompt Engineering Guide'를 참고했다.

---

4 Prompt Engineering Guide, 프롬프트의 구성 요소, https://www.promptingguide.ai/kr/introduction/elements

Prompt Engineering Guide와 같이 프롬프트 엔지니어링 기법을 정리한 자료는 많이 있다. 이러한 정보를 참고하면 LLM의 잠재력을 끌어낼 수 있는 프롬프트의 고안 방법을 알 수 있다.

2.4 Prompt Engineering Guide에서: 챗GPT의 무한한 잠재력을 이끌어내다

프롬프트 엔지니어링에는 디자인 패턴[5]과 같이 이름이 붙여진 기법도 있다. 이 절에서는 프롬프트 엔지니어링 가이드에 소개된 기법 중 이 책을 읽으면서 꼭 알아두면 좋을 기법들을 소개한다.

Zero-shot 프롬프팅

먼저 'Zero-shot 프롬프팅'을 소개한다.

LLM은 특정 태스크(작업)[6]를 위해 미세 조정하지 않고도 프롬프트로 지시한 작업을 수행할 수 있는 경우가 많다. 예를 들어, 입력된 텍스트가 긍정적인지 부정적인지 판단하는 프롬프트의 예는 다음과 같다.

> 아래 텍스트를 긍정, 부정, 중립 중 하나로 분류해 주세요.
>
> 본문 : 챗GPT는 프로그래밍에 대한 많은 고민을 해결해 준다.
>
> 분류:

이 프롬프트를 입력하자 챗GPT(GPT-4)는 다음과 같이 대답했다.

> 이 텍스트는 "긍정"으로 분류됩니다. 문장에서는 챗GPT가 프로그래밍에 관한 문제들을 해결해 준다는 긍정적인 효과를 언급하고 있습니다.

다음에 소개할 Few-shot 프롬프팅과 달리, 이렇게 프롬프트에 예시를 주지 않고 작업을 처리하게 하는 것을 Zero-shot 프롬프팅이라고 한다.

---

5 프로그래밍 등에 사용되는 디자인 패턴
6 분류, 번역, 요약 등 머신러닝 모델에 수행하게 하는 작업을 '태스크(작업)'라고 한다.

Few-shot 프롬프팅

이번에는 입력한 사물의 색을 챗GPT가 대답하게 해보자. 먼저 Zero-shot 프롬프트로 다음 입력을 준비한다.

색상을 답변해 주세요.

Q: 바나나
A:

이 입력에 대해 챗GPT(GPT-4)는 다음과 같이 응답했다.

바나나의 색은 일반적으로 노란색입니다.

여기서의 의도는 단순히 '노란색'이라고 대답했으면 좋았을 텐데, 문장으로 대답을 해버렸다. 그래서 'Few-shot 프롬프트'라는 기법을 사용해 보겠다. 답변을 원하는 '바나나' 앞에 몇 가지 예시를 넣은 프롬프트를 작성한다.

색상을 답변해 주세요.

Q: 사과
A: 빨간색
Q: 멜론
A: 녹색
Q: 바나나
A:

챗GPT(GPT-4)에 이 프롬프트를 주면 다음과 같이 응답한다.

A: 노란색

의도한 대로 '노란색'이라고 간단하게 대답했다. 프롬프트에서 몇 번의 시범을 보여줌으로써 원하는 답변을 쉽게 얻을 수 있다. 이런 방식을 Few-shot 프롬프팅이라고 한다. LLM을 이용한 애플리케이션 개발에서 LLM이 특정 형식으로 응답하기를 원하는 경우가 많은데, 이런 상황에서 Few-shot 프롬프팅은 매우 유용하다.

Few-shot 프롬프팅과 같이 프롬프트 내의 몇 가지 예시를 통해 언어 모델이 작업을 학습하게 하는 것을 In-context Learning(ICL)[7]이라고 한다. 또한, Few-shot 프롬프트와 같은 형식으로, 특히 예제가 하나인 경우 One-shot 프롬프팅이라고 부르기도 한다.

Zero-shot Chain of Thought 프롬프팅

프롬프트 엔지니어링 기법 중 마지막으로 Zero-shot Chain of Thought(줄여서 Zero-shot CoT) 프롬프팅을 소개한다.

예를 들어, 다음 프롬프트를 준비한다[8].

> 나는 시장에 가서 사과 10개를 샀습니다. 사과 2개를 이웃에게 주고, 2개를 수리공에게 주었습니다.
> 그리고 사과 5개를 더 사서 1개를 먹었습니다. 사과가 몇 개 남았나요?
> 답변만 해주면 됩니다.

이 질문에 대해 챗GPT(GPT-3.5)는 다음과 같이 답했다.[9]

> 사과가 11개 남았습니다.

실제로는 10-2-2+5-1로 계산하여 '10개'가 정답이므로 챗GPT의 답은 오답이다.

이번에는 프롬프트 마지막에 '단계별로 생각해 보자.'라는 문구를 넣어서 같은 문제에 도전해 보게 한다.

> 나는 시장에 가서 사과 10개를 샀습니다. 사과 2개를 이웃에게 주고, 2개를 수리공에게 주었습니다.
> 그리고 사과 5개를 더 사서 1개를 먹었습니다. 사과가 몇 개 남았나요?
> 단계별로 생각합시다.

그러자 챗GPT(GPT-3.5)의 반응은 다음과 같았다.

---

7 이 In-context Learning의 정의는 A Survey on In-context Learning(https://arxiv.org/abs/2301.00234)을 참고했다.

8 Prompt Engineering Guide의 예시를 바탕으로 일부 수정: https://www.promptingguide.ai/kr/techniques/cot

9 (옮긴이) 원서에는 GPT-4가 오답을 출력했다고 되어 있으나, 현재 GPT-4는 이 문제의 답을 잘 맞힌다. 하지만 GPT-3.5는 여전히 11개라고 틀린 답을 하며, 여기서 설명하는 Zero-shot CoT 프롬프팅을 적용하면 정답을 맞힌다.

> 물론입니다! 단계별로 생각해보겠습니다.
>
> 1. 처음에 사과 10개를 샀습니다.
> 2. 이웃에게 2개를 주었으니, 남은 사과는 10 - 2 = 8개입니다.
> 3. 수리공에게도 2개를 주었으니, 남은 사과는 8 - 2 = 6개입니다.
> 4. 그 후에 5개의 사과를 더 샀습니다. 그러면 총 사과 수는 6 + 5 = 11개입니다.
> 5. 마지막으로 1개의 사과를 먹었으므로, 남은 사과는 11 - 1 = 10개입니다.
>
> 따라서 마지막으로 남은 사과는 10개입니다.

프롬프트의 지시에 따라 차근차근 생각하니 최종적으로 정답을 맞혔다[10].

이렇게 '단계별로 생각해 보자'라는 말을 덧붙여 정확한 응답을 유도하는 방법을 'Zero-shot Chain of Thought(Zero-shot CoT) 프롬프트'라고 한다. Zero-shot CoT 프롬프트는 매우 간단한 방법이지만 많은 작업에서 효과적이다.

참고로 **Zero-shot** CoT 프롬프트라고 부르는 이유는 앞서 생각해 낸 'Chain of Thought(CoT) 프롬프트'에서는 Few-shot 프롬프트를 사용하여 단계별로 생각하는 몇 가지 예시를 포함시켰기 때문이다.

요약

이 장에서는 이 책을 읽는 데 필요한 프롬프트 엔지니어링의 기본을 설명했다. 프롬프트 엔지니어링의 영역에는 이 외에도 다양한 아이디어가 있다. 관심을 가지고 찾아보면 재미있는 발견도 많이 있다.

프롬프트 엔지니어링은 인간에게 정중하게 지시하는 것과 비슷하다고도 한다. LLM에게 정중하게 지시하는 것을 생각해 보면 나름대로의 방법을 찾을 수 있을지도 모른다.

그리고 프롬프트를 많이 만들어도 GPT-3.5에서는 지시를 따르지 않다가 GPT-4로 바꾸면 잘 따라하는 경우도 종종 있다. GPT-3.5가 프롬프트를 잘 따르지 않는다면 GPT-4로 같은 프롬프트를 시도해 보면 그 성능의 차이를 쉽게 경험할 수 있다.

---

10   물론 단계별로 생각하게 한다고 해서 반드시 정답을 맞힐 수 있는 것은 아니다. 하지만 답만 대답하라고 하는 것보다는 정답을 맞히기가 더 쉬워진다.

## CHAPTER 3

챗GPT의 API를
사용하는 방법

이 장에서는 챗GPT의 API를 사용하는 방법을 설명한다. 챗GPT의 API를 사용하는 데 필요한 OpenAI의 문장 생성 모델의 기본부터 API를 사용하는 데 필요한 토큰 수와 수수료, 2023년 6월에 등장한 새로운 기능인 'Function calling(함수 호출)'에 대해 설명한다. 이 장을 읽고 나면 챗GPT API의 기초 지식을 한 번에 정리할 수 있다.

이 장의 후반부에서는 구글 코랩(Google Colab)을 사용해 실제로 코드를 실행하면서 읽을 수 있다. 꼭 한 번 직접 실행해 보기 바란다.

3.1 OpenAI의 문서 생성 모델

이 장에서는 API를 통해 챗GPT를 이용하는 방법에 대해 설명한다. 먼저 OpenAI의 문장 생성에 사용할 수 있는 모델의 개요부터 설명한다.

챗GPT의 '모델'

챗GPT는 무료 플랜에서는 GPT-3.5라는 모델만 사용할 수 있다. 하지만 유료 플랜인 'ChatGPT Plus'에 가입하면 GPT-3.5와 GPT-4라는 '모델'을 선택할 수 있게 된다.

그림 3.1 챗GPT

GPT-4는 GPT-3.5에 비해 훨씬 고성능이며, GPT-3.5가 할 수 없는 작업도 수행한다. 또한, GPT-4에서 브라우징과 데이터 분석 등의 기능을 이용할 수 있다. 이 책을 읽는 데는 필요하지 않지만, ChatGPT Plus에 가입하지 않은 사람은 꼭 가입해 보기를 권한다.

GPT-4나 GPT-3.5는 이렇게 챗GPT의 UI에서 사용할 수도 있고, API로 사용할 수도 있는데, GPT-4나 GPT-3.5를 이용한 애플리케이션을 개발할 때는 챗GPT의 UI가 아닌 API를 사용하게 된다.

OpenAI의 API로 사용할 수 있는 문서 생성 모델

GPT-4나 GPT-3.5는 실제로는 모델들의 집합(모델 패밀리)을 의미한다. 실제로 API를 사용할 때는 gpt-4, gpt-4-32k, gpt-3.5-turbo 등의 이름으로 모델을 지정한다. 여기서는 이해하기 쉽게 현재 기본으로 사용하지 않는 GPT-3 모델도 포함하여 정리했다.

모델 패밀리	모델	최대 토큰 수	요금($/1K 토큰)
GPT-4	gpt-4	8,192 (8K)	Input : 0.03,Output: 0.06
	gpt-4-32k	32,768 (32K)	Input : 0.06,Output: 0.12
GPT-3.5	gpt-3.5-turbo	4,096 (4K)	Input : 0.0015,Output: 0.002
	gpt-3.5-turbo-16k	16,384 (16K)	Input : 0.003,Output: 0.004
	text-davinci-003 (Legacy)	4,097	0.02
	text-davinci-002 (Legacy)	4,097	0.02
GPT-3	text-curie-001 (Legacy)	2,049	0.002
	text-babbage-001 (Legacy)	2,049	0.0005
	text-ada-001 (Legacy)	2,049	0.0004

이전에 사용할 수 있었던 text-davinci-003 등과 비교해 매우 저렴하여 충격을 주었다

고성능·고가

원래는 이러한 성능·요금 트레이드오프였다

저성능·저가

그림 3.2 OpenAI의 문장 생성 모델[1]

gpt-3.5-turbo의 등장 이전에는 text-ada-001, text-babbage-001, text-curie-001, text-davinci-003(ABC 순서로 명명된 것으로 추정) 등의 모델이 성능이 높을수록 요금이 비싸다는 트레이드 오프 관계가 있었다. 그러던 중 2023년 3월 gpt-3.5-turbo가 등장했고, text-davinci-003의 10분의 1이라는 매우 저렴한 요금으로 화제가 되었다. 또한 현재는 gpt-4라는 매우 고성능 모델도 일반 이용이 가능해져 라인업에 추가되었다.

그림 3.2의 표에서 text-davinci-003 이하의 모델은 이미 구형(Legacy)으로 분류돼 있으며, 성능 및 요금 측면에서도 이 글의 집필 시점(2023년 8월)에는 gpt-4, gpt-4-32k, gpt-3.5-turbo, gpt-3.5-turbo-16k 중 하나를 사용하는 것이 바람직하다. 요금에 대한 자세한 내용은 뒤에서 설명하겠지만, 각 모델마다 다른 요금이 책정돼 있다.[2]

모델 스냅숏

gpt-3.5-turbo와 gpt-4의 모델은 공개된 시점부터 변화가 없는 것이 아니라 지속적으로 업그레이드되고 있다. gpt-4-0613, gpt-4-32k-0613, gpt-3.5-turbo-0613, gpt-3.5-turbo-16k-0613과 같이 특정 모델의 특정 버전은 날짜가 포함된 스냅숏으로 제공된다.

---

1 'Models'(https://platform.openai.com/docs/models), 'Pricing'(https://openai.com/pricing), 'Deprecations'(https://platform.openai.com/docs/deprecations/)를 바탕으로 작성.

2 (옮긴이) gpt-4-turbo가 gpt-4보다 저렴하다.

API 사용 시 gpt-3.5-turbo와 같이 지정할 경우, 이 글을 쓰는 시점에서는 gpt-3.5-turbo-0613을 지정하는 것과 같은 모델을 가리킨다. 다만, 향후 새로운 모델의 스냅숏이 등장하면 그 얼마 후 gpt-3.5-turbo는 새로운 모델의 스냅숏을 가리키게 될 것이다.[3]

실제로 gpt-3.5-turbo-0613이 공개되었을 때 2주 후인 6월 27일부터 gpt-3.5-turbo가 gpt-3.5-turbo-0613을 가리키게 되었다(이전에는 gpt-3.5-turbo가 gpt-3.5-turbo-0301을 가리켰다).

3.2 챗GPT의 API 기본 사항

OpenAI의 문장 생성 API에는 'Completions API'와 'Chat Completions API' 두 가지가 있다. 모델에 따라 'Completions API'와 'Chat Completions API' 중 어느 것을 사용할 수 있는지가 정해져 있다. 그래서 OpenAI의 문장 생성 모델과 API의 대응을 그림으로 정리해 봤다.

모델 패밀리	모델	
GPT-4	gpt-4	Chat Completions API /v1/chat/completions
	gpt-4-32k	
GPT-3.5	gpt-3.5-turbo	
	gpt-3.5-turbo-16k	
	text-davinci-003 (Legacy)	Completions API (Legacy) /v1/completions
	text-davinci-002 (Legacy)	
GPT-3	text-curie-001 (Legacy)	
	text-babbage-001 (Legacy)	
	text-ada-001 (Legacy)	

그림 3.3 OpenAI의 문장 생성 모델 목록 및 API 대응

Chat Completions API가 등장한 이후, 성능 및 요금 측면에서 Chat Completions API를 사용하는 것이 일반화됐다. 또한, 2023년 7월 6일 기준으로 Completions API는 Legacy API로 분류되어 OpenAI 공식 입장에서도 앞으로는 Chat Completions API에 집중할 방침이다[4]. 따라서 이 책에서도 Completions API는 추후 칼럼에서 조금 언급하는 정도로만 다루고, Chat Completions API를 중심으로 설명하겠다.

---

3 (옮긴이) 2024년 4월 현재 gpt-3.5-turbo는 gpt-3.5-turbo-0125를 가리킨다.

4 참고: GPT-4 API general availability and deprecation of older models in the Completions API https://openai.com/blog/gpt-4-api-general-availability

Chat Completions API

Chat Completions API의 자세한 사용법은 나중에 설명하기로 하고, 여기서는 간략하게 설명하겠다. 아주 간단하게 말하면, 챗GPT의 UI를 사용할 때와 마찬가지로 '입력 텍스트를 주고 응답 텍스트를 받는' 방식이다.

예를 들어, Chat Completions API에 대한 요청의 예는 다음과 같다.

```
{
  "model": "gpt-3.5-turbo", "model": "gpt-3.5-turbo",
  "messages": [
    {"role": "system", "content": "You are a helpful assistant."},
    {"role": "user", "content": "Hello!"}
  ]
}
```

Chat Completions API에서는 messages라는 배열의 각 요소에 역할별 콘텐츠를 넣는 형식으로 되어 있다. 예를 들어 위 예시의 경우, "role": "system"으로 LLM의 작동에 대한 지시를 주고, 추가로 "role": "user"로 대화를 위한 입력 메시지를 준다.

또한, "role": "assistant"를 사용하여 다음과 같이 user와 assistant(LLM)의 대화 내역을 포함한 요청을 보내기도 한다.

```
{
  "model": "gpt-3.5-turbo",
  "messages": [
    {"role": "system", "content": "You are a helpful assistant."},
    {"role": "user", "content": "Hello! I'm John."},
    {"role": "assistant", "content": "Hello John! How can I assist you today?"},
    {"role": "user", "content": "Do you know my name? ?"}
  ]
}
```

사실 Chat Completions API 자체는 브라우저에서 사용할 수 있는 챗GPT와 달리 대화 기록을 기반으로 응답하는 기능을 가지고 있지 않다. 대화 기록을 기반으로 한 응답을 원한다면 이렇게 과거의 모든 대화 내용을 요청에 포함시켜야 한다.

위의 요청에 대해 예를 들어 다음과 같은 응답을 얻을 수 있다.

```
{
  "id": "chatcmpl-7eNWHpexM19LT4nZuvAzr31YtMU1p",
  "object": "chat.completion",
  "created": 1689857885,
  "model": "gpt-3.5-turbo-0613",
  "choices": [
    {
      "index": 0,
      "message": {
        "role": "assistant",
        "content": "Yes, you mentioned earlier that your name is John. How may I assist you
today, John?"
      },
      "finish_reason": "stop"
    }
  ], [...], [...
  "usage": {
    "prompt_tokens": 47,
    "completion_tokens": 20,
    "total_tokens": 67
  }
}
```

이 응답 예시에서는 choices라는 배열 요소의 message 내용인 "Yes, you mentioned earlier that your name is John. How may I assist you today, John?"이 LLM이 생성한 문장이 된다. 응답의 마지막에 있는 usage 부분에는 prompt_tokens(입력 토큰 수), completion_tokens(출력 토큰 수), total_tokens(총 토큰 수)가 포함되어 있다. 이 입력과 출력 토큰 수에 따라 수수료가 발생한다. 토큰 수에 대해서는 나중에 설명하겠다. 우선은 단어 수나 문자 수에 가까운 수치라고 생각하면 된다.

Chat Completions API 요금

이 글을 쓰는 시점에서 Chat Completions API의 요금은 표 3.1과 같다.

표 3.1 Chat Completions API 요금표

모델 패밀리	모델	최대 토큰 수	요금($/1K tokens)
GPT-4	gpt-4	8,192(8K)	Input0.03, Output0.06
	gpt-4-32k	32,768(32K)	Input: 0.06, Output: 0.12
GPT-3.5	gpt-3.5-turbo	4,096(4K)	Input0.0015, Output0.002
	gpt-3.5-turbo-16k	16,384(16K)	Input: 0.003, Output: 0.004

gpt-3.5-turbo는 최대 4,096(4K) 토큰까지 가능하며, 입력 1K 토큰당 0.0015달러, 출력 1K 토큰당 0.002달러다. 최대 16,384(16K) 토큰까지 사용 가능한 gpt-3.5-turbo-16k의 경우, 입력과 출력 모두 gpt-3.5-turbo의 2배로 책정되어 있다.

또한 gpt-4는 최대 8,192(8K) 토큰까지 가능하며, 입력 1K 토큰당 0.03달러, 출력 1K 토큰당 0.06달러로 gpt-4는 gpt-3.5-turbo의 20~30배의 요금이 책정되어 있다. 또한, 최대 32,768(32K) 토큰까지 사용 가능한 gpt-4-32k의 경우, 입력과 출력 모두 gpt-4의 2배의 수수료가 부과된다.

발생된 요금 확인

실제 발생한 요금은 OpenAI 웹사이트에 로그인하여 'Usage' 화면에 접속하면 확인할 수 있다.

그림 3.4 Usage

이 화면에서는 Free Trial의 상태도 확인할 수 있다. 이 글의 작성 시점에는 계정 생성 후 3개월 동안 유효한 무료 크레딧이 부여되어 있다. 무료 크레딧이 남아 있는 경우, Free Trial로 API를 계속 사용할 수 있다. 무료 크레딧이 남아 있지 않은 경우, 결제 등록이 필요하다. 화면의 안내에 따라 결제 등록을 하면 된다. 결제 등록이 완료되면 'Usage' 화면에서 사용료를 확인할 수 있다.

또한, 'Billing'의 'Usage limits' 화면에서 월간 예산(Set a monthly budget)과 알림 메일을 발송하는 기준(Set a email notification threshold)을 설정할 수 있다. 필요에 따라 설정하기 바란다.

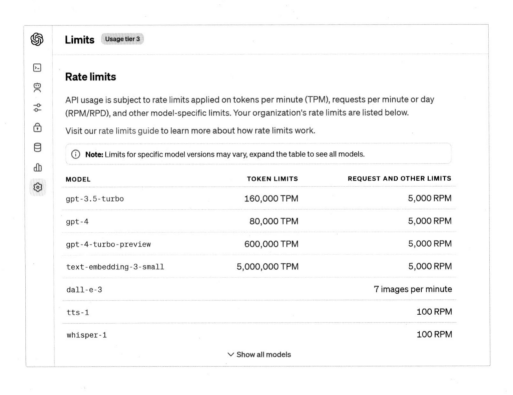

Usage limits

Manage your API spend by configuring monthly spend limits. Notification emails will be sent to members of your organization with the "Owner" role. Note that there may be a delay in enforcing limits, and you are still responsible for any overage incurred.

Usage limit

The maximum usage OpenAI allows for your organization each month. View current usage

$1,000.00

Set a monthly budget	**Set an email notification threshold**
If your organization exceeds this budget in a given calendar month (UTC), subsequent API requests will be rejected.	If your organization exceeds this threshold in a given calendar month (UTC), an email notification will be sent.
$120.00	$96.00

Save

Increasing your limits

Your organization is currently in **Usage tier 3**. Your limits will automatically be increased once you move to the next usage tier based on the criteria outlined below. Visit our usage tiers documentation to learn more about the limits associated with each tier.

Current tier
Usage tier 3

Once the following criteria are met, you'll automatically move to the next tier:
- At least **$250** spent on the API since account creation.
- At least **14 days** passed since first successful payment.

View payment history Buy credits

그림 3.5 Limits

3.3 입출력 길이 제한과 과금에 영향을 미치는 '토큰'

토큰

GPT-3.5나 GPT-4와 같은 모델은 텍스트를 '토큰'이라는 단위로 나눠 처리한다. 토큰이 반드시 단어와 일치하는 것은 아니며, 예를 들어 'ChatGPT'는 'Chat', 'G', 'PT'라는 3개의 토큰으로 나뉘기도 한다. OpenAI의 공식 문서에서는 영어 텍스트의 경우 1토큰은 4글자에서 0.75단어 정도라고 한다.[5]

---

5 Tokens: `https://platform.openai.com/docs/introduction/tokens`

Tokenizer와 tiktoken 소개

Chat Completions API의 응답을 보면 입력과 출력의 토큰 수가 실제로 몇 개였는지 확인할 수 있다. 하지만 Chat Completions API를 호출하지 않고도 토큰 수를 파악하고 싶을 때가 많다. 이럴 때 사용할 수 있는 것이 OpenAI의 Tokenizer와 tiktoken이다.

OpenAI가 웹사이트에서 제공하는 Tokenizer(https://platform.openai.com/tokenizer)를 사용하면 입력한 텍스트가 어떻게 토큰으로 분할되고, 토큰 개수는 몇 개인지 확인할 수 있다.

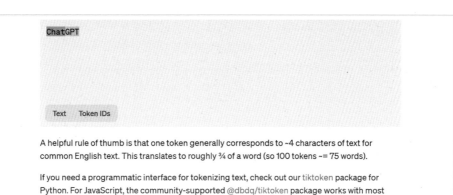

그림 3.6 Tokenizer

OpenAI가 공개하고 있는 Python 패키지의 tiktoken(https://github.com/openai/tiktoken)을 사용하면 Python 프로그램으로 토큰 수를 확인할 수 있다. 앞서 소개한 Tokenizer와 달리 tiktoken에서는 gpt-3.5-turbo나 gpt-4의 경우에도 토큰 수를 확인할 수 있다. tiktoken 패키지를 설치하고 다음과 같은 코드를 작성하면 토큰 수를 확인할 수 있다.[6]

```
import tiktoken

text = "It's easy to make something cool with LLMs, but very hard to make something
production-ready with them."

encoding = tiktoken.encoding_for_model("gpt-3.5-turbo")
tokens = encoding.encode(text)
print(len(tokens))
```

이 예시에서는 토큰 수가 '23'으로 표시된다.

한국어의 토큰 수

앞서 언급했듯이 영어 텍스트의 경우, 경험상 1토큰은 4글자에서 0.75단어 정도라고 알려져 있다. 다시 말해, 단어 하나당 1~수 개의 토큰 정도라고 할 수 있다. 반면, 한국어의 경우 같은

---

6 text 내용은 https://huyenchip.com/2023/04/11/llm-engineering.html에서 인용

내용의 텍스트도 토큰 수가 많아지기 쉽다고 한다. 예를 들어, "LLM을 사용해서 멋져 보이는 것을 만들기는 쉽지만, 프로덕션 수준으로 만들어 내기는 매우 어렵다."라는 텍스트의 토큰 수를 한국어와 영어로 비교하면 표 3.2와 같다(tiktoken을 사용하여 gpt-3.5-turbo의 경우로 확인했다).

표 3.2 한국어와 영어의 토큰 수 비교

텍스트	토큰 수
LLM을 사용해서 멋져 보이는 것을 만들기는 쉽지만, 프로덕션 수준으로 만들어 내기는 매우 어렵다.	47
It's easy to make something cool with LLMs, but very hard to make something production-ready with them.	23

이 예시에서 한국어 텍스트는 55 글자가 47개의 토큰이 되었으므로, 글자 1개당 토큰 1개꼴이다. 이처럼 한국어는 영어보다 토큰 수가 많아지기 쉽다. 따라서 토큰 수를 줄이려면 한국어보다 영어를 사용하는 것이 바람직하다.

3.4 Chat Completions API를 사용할 수 있는 환경 준비하기

Chat Completions API의 개요와 요금에 대해 이해했다면, 이제부터 Chat Completions API를 실제로 사용해 보겠다. 먼저 API를 사용할 수 있는 환경을 준비한다.

Google Colab이란?

구글 코랩(Google Colaboratory)은 브라우저에서 파이썬 등의 코드를 입력하면 그 자리에서 바로 실행할 수 있는 서비스다. 줄 앞에 '!'를 붙이면 리눅스 셸 명령어를 실행할 수도 있어 매우 편리하며, 구글 계정만 있으면 아주 쉽게 사용할 수 있다. 그래서 이번 장과 다음 장에서는 구글 코랩에서 코드를 작성한다.

Google Colab 노트북 만들기

구글 드라이브의 해당 폴더에서 마우스 오른쪽 버튼을 클릭하고, [더보기]에서 [Google Colaboratory]를 선택한다. 만약 [더보기]에 해당 메뉴가 없으면, [연결할 앱 더보기]에서 'Google Colaboratory'를 검색하여 추가할 수 있다.

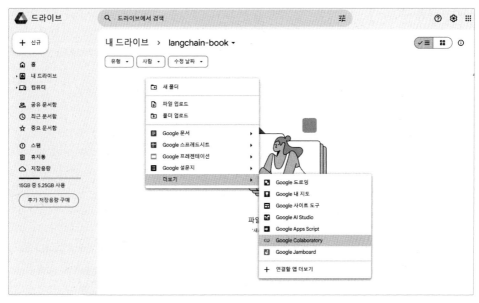

그림 3.7 Google Drive에서 Google Colaboratory 추가하기

그러면 다음 화면이 열린다.

그림 3.8 Google Colab

여기가 구글 코랩이다. 여기에 파이썬 코드를 작성하고 실행할 수 있다. 작성한 내용은 구글 드라이브에 저장된다.

먼저 파이썬 코드가 작동하는지 확인하기 위해 Hello World를 실행해 보자.

```
print("Hello World")
```

코드를 작성했으면 실행할 코드에 커서가 있는 상태에서 Shift+Enter를 눌러 실행하거나, 코드 영역의 왼쪽에 표시된 셀 실행 버튼(▶)을 눌러 실행한다. 잠시 후 런타임이 실행되고 "Hello World"라고 표시된다.

그림 3.9 파이썬의 Hello World

이처럼 구글 코랩을 사용하면 파이썬으로 간단한 코드를 작성할 수 있는 환경을 매우 쉽게 마련할 수 있다.

OpenAI의 API 키 준비

Chat Completions API를 사용하려면 OpenAI의 API 키가 필요하다. OpenAI의 API 키를 준비하자.

OpenAI 웹사이트(https://openai.com/)에 접속해 화면 오른쪽 상단의 [Menu]를 클릭하고, 메뉴가 펼쳐지면 [Log in]을 클릭한다.

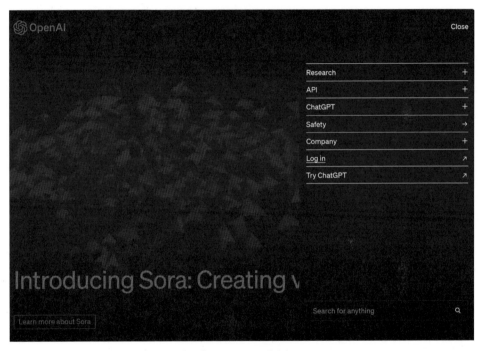

그림 3.10 OpenAI 웹사이트

로그인하면 서비스 선택 화면으로 이동한다. 이 화면에서 [API]를 선택한다.

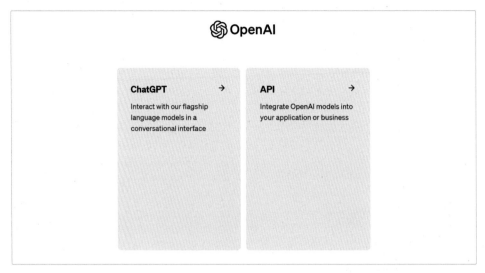

그림 3.11 OpenAI 로그인 후 화면

그러면 개발자용 화면으로 전환된다.

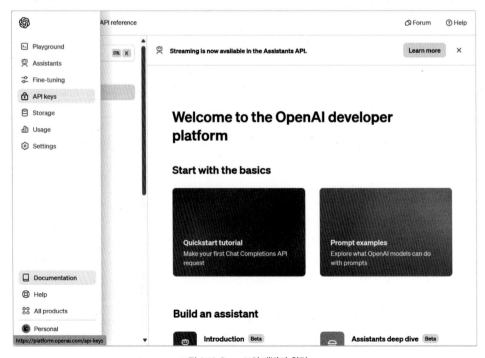

그림 3.12 OpenAI의 개발자 화면

화면 왼쪽 메뉴에서 [API keys]를 선택하면 API 키 목록 화면으로 이동한다.

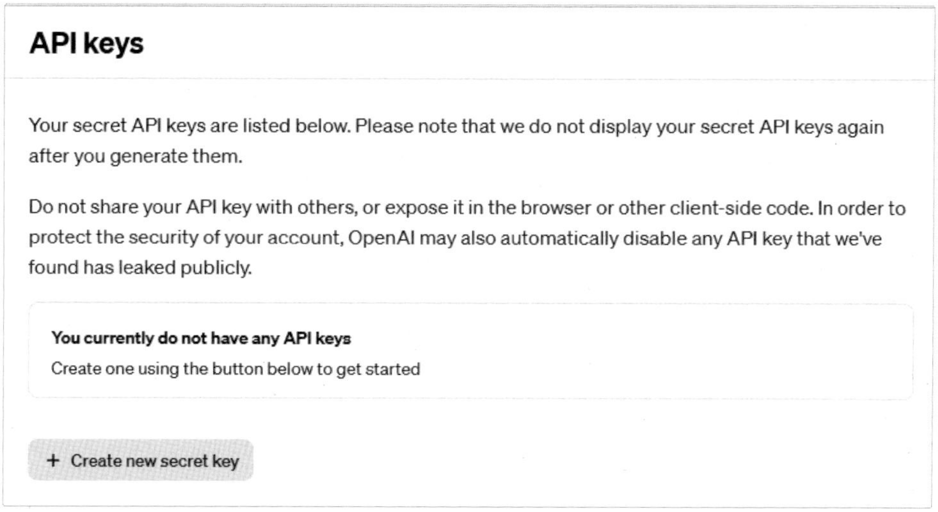

API keys
Your secret API keys are listed below. Please note that we do not display your secret API keys again after you generate them.
Do not share your API key with others, or expose it in the browser or other client-side code. In order to protect the security of your account, OpenAI may also automatically disable any API key that we've found has leaked publicly.
You currently do not have any API keys
Create one using the button below to get started
+ Create new secret key

그림 3.13 API Keys

이 화면에서 [Create new secret key]를 클릭하면 OpenAI의 API 키를 발급받을 수 있다.

Create new secret key
Name Optional
My Test Key
Permissions
All
Restricted
Read Only
Cancel
Create secret key

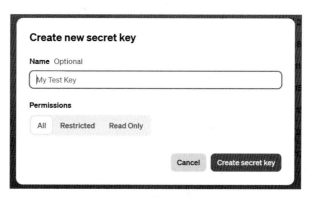

그림 3.14 새로운 비밀 키 만들기

'langchain-book'과 같이 적당한 이름을 붙여서 API 키를 발급받는다.

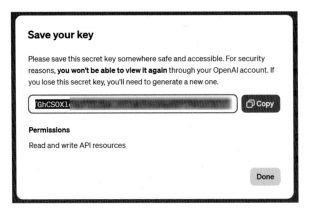

그림 3.15 발급받은 API 키 확인

발급받은 API 키를 구글 코랩에서 사용해야 하므로 API 키의 취급에 주의를 기울여야 한다.

OpenAI의 파이썬 라이브러리와 다음 장에서 설명할 랭체인은 OpenAI의 API 키로 `OPENAI_`
`API_KEY`라는 환경 변수를 사용하게 되어 있다. 따라서 방금 발급받은 API 키를 복사해
`OPENAI_API_KEY` 환경 변수로 설정한다.

```python
import os

os.environ["OPENAI_API_KEY"] = "your-openai-api-key"
```

이 코드를 실행하면 API 키 준비가 완료된다.

3.5 Chat Completions API를 만져보기

OpenAI의 라이브러리

Chat Completions API를 사용하기 위해서는 일반적으로 OpenAI의 라이브러리를 사용하
게 된다. OpenAI 공식에서 파이썬과 Node.js 라이브러리를 제공하며, 그 외에도 커뮤니티에
서 다양한 언어의 라이브러리를 제공한다. 이 장에서는 OpenAI 공식 파이썬 라이브러리[7]를
사용한다.

---

7 Python library: https://platform.openai.com/docs/libraries

구글 코랩에서 다음 명령을 실행하면 OpenAI의 라이브러리를 설치할 수 있다.[8]

```
!pip install openai=1.14.3
```

Chat Completions API 호출

우선 아주 간단한 예제로 gpt-3.5-turbo에서 응답을 얻으려고 한다. 다음 코드를 작성해 보겠다.

```
from openai import OpenAI

client = OpenAI()

response = client.chat.completions.create(
  model="gpt-3.5-turbo",
  messages=[
    {"role": "system", "content": "You are a helpful assistant."},
    {"role": "user", "content": "Hello! I'm John."}
  ]
)

print(response.model_dump_json(indent=2))
```

OpenAI의 라이브러리는 환경 변수 OPENAI_API_KEY에서 가져온 API 키를 사용해 요청을 보낸다. 요청에는 최소 model과 messages를 포함하게 되는데, model에는 gpt-3.5-turbo, gpt-4와 같은 모델 이름을 지정하고, messages라는 목록의 각 요소에는 역할별 콘텐츠(텍스트)를 넣는다. 예를 들어 위 예시의 경우, "role": "system"으로 LLM의 작동에 대한 지시사항을 주고, 그 위에 "role": "user"로 대화를 위한 입력 텍스트를 주고 있다.

위 코드를 실행하면 다음과 같은 응답을 얻을 수 있다(응답 내용은 실행할 때마다 다를 수 있다).

---

8 (옮긴이) 원서에서는 openai 0.28 버전을 사용했으나, 출간 이후 OpenAI의 모델 및 파이썬 API, 랭체인 코드가 많이 바뀌어서 현재 사용하기에 적합하지 않다. 따라서 번역서에서는 2024년 4월 1일 현재의 최신 버전을 사용하며, 그에 맞게 코드를 수정했다.

```json
{
  "id": "chatcmpl-99Qrhu2VPsd8ooJ7QwZ0VRh07Xua6",
  "choices": [
    {
      "finish_reason": "stop",
      "index": 0,
      "logprobs": null,
      "message": {
        "content": "Hello John! How can I assist you today?",
        "role": "assistant",
        "function_call": null,
        "tool_calls": null
      }
    }
  ],
  "created": 1712035249,
  "model": "gpt-3.5-turbo-0125",
  "object": "chat.completion",
  "system_fingerprint": "fp_b28b39ffa8",
  "usage": {
    "completion_tokens": 10,
    "prompt_tokens": 23,
    "total_tokens": 33
  }
}
```

응답 중 choices라는 배열 요소의 message의 content를 참조하면 LLM이 생성한 'Hello John! How can I assist you today?'라는 텍스트가 포함되어 있다. 이처럼 모델을 지정하여 입력 텍스트에 대한 응답 텍스트를 얻는다는 점에서는 챗GPT와 동일하다.

대화 기록에 기반한 응답 얻기

앞서 언급했듯이 Chat Completions API는 상태(대화 기록)를 직접 관리하지 않는다 (stateless). 대화 기록을 바탕으로 응답하게 하려면 과거 대화 내용을 요청에 포함시켜야 한다. 다음과 같이 사람의 입력을 "role": "user"로, AI의 입력을 "role": "assistant"로 하여 요청을 보내면 된다.

```python
response = client.chat.completions.create(
  model="gpt-3.5-turbo",
  messages=[
        {"role": "system", "content": "You are a helpful assistant."},
        {"role": "user", "content": "Hello! I'm John."},
        {"role": "assistant", "content": "Hello John! How can I assist you today?"},
        {"role": "user", "content": "Do you know my name?"}
    ]
)


print(response.model_dump_json(indent=2))
```

'저는 존입니다.'라고 자기소개를 한 후, 다시 '제 이름을 아시나요?'라고 물어보는 순서다. 이 내용으로 실행해 보겠다.

```json
{
  "id": "chatcmpl-99QrivLJnwKd7Jy9r2fAir3xFw5GU",
  "choices": [
    {
      "finish_reason": "stop",
      "index": 0,
      "logprobs": null,
      "message": {
        "content": "Yes, you introduced yourself as John. How can I help you, John?",
        "role": "assistant",
        "function_call": null,
        "tool_calls": null
      }
    }
  ],
  "created": 1712035250,
  "model": "gpt-3.5-turbo-0125",
  "object": "chat.completion",
  "system_fingerprint": "fp_b28b39ffa8",
  "usage": {
    "completion_tokens": 16,
    "prompt_tokens": 47,
```

```
  "total_tokens": 63
 }
}
```

그러자 대화 내역을 바탕으로 '예, 당신이 존이라고 말씀하셨죠. 무엇을 도와드릴까요, 존?'이
라고 답했다.

응답을 스트리밍으로 받기

웹브라우저로 챗GPT를 사용해 보면, 응답이 생성되는 동안에도 조금씩 화면에 표시된다.
Chat Completions API에서도 이와 마찬가지로 스트리밍으로 응답을 받을 수 있다. 구현 방
법은 간단하며, 요청에 stream=True라는 파라미터를 추가하면 된다. 스트리밍으로 응답을 얻
는 예제 코드는 다음과 같다.

```
response = client.chat.completions.create(
  model="gpt-3.5-turbo",
  messages=[
      {"role": "system", "content": "You are a helpful assistant."},
      {"role": "user", "content": "Hello! I'm John."}
  ],
  stream=True
)

for chunk in response:
  choice = chunk.choices[0]
  if choice.finish_reason is None:
    print(choice.delta.content)
```

이 코드를 실행하면 다음과 같은 내용이 조금씩 표시된다.

```
Hello
 John
!
 How
 can
 I
```

```
assist
you
today
?
```

기본 파라미터

여기서는 Chat Completions API에서 model, messages, stream 외에 지정할 수 있는 몇 가지 파라미터를 소개한다.

표 3.3 Chat Completions API의 파라미터 중 일부

파라미터 이름	개요	기본값
temperature	0~2 사이의 값으로 클수록 출력이 무작위적이고 작을수록 결정적임	1
n	생성되는 텍스트 후보의 수(응답의 choices 요소의 수)	1
stop	등장하는 순간 생성을 멈추는 문자열(또는 그 배열)	null
max_tokens	생성하는 최대 토큰 수	16
user	OpenAI의 피드백에 도움이 되는 최종 사용자 ID를 제공	없음

Chat Completions API에는 이 외에도 다양한 파라미터가 존재한다. 자세한 내용은 공식 API Reference[9]를 참고하기 바란다.

> COLUMN
>
> **Completions API**
>
> gpt-3.5-turbo 이전 모델에서는 Chat Completions API가 아닌 Completions API를 사용한다. Completions API는 작성 시점에 이미 구형(Legacy)이 되었지만, 여기서는 개요만 소개한다.
>
> Completions API는 예를 들어 다음과 같이 사용한다.
>
> ```
> from openai import OpenAI
>
> client = OpenAI()
> ```

---

9 https://platform.openai.com/docs/api-reference/chat/create

```
response = client.completions.create(
  model="gpt-3.5-turbo-instruct",
  prompt="Hello! I'm John."
)

print(response.model_dump_json(indent=2))
```

이 코드를 실행하면 다음과 같은 응답을 얻을 수 있다.

```
{
  "id": "cmpl-99QrjyPe0KMRIZXFk4OeUVC0iVKmM",
  "choices": [
    {
      "finish_reason": "length",
      "index": 0,
      "logprobs": null,
      "text": " I'm a 21-year-old Computer Science Graduate.\n\nI am a technology"
    }
  ],
  "created": 1712035251,
  "model": "gpt-3.5-turbo-instruct",
  "object": "text_completion",
  "system_fingerprint": null,
  "usage": {
    "completion_tokens": 16,
    "prompt_tokens": 6,
    "total_tokens": 22
  }
}
```

Chat Completions API와 달리 Completions API는 하나의 프롬프트만 입력할 수 있다. 앞에서도 말했듯이 Completions API는 대화 기록을 관리해 주지 않으므로, 대화 기록을 기반으로 응답을 얻고 싶다면 다음과 같이 프롬프트에 대화 기록을 포함시켜야 한다.

```
prompt = """Human: Hello! I'm John.
AI: Nice to meet you, John!
Human: Do you know my name?
```

```
AI: """

response = client.completions.create(
  model="gpt-3.5-turbo-instruct",
  prompt=prompt
)
```

OpenAI의 Completions API를 앞으로 사용하지 않게 될 수도 있지만, OpenAI 이외의 LLM에서는 이렇게 단일 프롬프트만 입력받는 경우가 많다. 이럴 때는 위와 같이 입력 프롬프트에 대화 이력을 포함시켜 주어야 한다.

3.6 Function calling

Function calling 개요

Function calling은 2023년 6월 13일에 추가된 Chat Completions API의 새로운 기능이다. 간단히 말해, 사용 가능한 함수를 LLM에 알려주고 LLM이 '함수를 사용하고 싶다'는 판단을 내리게 하는 기능이다(LLM이 함수를 실행하는 것이 아니라, LLM이 '함수를 사용하고 싶다'는 응답을 반환할 뿐이다).

5장에서 설명하겠지만, 랭체인에는 LLM이 필요에 따라 함수를 사용할 수 있도록 하는 'Agents'라는 기능이 있다. 이러한 기능이 Chat Completions API 자체에 구현되어 있고, 이를 위해 모델을 미세 조정한 것이 Function calling이다.

Function calling을 사용하여 함수 실행 중간의 LLM과의 상호 작용을 그림으로 나타내면 다음과 같다.

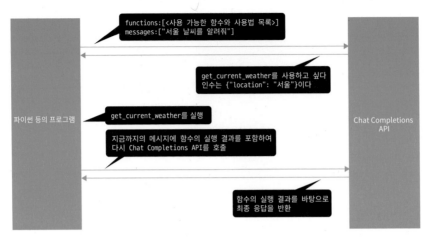

그림 3.16 Function calling의 흐름

처리 흐름은 먼저 사용 가능한 함수 목록과 함께 질문 등의 텍스트를 전송한다. 이에 대해 LLM 이 '함수를 사용하고 싶다'는 응답을 보내면 파이썬 등의 프로그램으로 해당 함수를 실행한다. 그 실행 결과를 포함한 요청을 다시 LLM에 보내면 최종 답변을 얻을 수 있는 구조다. 여기서 주의해야 할 점은 LLM은 어떤 함수를 어떻게 사용하고 싶은지 알려줄 뿐, 함수 실행은 파이썬 등을 이용해 Chat Completions API의 사용자 측에서 실행해야 한다는 점이다.

Function calling 샘플 코드

Function calling에 대해서는 OpenAI 공식 문서(https://platform.openai.com/docs/guides/gpt/function-calling)에 샘플 코드가 있다. 여기서는 이 샘플 코드를 바탕으로 일부 수정한 코드를 조금씩 실행해 보기로 한다.

먼저 get_current_weather라는 지역을 지정하여 날씨를 구하는 파이썬 함수를 정의한다.[10]

```
import json

def get_current_weather(location, unit="celsius"):
    weather_info = {
        "location": location,
```

---

10 실제로 이런 함수를 구현한다면 API에 접속해 현재 날씨 정보를 가져오는 식으로 구현해야 한다. 하지만 여기서는 샘플로 함수 안에 작성된 날씨와 기온 값을 반환하고 있다.

```
        "temperature": "25",
        "unit": "celsius",
        "forecast": ["sunny", "windy"],
    }
    return json.dumps(weather_info)
```

다음으로 LLM이 사용할 수 있는 함수 목록을 정의한다. 예를 들어, get_current_weather라
는 함수에 대한 설명과 파라미터를 정의한다.

```
functions = [
    {
        "name": "get_current_weather",
        "description": "Get the current weather in a given location",
        "parameters": {
            "type": "object",
            "properties": {
                "location": {
                    "type": "string",
                    "description": "The city and state, e.g. Seoul",
                },
                "unit": {"type": "string", "enum": ["celsius", "fahrenheit"]},
            },
            "required": ["location"],
        },
    }
]
```

이어서 "What's the weather like in Seoul?", 즉 서울 날씨를 묻는 질문으로 Chat
Completions API를 호출한다. 이때 사용할 수 있는 함수 목록을 functions라는 인수로 전
달한다.

```
messages = [{"role": "user", "content": "What's the weather like in Seoul?"}]

response = client.chat.completions.create(
    model="gpt-3.5-turbo",
    messages=messages,
```

```
    functions=functions
)

print(response.model_dump_json(indent=2))
```

이 요청에 대해 다음과 같은 응답을 얻을 수 있다.

```
{
  "id": "chatcmpl-99Qrp9ycqNiOIsInphievuT242SJl",
  "choices": [
    {
      "finish_reason": "function_call",
      "index": 0,
      "logprobs": null,
      "message": {
        "content": null,            이전의 실행 예에는 LLM이 생성한 텍스트가 여기 포함돼 있었음
        "role": "assistant",
        "function_call": {          'get_current_weather를 다음과 같은 인수로 실행하고
                                    싶다'고 적혀 있음
          "arguments": "{\"location\":\"Seoul\"}",
          "name": "get_current_weather"
        },
        "tool_calls": null
      }
    }
  ],
  "created": 1712035257,
  "model": "gpt-3.5-turbo-0125",
  "object": "chat.completion",
  "system_fingerprint": "fp_b28b39ffa8",
  "usage": {
    "completion_tokens": 16,
    "prompt_tokens": 79,
    "total_tokens": 95
  }
}
```

지금까지의 실행 예시에서는 LLM이 생성한 텍스트가 choices 요소의 message의 content에 포함되어 있었지만, 이번에는 그 부분이 null로 되어 있다. 대신 function_call이라는 요소가 있고, 'get_current_weather를 이런 인수로 실행하고 싶다'는 내용이 적혀 있다. 주어진 함수 목록과 입력 텍스트를 통해 LLM은 이 질문에 답하기 위해서는 get_current_weather를 {"location": "Seoul"}이라는 인수로 실행해야 한다고 판단한 것이다.

하지만 LLM은 파이썬과 같은 함수를 실행하는 기능이 없다. 따라서 이 함수는 LLM이 지정한 인수를 분석하여 해당 함수를 호출하는 방식으로 이 함수를 실행해 줘야 한다.

```python
response_message = response.choices[0].message

available_functions = {
    "get_current_weather": get_current_weather,
}
function_name = response_message.function_call.name
fuction_to_call = available_functions[function_name]
function_args = json.loads(response_message.function_call.arguments)

function_response = fuction_to_call(
    location=function_args.get("location"),
    unit=function_args.get("unit"),
)

print(function_response)
```

이 작업을 수행하면 다음과 같은 결과를 얻을 수 있다.

```
{"location": "Seoul", "temperature": "25", "unit": "celsius", "forecast": ["sunny", "windy"]}
```

서울의 기온은 25℃, 예보는 맑음/흐림으로 되어 있다. 다시 말하지만, 이것은 단순히 파이썬으로 함수를 실행한 것일 뿐, LLM은 함수를 실행할 수 없기 때문에 LLM이 사용하고 싶다고 판단한 함수를 LLM 사용자 측에서 파이썬으로 실행해 준 것이다.

파이썬에서 함수 실행 결과가 나오면 LLM에 다시 요청을 보내기 위해 messages를 준비한다. 처음 보낸 요청은 messages = [{"role": "user", "content": "What's the weather like in Seoul?"}]로 돼 있다. 여기에 LLM의 response_message를 추가하고, 함수 실행 결과를 "role": "function"으로 추가한다.

```
messages.append(response_message)
messages.append(
    {
        "role": "function",
        "name": function_name,
        "content": function_response,
    }
)
```

이제 messages의 내용은 다음과 같다.

```
[{'role': 'user', 'content': "What's the weather like in Seoul?"}, ChatCompletionMessa
ge(content=None, role='assistant', function_call=FunctionCall(arguments='{"location":
"Seoul"}', name='get_current_weather'), tool_calls=None), {'role': 'function', 'name':
'get_current_weather', 'content': '{"location": "Seoul", "temperature": "25", "unit":
"celsius", "forecast": ["sunny", "windy"]}'}]
```

이 messages를 사용해 Chat Completions API에 다시 한번 요청을 보낸다.

```
second_response = client.chat.completions.create(
    model="gpt-3.5-turbo",
    messages=messages,
)
```

그러면 최종 답변으로 방금 전의 함수 실행 결과를 바탕으로 서울의 날씨를 답변해 준다.

```
print(second_response.model_dump_json(indent=2))
```

```
{
  "id": "chatcmpl-99STLIiqvY9XtkSI8igYDZGwq1J52",
  "choices": [
```

```
    {
      "finish_reason": "stop",
      "index": 0,
      "logprobs": null,
      "message": {
            "content": "The weather in Seoul is currently 25°C and sunny with windy
conditions.",
          "role": "assistant",
          "function_call": null,
          "tool_calls": null
      }
    }
  ],
  "created": 1712041427,
  "model": "gpt-3.5-turbo-0125",
  "object": "chat.completion",
  "system_fingerprint": "fp_b28b39ffa8",
  "usage": {
    "completion_tokens": 15,
    "prompt_tokens": 71,
    "total_tokens": 86
  }
}
```

이처럼 Function calling을 사용하면 LLM이 필요에 따라 '함수를 사용하고 싶다'고 판단하고, 그 인수까지 고려해 준다. 그 내용을 바탕으로 여기서 함수를 실행하고, 실행 결과를 포함하여 다시 LLM을 호출하면 LLM이 최종적인 답을 돌려주는 것이다.

파라미터 'function_call'

Function calling의 등장과 함께 Chat Completions API 요청에 'function_call'이라는 파라미터가 추가되었다. function_call에 "none"을 지정하면 LLM은 함수 호출과 같은 응답을 하지 않고 일반 텍스트를 반환한다. function_call을 "auto"로 설정하면 LLM은 입력에 따라 지정된 함수를 사용해야 한다고 판단되면 함수 이름과 인수를 응답하게 된다. function_call 파라미터의 기본 작동은 functions를 제공하지 않으면 "none", functions를 제공하면 "auto"로 설정된다.

또한, function_call 파라미터에는 {"name": "<함수명>"}이라는 값을 지정할 수 있다. 이렇게 함수 이름을 지정하면 LLM에 지정한 함수를 호출하도록 강제할 수 있다.

Function calling을 응용한 JSON 생성

Function calling은 LLM이 함수를 실행하고 싶다고 판단하게 하는 것 외에도 단순히 JSON 형식의 데이터를 생성하게 하는 것, 즉 LLM이 함수를 호출할 생각으로 JSON 형식의 데이터를 생성하게 하고 실제로는 함수를 호출하지 않고 인수의 값을 다른 용도로 사용하게 하는 것에도 사용할 수 있다.

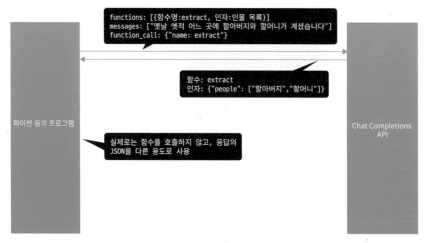

그림 3.17 Function calling을 응용

Function calling이 등장하기 전에는 입력 프롬프트에서 '이런 JSON 형식으로 데이터를 반환해 주세요'와 같이 지정하고, 응답 텍스트에서 JSON 부분을 추출하여 사용했다. 하지만 이 방법으로는 JSON으로 제대로 된 형식의 응답을 얻지 못하는 경우가 많았고, 작동이 안정적이지 않았다.

Function calling 기능을 통해 함수의 인수로 JSON 형식의 데이터를 쉽게 얻을 수 있도록 모델이 미세 조정되어 JSON 형식의 데이터를 생성하게 하고자 할 때도 안정적으로 작동할 수 있게 되었다. 특히 이 용도로 사용할 경우, function_call 파라미터에 함수명을 지정하여 강제로 JSON 형식의 출력을 얻을 수 있는 것이 유용하다.

함수 호출을 응용한 JSON 형식의 데이터 생성에 대해서는 5장 '랭체인 활용'에서 랭체인을 이용한 예제를 설명한다.

요약

이 장에서는 챗GPT API의 기본을 설명했다. GPT-3.5와 GPT-4를 API로 사용하려면 현재 다음과 같은 형태의 Chat Completions API를 사용한다.

```
{
  "model": "gpt-3.5-turbo",
  "messages": [
    {"role": "system", "content": "You are a helpful assistant."},
    {"role": "user", "content": "Hello! I'm John."},
    {"role": "assistant", "content": "Hello John! How can I assist you today?"},
    {"role": "user", "content": "Do you know my name?"}
  ]
}
```

Chat Completions API는 상태를 관리하지 않으며, 대화 기록을 기반으로 응답하게 하려면 대화 기록을 모두 요청에 포함시켜야 한다.

요금은 모델 종류와 입출력 토큰 수에 따라 결정된다. 실제 사용된 토큰 수는 응답에 포함되어 있으며, tiktoken 패키지로 확인할 수 있다.

Chat Completions API에 Function calling 기능이 추가되어 LLM이 함수를 사용하고 싶다고 판단할 수 있게 되었다. Function calling을 응용해 JSON 형식의 데이터를 생성하게 할 수도 있다.

앞으로 새로운 기능이 추가될 가능성도 있지만, 기본이 되는 현재 기능을 숙지하고 있으면 새로운 기능도 쉽게 따라잡을 수 있을 것이다.

## CHAPTER 4

랭체인 기초

이 장에서는 LLM을 이용한 애플리케이션 개발 프레임워크인 랭체인(LangChain)에 관해 설명한다. 랭체인은 LLM을 이용한 애플리케이션 개발을 위한 매우 다양한 기능을 가지고 있다. 랭체인의 개요부터 각종 모듈의 개념과 사용법에 대해 자세히 설명한다.

4.1 랭체인 개요

랭체인은 LLM을 이용한 애플리케이션 개발 프레임워크이며, LLM을 이용한 다양한 종류의 애플리케이션에 사용할 수 있다.

랭체인의 구현에는 파이썬과 자바스크립트/타입스크립트 두 가지가 있다. 머신러닝 주변 분야에서는 흔히 볼 수 있는 일이지만, 파이썬 구현이 더 활발하게 개발되고 있다. 이 책에서도 파이썬 구현을 사용한다. 이후 이 책에서 랭체인이라고 하면 파이썬 구현을 가리킨다. 파이썬에는 구현되어 있지만 자바스크립트/타입스크립트에는 구현되지 않은 기능도 많으므로 자바스크립트/타입스크립트 구현을 사용할 때는 주의하기 바란다.

랭체인 사용 사례

랭체인에는 크게 두 가지 측면이 있다. 하나는 LLM을 이용한 애플리케이션 개발에 필요한 구성 요소를 추상화된 모듈로 제공한다는 점이다. 다른 하나는 특정 사용 사례에 특화된 기능을 제공한다는 점이다.

LLM을 이용한 응용 프로그램으로는 다음과 같은 예를 들 수 있다.

- 챗GPT처럼 대화할 수 있는 챗봇
- 문장 요약 도구
- 사내 문서 및 PDF 파일에 대한 Q&A 앱
- 나중에 설명할 'AI 에이전트'

랭체인은 위와 같이 LLM을 이용한 다양한 애플리케이션 구현에 사용할 수 있다. 랭체인의 사용 사례에 특화된 기능을 사용하여 매우 적은 구현량으로 프로토타입을 구현할 수도 있고, 랭체인의 모듈을 구성 요소로 사용하여 독창성 높은 앱을 구현할 수도 있다.

랭체인을 배우는 이유

LLM을 이용한 애플리케이션 개발에 사용할 수 있는 프레임워크 라이브러리는 랭체인 외에도 많다. 몇 가지 예를 들어보자.

- 라마인덱스(LlamaIndex): https://github.com/jerryjliu/llama_index

- 시맨틱 커널: https://github.com/microsoft/semantic-kernel

- 가이던스(guidance): https://github.com/microsoft/guidance

이러한 프레임워크 라이브러리 중에서도 랭체인을 배우는 것은 매우 추천할 만한 선택이다. 예를 들어 라마인덱스(LlamaIndex)는 나중에 설명할 랭체인의 Data connection 기능에 특화된 프레임워크다. 랭체인은 LLM을 이용한 애플리케이션 개발에 대해 특히 폭넓은 분야를 다루고 있어, 랭체인을 따라잡음으로써 LLM을 이용한 애플리케이션 개발에 대한 폭넓은 지식을 얻을 수 있다.

라마인덱스처럼 내부적으로 랭체인을 사용하는 프레임워크나 라이브러리도 많이 있다. 이러한 프레임워크나 라이브러리를 따라잡는 데도 랭체인에 관한 지식이 도움이 될 수 있다.

또한, 랭체인은 업데이트의 빈도나 양이 매우 많고, 매일 새로운 버전이 출시되고 있다. LLM을 이용한 애플리케이션 개발 자체는 아직 새로운 분야다. 논문 등에서도 새로운 기법들이 속속 발표되고 있고, LLM 자체도 계속 업데이트되고 있다. 랭체인은 이러한 업데이트를 매우 빠르게 따라잡고 있다. 예를 들어 Chat Completions API에 Function calling 기능이 추가되었을 때 하루도 지나지 않아 관련 기능이 출시됐다.

논문으로 발표된 방법론이나 LLM을 이용한 애플리케이션 개발 관련 핫이슈 등을 바탕으로 랭체인에는 실험적인 기능도 속속 추가되고 있다. 따라서 랭체인의 업데이트를 따라가는 것은 LLM을 활용한 애플리케이션 개발의 트렌드를 따라가는 것이기도 하다.

이 글을 쓰는 시점에 랭체인의 최신 버전은 v0.0.292로, 버전 번호를 매기는 방식에서도 계속 업데이트해 나간다는 생각을 엿볼 수 있다.

랭체인의 모듈

랭체인은 LLM을 이용한 애플리케이션 개발에 있어 범용으로 사용할 수 있는 다양한 모듈과 특정 사용 사례에 특화된 기능을 제공하는 두 가지 측면이 있다. 랭체인에 익숙해지기 위해서는 먼저 어떤 모듈이 있는지 파악하는 것부터 시작하는 것이 좋다. 이 책에서도 랭체인에 포함된 모듈에 대해 설명한다.

이 책을 쓰는 시점에 랭체인 문서(https://python.langchain.com/docs/modules/)에 따르면, 모듈은 크게 다음과 같이 6가지로 정리되어 있다.

- Model I/O

- Data Connection

- Chains

- Agents

- Memory

- Callbacks

이 6가지 큰 모듈은 다음과 같은 요소로 더 세분화되어 있다.

- Model I/O
  - Prompts
    - Prompt templates
    - Example selectors
  - Language models
    - LLMs
    - Chat models
  - Output parsers
- Data connection
  - Document loaders
  - Document transformers
    - Text splitters
    - Post retrieval
  - Text embedding models
  - Vector stores
  - Retrievers
- Chains
- Agents
  - Agent types

- • Tools
  - • Toolkits
- ▪ Memory

- ▪ Callbacks

이처럼 랭체인은 매우 많은 모듈을 제공한다.

랭체인은 문서와 모듈의 구성에 대해서도 자주 업데이트하고 있다. 문서상에서 이들 모듈의 포함 관계와 명칭도 수시로 업데이트되고 있다. 이 책이 출간된 이후에도 이 구조는 어느 정도 변경될 가능성이 있다[1].

하지만 현재 존재하는 모듈을 학습하는 것만으로도 LLM을 이용한 애플리케이션 개발의 기본을 익히는 데 충분히 도움이 될 것이다. 만약 최신 버전의 랭체인에서 이 책과 다른 용어를 사용하게 되더라도 이 책에서 설명한 개념만 숙지하고 있다면 쉽게 이해할 수 있는 부분이 많을 것이다.

이 장과 다음 장에서는 앞서 설명한 모듈 중 랭체인의 기본을 이해하는 데 특히 중요한 요소들을 이해하기 쉬운 순서로 설명한다. 또한, 애플리케이션의 디버깅이나 평가(Evaluation) 등에 사용할 수 있는 기능도 칼럼을 통해 적절히 소개할 것이다.

랭체인 설치

이후 랭체인의 모듈에 대한 설명은 구글 코랩(Google Colab)에서 코드를 실습하면서 읽을 수 있도록 되어 있다.

먼저 구글 코랩에서 다음 명령을 실행해 이번 장의 실습에 필요한 패키지들을 설치한다.[2]

```
!pip install langchain==0.1.14 openai==1.14.3 langchain-openai==0.1.1
```

---

1 실제로 이 책을 집필하는 동안 'Data connection'은 'Retrieval'이라는 표기로 변경되었다. 그러나 이 책의 본문에서는 'Data connection'으로 표기한다.

2 (옮긴이) 원서는 langchain==0.0.292 및 openai==0.28.0 버전으로 실습하지만 번역서는 2024년 4월 1일 버전을 기준으로 한다.

참고로 위 명령에서는 openai라는 라이브러리도 함께 설치한다. 이는 랭체인이 OpenAI의 API를 호출하기 위해 내부적으로 openai 라이브러리를 사용하기 때문이다.[3]

COLUMN

langchain-experimental

랭체인에서는 'langchain'이라는 이름의 패키지에 모든 기능이 들어 있었다. 그러나 2023년 7월, langchain-experimental이라는 별도의 패키지가 만들어져서 langchain 패키지의 일부 기능이 이전됐다. 실험적인 코드와 알려진 취약점(CVE)이 포함된 코드를 분리하고 핵심 패키지를 경량화하는 것이 목적이다. 예를 들어, 임의의 파이썬 프로그램이나 임의의 SQL을 실행할 수 있는 일부 기능이 langchain-experimental로 마이그레이션되고 있다.

참고로 langchain-experimental을 사용하고 싶다면 `pip install langchain-experimental` 명령으로 설치할 수 있다.

4.2 Language models

랭체인의 모듈 중 첫 번째로 'Language models'에 관해 설명한다.

Language models는 랭체인에서 언어 모델을 사용하는 방법을 제공하는 모듈로, 랭체인의 Language models를 사용하면 다양한 언어 모델을 공통된 인터페이스로 사용할 수 있다. 쉽게 말해, LLM을 랭체인 방식으로 사용할 수 있게 하는 래퍼라고 할 수 있으며, 랭체인에서는 Language models를 크게 'LLMs'와 'Chat models' 두 가지로 분류하고 있다.

LLMs

랭체인의 'LLMs'는 하나의 텍스트 입력에 대해 하나의 텍스트 출력을 반환하는 전형적인 대규모 언어 모델을 다루는 모듈이다.

---

3 (옮긴이) langchain 패키지에 포함된 오래된 클래스를 사용할 때 경고가 발생하지 않게 langchain-openai 패키지도 설치해서 새로운 클래스를 사용한다.

예를 들어 OpenAI의 Completions API를 랭체인에서 사용하려면 다음 예제와 같이 'OpenAI'라는 클래스를 사용한다.[4]

```python
from langchain_openai import OpenAI

llm = OpenAI(model_name="gpt-3.5-turbo-instruct", temperature=0)
result = llm.invoke("자기소개를 해주세요.")
print(result)
```

이 코드에서는 gpt-3.5-turbo-instruct을 모델로 설정하고 temperature를 0으로 설정했다. temperature는 클수록 무작위적인 출력이, 작을수록 결정적인 출력이 나오는 파라미터다. 이 장에서는 가능한 한 동일한 출력을 얻기 위해 temperature를 최솟값인 0으로 설정했다.

코드의 실행 결과는 예를 들어 다음과 같다.

> 안녕하세요. 저는 김지원입니다. 저는 대학교에서 경영학을 전공하고 현재는 기업에서 인사담당으로 일하고 있습니다. 저는 새로운 도전을 좋아하고 적극적으로 일에 임하는 성격을 가지고 있습니다. 또한 문제 해결능력과 커뮤니케이션 능력이 뛰어나며 적응력이 높은 편입니다. 제가 맡은 일에 대해서는 책임감을 가지고 최선을 다하며, 항상 성장하고 발전하는 것을 목표로 삼고 있습니다. 또한 다양한 사람들과 함께 일하며 서로 배우고 발전하는 것을 즐기는 것이 제가 가장 중요하게 생각하는 가치입니다. 감사합니다.

LLM이 생성한 텍스트를 표시할 수 있음을 알 수 있다.

참고로 3장에서 설명한 바와 같이 OpenAI의 Completions API는 이미 레거시(Legacy)로 분류돼 있다. 여기서는 하나의 텍스트 입력에 대해 하나의 텍스트 출력을 반환하는 전형적인 대규모 언어 모델의 예시로만 사용하고 있다.

---

4 (옮긴이) 원서의 코드가 작동하지 않거나 경고가 발생해서, 번역서에서는 다음과 같이 고쳤다.
  첫째, 원서에서는 langchain.llms.OpenAI를 사용했지만, 지금은 실행하면 LangChainDeprecationWarning이 발생하고, langchain-openai 패키지를 설치해서 사용하라는 안내가 나온다. 따라서 번역서에서는 새로운 langchain_openai.OpenAI를 사용한다. 뒤에서 다룰 ChatOpenAI 클래스도 마찬가지다.
  둘째, 원서에서 OpenAI 클래스의 model_name을 text-davinci-003으로 지정했는데, 해당 모델은 종료되었으므로 gpt-3.5-turbo-instruct로 바꿨다.
  셋째, OpenAI를 클래스의 인스턴스를 사용할 때 llm("메시지")와 같이 호출하면 `__call__` 함수를 쓰지 말라는 경고가 뜨므로, llm.invoke("메시지")와 같이 invoke 메서드를 사용하게 바꿨다.

Chat Models

OpenAI의 Chat Completions API(gpt-3.5-turbo, gpt-4)는 단순히 하나의 텍스트를 입력하는 것이 아니라, 채팅 형식의 대화를 입력하면 응답을 받을 수 있도록 되어 있다. OpenAI의 Chat Completions API를 지원하기 위해 만들어진 랭체인의 모듈이 'Chat models'다.

랭체인에서 Chat Completions API를 사용할 때는 'ChatOpenAI' 클래스를 사용한다. 샘플 코드는 다음과 같다.

```python
from langchain_openai import ChatOpenAI
from langchain.schema import AIMessage, HumanMessage, SystemMessage

chat = ChatOpenAI(model_name="gpt-3.5-turbo", temperature=0)

messages = [
    SystemMessage(content="You are a helpful assistant."),
    HumanMessage(content="안녕하세요! 저는 존이라고 합니다!"),
    AIMessage(content="안녕하세요, 존 씨! 어떻게 도와드릴까요?"),
    HumanMessage(content= "제 이름을 아세요?")
]

result = chat.invoke(messages)
print(result.content)
```

이 코드를 실행하면 예를 들어 다음과 같이 표시된다.

네, 앞서 말씀해주신대로 존 씨 맞으시죠?

랭체인의 'SystemMessage', 'HumanMessage', 'AIMessage'는 각각 Chat Completions API의 "role": "system"', '"role": "user"', '"role": "assistant"에 대응한다. 따라서 앞의 코드에서 내부적으로는 다음과 같은 요청을 보내고 있다.

```json
{
  "model": "gpt-3.5-turbo"
  "messages": [
```

```
    {"role": "system", "content": "You are a helpful assistant."},
    {"role": "user", "content": "안녕하세요! 저는 존이라고 합니다!"},
    {"role": "assistant", "content": "안녕하세요, 존 씨! 어떻게 도와드릴까요?"} ,
    {"role": "user", "content": "제 이름을 아세요?"}
  ], [...], [...
  <일부 생략>
}
```

이 책에서는 Chat Completions API를 LLM으로 사용하므로 ChatOpenAI 클래스를 자주 사용하게 될 것이다. 참고로 랭체인의 Chat 모델은 OpenAI의 Chat Completions API 외에도 Azure OpenAI Service의 Chat Completions API와 그 외 여러 가지 채팅 형식의 LLM을 지원한다.

Callback을 이용한 스트리밍

Language models에 국한된 기능은 아니지만, 여기서는 랭체인의 Callback을 소개한다.

Chat Completions API의 응답을 스트리밍으로 받을 수 있다. LLM을 이용한 애플리케이션을 구현할 때 UX를 개선하기 위해 응답을 스트리밍으로 받고 싶은 경우가 많을 것이다. 랭체인에서는 Callback 기능을 통해 Chat Completions API의 응답을 스트리밍으로 처리할 수 있다.

예를 들어, 랭체인에서 제공하는 StreamingStdOutCallbackHandler를 ChatOpenAI로 설정하면 생성된 텍스트가 스트리밍으로 표준 출력에 표시된다. 샘플 코드는 다음과 같다.

```
from langchain.callbacks.streaming_stdout import StreamingStdOutCallbackHandler
from langchain_openai import ChatOpenAI
from langchain.schema import HumanMessage


chat = ChatOpenAI(
    model_name="gpt-3.5-turbo",
    temperature=0,
    streaming=True,
    callbacks=[StreamingStdOutCallbackHandler()],
)
```

```
messages = [HumanMessage(content="자기소개를 해주세요")]
result = chat.invoke(messages)
```

이 코드를 실행하면 다음과 같은 내용이 서서히 표시된다.

안녕하세요! 저는 인공지능 언어모델을 담당하는 AI입니다. 자연어 처리와 대화 시스템을 통해 사용자들과 소통하고 도움을 주는 것을 즐기는데요. 다양한 주제에 대해 대화를 나누고 정보를 제공하는 것을 좋아합니다. 언제든지 저와 대화를 나누어보세요! 함께 즐거운 시간을 보낼 수 있을 거에요.

랭체인의 Callback 기능은 앞서 언급한 `StreamingStdOutCallbackHandler`와 같이 공식적으로 제공되는 CallbackHandler를 사용할 수도 있고, 커스텀 CallbackHandler를 구현하여 사용할 수도 있다. 커스텀 CallbackHandler를 사용하면 LLM의 처리 시작(`on_llm_start`), 새로운 토큰 생성(`on_llm_new_token`), LLM의 처리 종료(`on_llm_end`) 등의 타이밍에 임의의 처리를 실행할 수 있다. 이 책에서도 7장에서 커스텀 CallbackHandler를 구현해 보겠다.

또한, 랭체인의 Callback 기능은 후술할 Chains와 Agents에도 대응한다.

언어 모델 요약

지금까지 랭체인의 '언어 모델(Language models)'에 대해 알아봤다. 언어 모델을 사용하면 다양한 LLM을 통일된 인터페이스로 다룰 수 있다.

이 책에서는 OpenAI의 GPT-3.5와 GPT-4만을 사용하지만, LangChain 자체는 그 외에도 다양한 언어 모델을 지원한다. 예를 들어 구글의 PaLM2[5], OSS의 GPT4All[6]을 지원하거나 다양한 LLM을 지원하는 런타임 llama.cpp[7], 머신러닝 모델 개발 플랫폼인 Hugging Face Hub[8] 등을 통해 다양한 모델을 사용할 수 있다. 또한, LangChain 공식이 미지원하는 모델이라도 Custom LLM으로 대응하는 것도 가능하다.

---

5 https://ai.google/discover/palm2
6 https://gpt4all.io/index.html
7 https://github.com/ggerganov/llama.cpp
8 https://huggingface.co/docs/hub/index

Language models의 일부로 단위 테스트에서 테스트 더블로 사용할 수 있는 'Fake LLM'과 테스트, 디버깅, 교육 목적으로 사용할 수 있는 'Human input LLM' 등도 제공되고 있다. 또한, LLM의 응답을 캐싱하는 기능도 있다.

4.3 Prompts

LLM을 이용한 애플리케이션 개발에서 매우 중요한 요소는 입력 프롬프트다. 여기서는 랭체인에서 프롬프트를 추상화한 모듈에 대해 설명한다.

PromptTemplate

먼저 소개할 것은 'PromptTemplate'이다. 이름 그대로 PromptTemplate을 사용하면 프롬프트를 템플릿화할 수 있다.

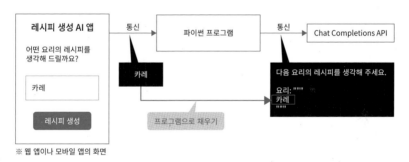

그림 4.1 PromptTemplate 이미지

PromptTemplate을 사용하는 간단한 예는 다음과 같다.

```python
from langchain.prompts import PromptTemplate


template = """
다음 요리의 레시피를 생각해 주세요.


요리: {dish}
"""
```

```
prompt = PromptTemplate(
    input_variables=["dish"],
    template=template,
)


result = prompt.format(dish="카레")
print(result)
```

실행 결과는 다음과 같다.

> 다음 요리의 레시피를 생각해 주세요.
>
> 요리: 카레

PromptTemplate의 format 메서드를 통해 템플릿의 {dish} 부분이 '카레'로 대체됐다. 참고로 PromptTemplate은 프로그램에서 문자열의 일부를 대체하는 것일 뿐, 내부적으로 LLM을 호출하는 일은 하지 않는다.

ChatPromptTemplate

PromptTemplate을 Chat Completions API의 형식에 맞게 만든 것이 ChatPrompt Template이다. SystemMessage, HumanMessage, AIMessage를 각각 템플릿화하여 ChatPromptTemplate이라는 클래스에서 일괄적으로 처리할 수 있다.

ChatPromptTemplate을 사용하는 샘플 코드는 다음과 같다.

```
from langchain.prompts import (
    ChatPromptTemplate,
    PromptTemplate,
    SystemMessagePromptTemplate,
    HumanMessagePromptTemplate,
)
from langchain.schema import HumanMessage, SystemMessage

chat_prompt = ChatPromptTemplate.from_messages([
    SystemMessagePromptTemplate.from_template("당신은 {country} 요리 전문가입니다."),
```

```
    HumanMessagePromptTemplate.from_template("다음 요리의 레시피를 생각해 주세요.\n\n요리:
{dish}")
])

messages = chat_prompt.format_prompt(country="영국", dish="고기감자조림").to_messages()

print(messages)
```

이렇게 해서 얻은 messages는 다음과 같은 내용을 담고 있다.

```
[SystemMessage(content='당신은 영국 요리 전문가입니다.'), HumanMessage(content='다음 요리의
레시피를 생각해 주세요.\n\n요리: 고기감자조림')]
```

이 messages를 gpt-3.5-turbo에게 주면 영국 요리식으로 재해석한 고기감자조림 레시피를 생각해 낸다. 참고로 고기감자조림은 원래 영국의 비프스튜에서 유래했다는 설이 있다고 한다.

Example selectors

Few-shot 프롬프트를 사용하면 LLM에서 기대하는 응답을 쉽게 얻을 수 있다. 'Example selectors'는 Few-shot 프롬프트에서 사용할 예시를 선택하는 기능이다.

프롬프트에 고정된 예제를 삽입하기만 한다면 단순히 PromptTemplate이나 ChatPromptTemplate을 사용하면 문제없지만, Example selectors를 사용하면 예제를 삽입할 때 다음과 같이 처리할 수 있다.

- 프롬프트 길이의 최댓값을 초과하지 않도록 하기 위해 사용자 입력이 짧으면 많은 예제를 포함하고, 사용자 입력이 길면 적은 예제를 포함한다.
- 사용자가 입력한 내용에 가까운 예시를 자동으로 선택하여 삽입

Example selectors는 이후 설명에서 등장하지 않기 때문에 샘플 코드는 게재하지 않았다. 관심이 있는 사람은 꼭 찾아보기 바란다.

프롬프트 요약

지금까지 랭체인에서 프롬프트를 추상화한 모듈에 대해 살펴봤다. PromptTemplate 과 ChatPromptTemplate을 통해 프롬프트를 템플릿화하여 처리할 수 있다. Example selectors를 사용하면 Few-shot 프롬프트에서 사용할 예제를 자동으로 선택할 수 있다.

4.4 Output parsers

Prompts는 LLM의 입력에 관한 모듈이었다. 이제 LLM의 출력에 주목해 보겠다. LLM이 특정 형식으로 출력하도록 하고, 그 출력을 프로그래밍 방식으로 처리하고 싶을 때가 있다. 이때 사용할 수 있는 것이 'Output Parsers'다.

Output parsers 개요

Output Parsers는 JSON과 같은 출력 형식을 지정하는 프롬프트 생성 및 응답 텍스트를 Python 객체로 변환하는 기능을 제공한다. Output Parsers를 사용하면 LLM 응답에서 해당 부분을 추출하여 Python 객체(사전형 또는 직접 만든 클래스)에 매핑하는 기본적인 처리를 쉽게 구현할 수 있다.

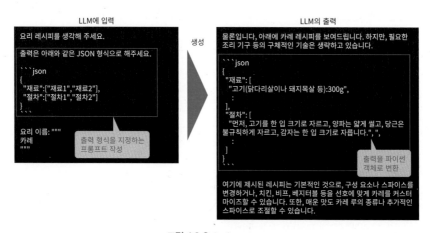

그림 4.2 Output parsers

PydanticOutputParser를 이용해 Python 객체 가져오기

랭체인의 OutputParser의 일종인 'PydanticOutputParser'를 사용하면 LLM의 출력에서 Python 객체를 쉽게 가져올 수 있다. 여기서는 PydanticOutputParser를 사용하여 LLM이 출력한 레시피를 Recipe 클래스의 인스턴스로 자동 변환하는 예제를 살펴보겠다.

먼저, LLM에 출력할 '재료 목록(ingredients)'과 '단계(steps)'를 필드로 하는 Recipe 클래스를 Pydantic[9]의 모델로 정의한다.

```python
from pydantic import BaseModel, Field


class Recipe(BaseModel):
    ingredients: list[str] = Field(description="ingredients of the dish")
    steps: list[str] = Field(description="steps to make the dish")
```

이 Recipe 클래스를 주고 PydanticOutputParser를 생성한다.

```python
from langchain.output_parsers import PydanticOutputParser


parser = PydanticOutputParser(pydantic_object=Recipe)
```

그리고 `PydanticOutputParser`에서 프롬프트에 포함할 출력 형식의 설명문을 생성한다.

```python
format_instructions = parser.get_format_instructions()
```

여기서 생성한 `format_instructions`는 Recipe 클래스에 대응하는 출력 형식을 지정하는 문자열이며, `format_instructions`를 `print`로 표시하면 다음과 같다.

```
The output should be formatted as a JSON instance that conforms to the JSON schema below.

As an example, for the schema {"properties": {"foo": {"title": "Foo", "description": "a
list of strings", "type": "array", "items": {"type": "string"}}}, "required": ["foo"]}
the object {"foo": ["bar", "baz"]} is a well-formatted instance of the schema. The object
```

---

9 Pydantic은 파이썬에서 데이터 저장소로 사용할 클래스를 쉽게 만들 수 있는 유명한 패키지로, 파이썬 표준의 dataclass와 달리 Pydantic은 실행 시 데이터 타입을 검증하는 기능 등을 가지고 있다.

```
{"properties": {"foo": ["bar", "baz"]}} is not well-formatted.

Here is the output schema:
```
{"properties": {"ingredients": {"description": "ingredients of the dish", "items": {"type":
"string"}, "title": "Ingredients", "type": "array"}, "steps": {"description": "steps to make
the dish", "items": {"type": "string"}, "title": "Steps", "type": "array"}}, "required":
["ingredients", "steps"]}
```
```

'출력은 이런 JSON 형식으로 해 주세요'라는 내용이다. 이 format_instructions를 프롬프트에 삽입해 LLM이 이 형식에 따른 응답을 반환하도록 한다. 이어서 format_instructions를 사용해 PromptTemplate을 생성한다.

```python
from langchain.prompts import PromptTemplate

template = """다음 요리의 레시피를 생각해 주세요.

{format_instructions}

요리: {dish}
"""

prompt = PromptTemplate(
    template=template,
    input_variables=["dish"],
    partial_variables={"format_instructions": format_instructions}
)
```

이 PromptTemplate에 대한 예시로 입력을 입력해 보겠다.

```python
formatted_prompt = prompt.format(dish="카레")
```

그러면 프롬프트를 채운 결과는 다음과 같다.

다음 요리의 레시피를 생각해 주세요.

The output should be formatted as a JSON instance that conforms to the JSON schema below.

As an example, for the schema {"properties": {"foo": {"title": "Foo", "description": "a list of strings", "type": "array", "items": {"type": "string"}}}, "required": ["foo"]} the object {"foo": ["bar", "baz"]} is a well-formatted instance of the schema. The object {"properties": {"foo": ["bar", "baz"]}} is not well-formatted.

Here is the output schema:
```
{"properties": {"ingredients": {"description": "ingredients of the dish", "items": {"type": "string"}, "title": "Ingredients", "type": "array"}, "steps": {"description": "steps to make the dish", "items": {"type": "string"}, "title": "Steps", "type": "array"}}, "required": ["ingredients", "steps"]}
```

요리: 카레

Recipe 클래스의 정의에 따라 출력 형식을 지정하는 프롬프트가 자동으로 내장되어 있다. 이 텍스트를 입력으로 하여 LLM을 실행해 보자.

```
chat = ChatOpenAI(model_name="gpt-3.5-turbo", temperature=0)
messages = [HumanMessage(content=formatted_prompt)]
output = chat.invoke(messages)

print(output.content)
```

그러면 다음과 같은 응답을 얻을 수 있다.

```
{
  "ingredients": [
    "카레 가루",
    "양파",
    "감자",
    "당근",
```

```
  "고기 (소고기, 닭고기, 돼지고기 중 선택)",
  "물",
  "식용유",
  "소금",
  "후추"
 ],
 "steps": [
  "양파, 감자, 당근을 깍뚝 썰어준다.",
  "고기를 잘게 썰어준다.",
  "냄비에 식용유를 두르고 양파를 볶다가 고기를 넣고 익힌다.",
  "감자와 당근을 넣고 볶아준다.",
  "물을 부어 카레 가루를 넣고 끓인다.",
  "소금과 후추로 간을 해준다.",
  "쌀밥과 함께 내놓아 맛있게 즐긴다."
 ]
}
```

이 응답을 Pydantic의 클래스로 변환하여 사용하고 싶을 때가 많다. PydanticOutputParser 를 사용하면 그 변환 과정도 간단하다.

```
recipe = parser.parse(output.content)
print(type(recipe))
print(recipe)
```

이렇게 구현하면 Pydantic의 모델 인스턴스를 얻을 수 있다. 이 코드를 실행하면 다음과 같이 표시된다.

```
<class '__main__.Recipe'>
ingredients=['카레 가루', '양파', '감자', '당근', '고기 (소고기, 닭고기, 돼지고기 중 선택)',
'물', '식용유', '소금', '후추'] steps=['양파, 감자, 당근을 깍뚝 썰어준다.', '고기를 잘게
썰어준다.', '냄비에 식용유를 두르고 양파를 볶다가 고기를 넣고 익힌다.', '감자와 당근을 넣고
볶아준다.', '물을 부어 카레 가루를 넣고 끓인다.', '소금과 후추로 간을 해준다.', '쌀밥과 함께
내놓아 맛있게 즐긴다.']
```

지금까지 Output parsers를 사용하는 예제를 살펴봤다. 핵심은 다음 두 가지다.

- Recipe 클래스의 정의를 기반으로 출력 형식을 지정하는 문자열이 자동으로 생성됐다.

- LLM의 출력을 Recipe 클래스의 인스턴스로 쉽게 변환할 수 있었다.

그러나 Output parsers는 안정적으로 작동하지 않을 수 있다. 지정한 형식과 다른 출력을 LLM이 반환하는 경우가 적지 않기 때문이다. 예를 들어, 다음과 같은 응답이 나오면 오류가 발생한다.

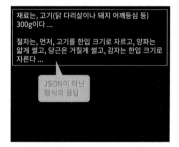

그림 4.3 Output Parsers가 오류를 발생시키는 출력의 예시

이러한 오류에 대응하기 위해 Output parsers에는 변환하지 못한 텍스트를 LLM에 수정하도록 하는 OutputFixingParser, RetryWithErrorOutputParser와 같은 클래스도 있다.

참고로 Chat Completions API와 같이 Function calling을 지원하는 모델을 사용하는 경우, Function calling의 기능을 응용하여 출력 형식을 지정하는 것이 프롬프트에서 출력 형식을 지정하는 것보다 안정적으로 작동하기 쉽다. Function calling을 응용하여 특정 형식의 출력을 얻는 예제는 추후에 소개할 예정이다.

Output parsers 요약

LLM의 출력을 다루는 Output parsers에 대해 설명했는데, Output parsers는 나중에 소개할 Chains와 Agents 내부에서도 매우 많은 부분에서 사용된다.

지금까지 소개한 Language models, PromptTemplate(ChatPromptTemplate), Output parsers는 랭체인 작동의 근간이 되는 모듈이다. 이것들은 애플리케이션 개발 시 부품으로 사용할 수도 있지만, 그 위에 구현된 Chains와 Agents는 랭체인의 가장 큰 볼거리다.

4.5 Chains

LLM을 사용하는 애플리케이션에서는 단순히 LLM에 입력해서 출력을 얻고 끝나는 것이 아니라, 처리를 연쇄적으로 연결하고 싶은 경우가 많다. 예를 들어 다음과 같은 연쇄를 생각할 수 있다.

- PromptTemplate의 템플릿을 채우고 그 결과를 Language models에 제공하고 그 결과를 Python의 객체로 가져오고 싶다.
- 2장에서 소개한 Zero-shot CoT 프롬프팅으로 단계별로 생각하게 하고 그 결과를 요약하게 하고 싶다.
- LLM의 출력 결과가 서비스 정책을 위반하지 않는지(예: 차별적 표현이 아닌지) 확인하고 싶다.
- LLM의 출력 결과를 바탕으로 SQL을 실행하여 데이터를 분석해보고 싶다.

이러한 연쇄적인 처리를 실현하는 것이 바로 랭체인의 'Chains'다. 이름 그대로 다양한 처리를 연쇄적으로 연결할 수 있다.

LLMChain─PromptTemplate, Language model, OutputParser 연결하기

LangChain에는 다양한 Chains가 있지만, 가장 먼저 주목해야 할 것은 LLMChain이다. LLMChain은 PromptTemplate과 Language model, OutputParser를 연결한다.

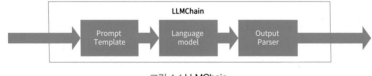

그림 4.4 LLMChain

LLMChain을 사용하는 예제 코드를 살펴보겠다. 먼저 OutputParser, PromptTemplate, Language model을 준비한다.

```python
from langchain_openai import ChatOpenAI
from langchain.output_parsers import PydanticOutputParser
from langchain.prompts import PromptTemplate
from pydantic import BaseModel, Field
```

```
class Recipe(BaseModel):
    ingredients: list[str] = Field(description="ingredients of the dish")
    steps: list[str] = Field(description="steps to make the dish")
```

```
output_parser = PydanticOutputParser(pydantic_object=Recipe)
```
OutputParser

```
template = """다음 요리의 레시피를 생각해 주세요.

{format_instructions}

요리: {dish}
"""
```
PromptTemplate

```
prompt = PromptTemplate(
    template=template,
    input_variables=["dish"],
    partial_variables={"format_instructions": output_parser.get_format_instructions()}
)
```

```
chat = ChatOpenAI(model_name="gpt-3.5-turbo", temperature=0)
```
Language model

PromptTemplate, Language model, OutputParser를 연결한 Chain을 생성하여 일련의 흐름을 실행한다.

```
from langchain.chains import LLMChain

chain = LLMChain(prompt=prompt, llm=chat, output_parser=output_parser)

recipe = chain.invoke("카레")

print(type(recipe))
print(recipe)
```

이 코드의 실행 결과는 다음과 같다.

```
<class 'dict'>
{'dish': '카레', 'text': Recipe(ingredients=['카레 가루', '양파', '감자', '당근', '고기
(소고기, 닭고기, 돼지고기 중 선택)', '물', '식용유', '소금', '후추'], steps=['1. 양파,
감자, 당근을 깍뚝 썰어준다.', '2. 냄비에 식용유를 두르고 양파를 볶아준다.', '3. 고기를 넣고
익힌다.', '4. 감자와 당근을 넣고 볶아준다.', '5. 물을 부어 카레 가루를 넣고 끓인다.', '6.
소금과 후추로 간을 맞춰준다.', '7. 밥 위에 카레를 올려 맛있게 즐긴다.'])}
```

최종 출력에는 Recipe 클래스의 인스턴스가 포함되며, `chain.invoke` 호출을 통해[10] 템플릿
채우기, LLM 호출, 출력 변환이 연쇄적으로 실행되었다는 것을 알 수 있다.

참고로 LLMChain에 OutputParser를 지정하지 않은 경우, 기본 작동으로 LLM의 출력 문
자열이 그대로 Chain의 text 출력이 된다(NoOpOutputParser라는 아무것도 하지 않는
OutputParser가 사용된다).

SimpleSequentialChain—Chain과 Chain 연결하기

Chain과 Chain을 연결하는 Chain도 있다. SimpleSequentialChain을 사용하면 Chain과
Chain을 직렬로 연결할 수 있다.

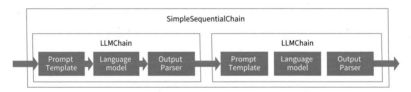

그림 4.5 SimpleSequentiallChain

예를 들어, Zero-shot CoT로 단계별로 생각해 보게 하고, 그 결과를 요약해 보겠다. 먼저
Zero-shot CoT로 단계별로 생각하게 하는 Chain을 생성한다.

```
chat = ChatOpenAI(model_name="gpt-3.5-turbo", temperature=0)


cot_template = """다음 질문에 답하세요.


질문: {question}
```

---

10 (옮긴이) 원서에서는 `langchain.LLMChain`의 `run()` 메서드를 사용했지만, 번역서에서는 새로운 `langchain.chains.LLMChain` 클
래스의 `invoke()` 메서드를 사용한다.

```
단계별로 생각해 봅시다.
"""

cot_prompt = PromptTemplate(
    input_variables=["question"],
    template=cot_template,
)


cot_chain = LLMChain(llm=chat, prompt=cot_prompt)
```

그런 다음 입력된 텍스트를 요약하는 Chain을 생성한다.

```
summarize_template = """다음 문장을 결론만 간단히 요약하세요.

{input}
"""
summarize_prompt = PromptTemplate(
    input_variables=["input"],
    template=summarize_template,
)


summarize_chain = LLMChain(llm=chat, prompt=summarize_prompt)
```

두 개의 Chain을 연결한 Chain을 만들어 실행해 보겠다.[11]

```
from langchain.chains import SimpleSequentialChain

cot_summarize_chain = SimpleSequentialChain(chains=[cot_chain, summarize_chain])

result = cot_summarize_chain.invoke(
    "저는 시장에 가서 사과 10개를 샀습니다. 이웃에게 2개, 수리공에게 2개를 주었습니다. 그런
다음에 사과 5개를 더 사서 1개를 먹었습니다. 남은 개수는 몇 개인가요?"
)
print(result["output"])
```

---

11 입력은 'Chain-of-Thought Prompting'(https://www.promptingguide.ai/kr/techniques/cot)에서 발췌한 것이다.

그러면 최종 실행 결과 다음과 같은 출력을 얻을 수 있다.

> **총 10개의 사과가 남았다.**

최종적으로 요약된 간단한 답변을 얻을 수 있었다. 이때 cot_summarize_chain 내부에서는 먼저 cot_chain이 실행되어 단계별로 생각한 중복된 답을 얻는다. 그 답변을 입력으로 summarize_chain을 실행해 요약된 간단한 답변을 얻었으며, LLM을 두 번 호출함으로써 Zero-shot CoT를 사용하여 답변의 정확도를 높이면서 최종적으로 간단한 출력을 얻을 수 있었다는 것을 알 수 있다.

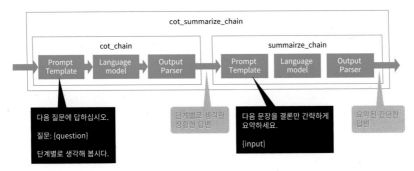

그림 4.6 Zero-shot CoT + 요약 예시

LangChain에는 다양한 Chain이 준비돼 있다. 사실, 요약에 사용할 수 있는 기성 체인도 있다.

SimpleSequentialChain을 사용하면 다양한 Chain을 직렬로 연결할 수 있다. Chain끼리 연결하는 Chain으로는 여러 입출력을 지원하는 SequentialChain, LLM의 판단에 따라 Chain의 분기를 실현하는 LLMRouterChain 등이 있다.

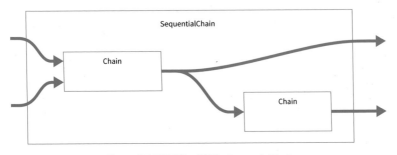

그림 4.7 다중 입출력을 지원하는 SequentialChain

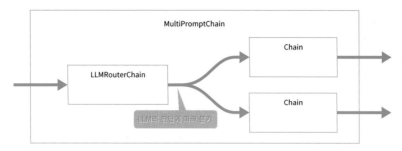

그림 4.8 LLM의 판단으로 Chain의 분기를 실현하는 LLMRouterChain

Chains 요약

지금까지 LLM을 이용한 애플리케이션 개발에서 부품으로 사용할 수 있는 기본적인 Chain을 살펴봤다. Chain은 물론 직접 만들 수도 있다. 예를 들어, 나만의 Chain을 만들어 SimpleSequentialChain으로 다른 Chain과 연쇄적으로 연결할 수도 있다.

Chain은 랭체인의 가장 큰 매력이라고 할 수 있다. LangChain은 사용 사례에 특화된 다양한 Chain도 제공한다. 여기서는 사용 사례에 특화된 체인 중 몇 가지를 소개하고자 한다.

표 4.1 사용 사례에 특화된 체인 예시

체인	개요
OpenAIModerationChain	OpenAI의 Moderation API를 통해 텍스트가 OpenAI의 이용 정책에 위배되지 않는지 확인한다.
LLMRequestsChain	지정한 URL로 HTTP 요청을 보내고, 응답 내용을 바탕으로 LLM이 질문에 답변하도록 한다.
OpenAPIEndpointChain	자연어로 입력하면 OpenAPI 사양(Swagger)을 기반으로 LLM이 API에 대한 요청을 생성하고, 그 내용으로 API를 호출한다. 또한, API의 응답을 바탕으로 LLM이 질문에 답하도록 할 수도 있다.
PALChain(실험적)	자연어 입력을 바탕으로 LLM이 프로그램을 생성하고, 프로그램을 실행한 결과를 반환한다. 'PAL: Program-aided Language Models'라는 논문을 기반으로 한 구현
SQLDatabaseChain(실험적)	자연어 입력을 바탕으로 LLM이 SQL을 생성하고 데이터베이스에 대해 실행한 후 최종 답변을 출력하도록 한다.

이 중에는 LLM을 사용하여 실현해 보고 싶다고 생각한 적이 있는 사례도 있지 않을까? 랭체인의 문서에서 Chain의 리스트를 보고 있으면, LLM을 이용한 애플리케이션 개발의 아이디어에 대한 공부가 되기도 한다.

참고로 위 표에서 Experimental(실험적)으로 표기된 Chain은 langchain_experimental에 포함되어 있다. 임의의 프로그램이나 SQL이 실행될 수 있으므로 이용 시 주의가 필요하다.

COLUMN

COLUMN Chain의 내부 움직임을 확인하려면

LangChain으로 코드를 작성하다 보면 Chain의 내부의 작동을 확인하고 싶을 때가 많다. 이때 다음과 같은 설정을 사용할 수 있다(예를 들어, 코드 첫머리에 다음과 같은 설정을 작성한다).

```
import langchain

langchain.verbose = True # 포맷된 프롬프트 등이 표시된다.
langchain.debug = True # 랭체인의 작동이 가장 상세하게 출력된다.
```

또한, 2023년 7월 랭체인에서 발표한 'LangSmith'도 랭체인을 사용한 애플리케이션의 디버깅에 도움이 된다. LangSmith에 대해서는 추후 칼럼을 통해 소개할 예정이다.

4.6 Memory

이어서 랭체인의 'Memory'에 대해 설명하겠다. 'Memory'는 이름 그대로 '기억'에 관한 기능이다. 3장에서도 설명했지만, Chat Completions API는 스테이트리스(Stateless)로, 대화 이력을 바탕으로 응답을 얻기 위해서는 대화 이력을 요청에 포함시켜야 한다. 대화 이력 저장과 관련된 편리한 기능을 제공하는 것이 바로 랭체인의 Memory다.

ConversationBufferMemory

랭체인의 Memory에는 몇 가지 종류가 있다. 먼저 Memory를 사용하는 가장 간단한 예로 단순히 대화 기록을 보관하는 ConversationBufferMemory를 사용해 보겠다. ConversationBufferMemory를 사용하는 샘플 코드는 다음과 같다.

```
from langchain.chains import ConversationChain
from langchain_openai import ChatOpenAI
from langchain.memory import ConversationBufferMemory

chat = ChatOpenAI(model_name="gpt-4", temperature=0)
conversation = ConversationChain(
    llm=chat,
    memory=ConversationBufferMemory()
)

while True:
    user_message = input("You: ")

    if user_message == "끝":
        print("(대화 종료)")
        break

    ai_message = conversation.invoke(input=user_message)["response"]
    print(f"AI: {ai_message}")
```

이 코드에서는 Memory를 사용하여 히스토리를 기반으로 대화를 할 수 있는 ConversationChain을 사용하고 있다. 사용자의 입력을 받아 LLM을 호출하고 응답을 받는 과정을 무한 반복한다.[12]

참고로 필자가 작동을 확인했을 때 gpt-3.5-turbo에서는 예상한 대로 응답이 나오지 않는 경우가 많았기 때문에 여기서는 gpt-4를 사용했다.

위의 코드로 LLM과 대화하면 예를 들어 다음과 같이 작동한다('You' 행이 사용자 입력, 'AI' 행이 LLM의 응답이다).

> You: 안녕하세요. 저는 존이라고 합니다!
> AI: 안녕하세요, 존님! 저는 인공지능 대화형 도우미입니다. 어떻게 도와드릴까요?
> You: 제 이름을 아세요?
> AI: 네, 방금 말씀하셨듯이 당신의 이름은 존님이라고 알고 있습니다.

---

12 (옮긴이) '끝'이라고 입력하면 루프를 빠져나가는 코드를 추가했다.

ConversationBufferMemory를 사용하여 1차 입력을 기반으로 2차 응답을 반환하고 있다. 이 흐름을 그림으로 표현하면 다음과 같다[13].

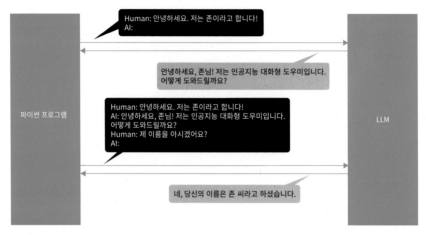

그림 4.9 Memory를 이용한 ConversationChain의 작동

더욱 편리한 Memory

단순히 대화 기록을 보관하고 사용하는 것으로 충분하다면 ConversationBufferMemory를 사용하게 된다. 하지만 실제로 LLM을 이용한 애플리케이션을 구현하려고 할 때 대화 기록에 대해 더 고급 처리를 구현하고 싶을 때가 있다. 특히, 프롬프트 길이의 제한으로 인해 모든 대화 히스토리를 포함할 수 없는 것에 대한 대응이 필요하다.

그래서 랭체인에서는 대화 기록 저장뿐만 아니라 여러 가지 Memory를 제공하고 있다. 몇 가지 예를 소개한다.

표 4.2 메모리 예시

클래스	개요
ConversationBufferWindowMemory	최근 K개의 대화만 프롬프트에 포함한다
ConversationSummaryMemory	LLM을 사용하여 대화 기록 요약한다

---

13 실제로는 프롬프트의 첫머리에 'The following is a friendly conversation between a human and an AI...'와 같은 텍스트가 붙지만, 이 그림에서는 생략했다.

클래스	개요
ConversationSummaryBufferMemory	최근 대화는 프롬프트에 그대로 포함하되, 이전 대화 내용은 요약한다
ConversationTokenBufferMemory	지정한 토큰 개수만큼의 대화만 프롬프트에 포함한다
VectorStoreRetrieverMemory	뒤에서 설명할 Vector store를 응용하여 대화 기록 중 입력과 관련된 K 개의 텍스트만 기억으로 프롬프트에 포함한다

Memory 저장 위치

랭체인의 Memory에서 대화 기록은 기본적으로 메모리(Python의 인스턴스 변수)에 저장된다. 따라서 프로세스가 중단되면 대화 기록은 유지되지 않는다. 또한, 여러 프로세스 서버로 부하를 분산하는 경우나 AWS Lambda와 같은 서버리스 환경에서 실행하는 경우에는 잘 작동하지 않는다. 이러한 상황에 대응하기 위해서는 대화 이력을 애플리케이션 외부에 저장해야 한다.

랭체인의 Memory는 여러 저장소를 지원한다. 예를 들어, SQLite, PostgreSQL, Redis, DynamoDB, Momento와 같은 데이터베이스를 사용할 수 있다. 물론 지원되지 않는 데이터베이스와 연동하는 커스터마이징도 가능하다. 이 책에서는 7장에서 Momento에 대화 기록 저장을 구현한다.

Memory 요약

지금까지 랭체인의 Memory에 대해 설명했다. Memory는 대화 내역을 기반으로 응답하는 애플리케이션을 구현하는 데 도움이 된다.

Memory에는 단순히 대화 기록을 보관하는 것뿐만 아니라 요약 등의 수고가 들어가는 구현도 제공된다. 이처럼 LangChain에는 LLM을 이용한 애플리케이션 개발에서 많은 개발자가 겪는 문제에 대해 이미 구현이 되어 있는 경우가 많다.

Memory의 저장처로도 다양한 데이터베이스를 지원한다. 많은 통합이 존재하고 다양한 도구 및 서비스와 쉽게 연동할 수 있는 것도 랭체인의 큰 특징이다.

Chat models에서 Memory 사용 시 주의사항

Memory를 사용하는 예시로 ConversationChain에서 ConversationBufferMemory를 사용하는 샘플 코드를 소개했다. ConversationChain을 실행하면 내부적으로 다음과 같은 프롬프트가 생성된다.

```
The following is a friendly conversation between a human and an AI. The AI is
talkative and provides lots of specific details from its context. If the AI does
not know the answer to a question, it truthfully says it does not know.

Current conversation:

Human: 안녕하세요. 저는 존이라고 합니다.
AI: 안녕하세요, 존 님! 어떻게 도와드릴까요?
Human: 제 이름을 아세요?
AI:
```

ConversationChain은 이 프롬프트를 입력으로 LLM을 호출한다. 이때 Chat Completions API에 대한 요청은 다음과 같은 형식이 된다(일부 파라미터는 생략).

```
{
  "model": "gpt-4", "모델": "gpt-4",
  "messages": [
    {"role": "user", "content": "The following is ... <생략>Human: 안녕하세요. 저는
존이라고 합니다.\nAI: 안녕하세요, 존 님! 어떻게 도와드릴까요?\nHuman: 제 이름을 아세요?\
nAI:"}, \nAI:",
  ]
}
```

이 요청에서는 "role": "user"의 content로 대화 기록이 포함돼 있다. Chat Completions API를 사용하는 경우, "role": "user"와 "role": "assistant"를 적절히 구분하여 사용하는 것이 바람직하지만, 그렇게 작동하지 않는다. 필자의 경험상 Chat Completions API(특히 gpt-3.5-turbo)는 이런 형태의 요청에서는 대화 기록을 잘 인식하지 못하는 경우가 많다(그래서 이 예시에서는 gpt-4를 사용했다).

LangChain 자체가 Chat Completions API의 형식에 특화된 프레임워크가 아니기 때문에 일부 예를 제외하고는 "role": "user" 부분에 대화 이력을 모두 포함하게 된다. 이 작동을 피하고 "role": "user"나 "role": "assistant"를 적절히 사용하고 싶다면 공식적으로 제공되는 Chain을 그대로 사용할 수 없을 수도 있다.

"role": "user"나 "role": "assistant"가 제대로 사용되는지 쉽게 확인할 수 있는 방법은 Chat Completions API에 대한 요청 내용을 확인하는 것이다. 다음과 같이 openai 패키지의 로그 레벨을 DEBUG로 설정하면 Chat Completions API에 대한 요청 내용이 로그에 출력된다.

```
import logging
logging.getLogger('openai').setLevel(logging.DEBUG)
```

## CHAPTER 5

랭체인 활용

4장에서는 랭체인의 Language models, Prompts, Chains, Memory에 대해 설명했다. 이러한 모듈들은, 사용 사례에 특화된 Chain을 제외하고는, Chat Completions API를 확장한 것으로 쉽게 이해할 수 있었을 것이다. 여기서 설명할 Data connection과 Agents는 랭체인을 사용해 LLM을 크게 확장하는 기능이다.

5.1 Data connection

먼저 'Data connection'에 대해 설명하자면, Data connection은 LLM과 외부의 데이터를 연결하기 위한 기능이다.

RAG(Retrieval Augmented Generation)

Data connection의 배경이 되는 RAG(Retrieval Augmented Generation)에 대해 설명한다.

이 글을 쓰는 시점에, GPT-3.5는 2021년 9월까지 공개된 정보만 알고 있다. 하지만 더 새로운 정보나 사적인 정보를 사용하게 하고 싶은 경우가 많다. 그래서 프롬프트에 컨텍스트(context)를 넣는 방법을 생각해 볼 수 있다.

예를 들어, 랭체인은 2022년에 등장했기 때문에 GPT-3.5는 랭체인에 관해 알지 못한다. GPT-3.5에 "LangChain이란?"이라고 물어봐도 모른다는 대답이 돌아온다. 경우에 따라서는 할루시네이션(Hallucination)이라는 LLM에 의한 상상의 답변이 돌아올 수도 있다.

ChatGPT 3.5 ˅

You
LangChain이란?

ChatGPT
저는 2022년 1월 이후의 정보를 알고 있지는 않지만, LangChain에 대해 알려드릴 수 있습니다. 그러나 제가 아는 한, LangChain이라는 특정한 기술이나 개념은 존재하지 않습니다. 혹시 LangChain이 특정한 기술, 회사, 또는 프로젝트 이름인지 확인하셨는지요? 추가적인 정보를 제공해 주시면 해당 주제에 대해 논의할 수 있습니다.

그림 5.1 챗GPT의 랭체인에 대한 반응

그래서 랭체인의 README(https://github.com/langchain-ai/langchain/blob/master/README.md)의 내용을 컨텍스트(context)에 포함시켜 질문해 보겠다.

문맥을 고려하여 한 문장으로 질문에 답해 주세요.

문맥: """
<랭체인의 README 내용>
"""

질문: LangChain이란 무엇인가요?

그러자, 문맥을 바탕으로 LangChain에 대해 답변해 줬다.

 ChatGPT
LangChain은 언어 모델을 기반으로 하는 응용 프로그램을 개발하기 위한 프레임워크로, 문맥을 이해하고 추론할 수 있는 응용 프로그램을 구축하는 것을 가능케 합니다.

그림 5.2 프롬프트에 LangChain 정보를 포함했을 때의 반응

이렇게 질문과 관련된 문서의 내용을 컨텍스트에 포함시킴으로써 LLM이 본래 알지 못하는 것을 답변하게 할 수 있다. 단, LLM은 토큰 수에 제한이 있기 때문에 모든 데이터를 컨텍스트에 담을 수는 없다.

그래서 입력과 관련이 있을 것 같은 문서를 검색하여 컨텍스트에 포함시키는 방법이 있다. 문서를 OpenAI의 Embeddings API 등으로 벡터화해 입력과 벡터가 가까운 문서를 검색하여 컨텍스트에 포함시키는 기법을 RAG(Retrieval Augmented Generation)[1]라고 한다. 문서는 미리 준비된 데이터베이스에서 검색할 수도 있고, 구글과 같은 검색엔진으로 웹상에서 검색할 수도 있다.

랭체인의 Data connection에서는 특히 벡터 스토어(Vector store)를 사용하여 문서를 벡터화하여 저장해 두었다가 입력된 텍스트와 벡터에 가까운 문서를 검색하여 컨텍스트에 포함시켜 사용하는 방법을 제공한다.

---

1 실제로 RAG의 논문 "Retrieval-Augmented Generation for Knowledge-Intensive NLP Tasks(https://arxiv.org/abs/2005.11401)"에서는 이 책의 설명과는 조금 다른 방법을 제안한다. 그러나 이 책의 집필 시점에는 사실상 벡터로 검색한 문서를 프롬프트에 포함시켜 사용하는 기법, 더 넓게는 각종 API나 구글 등의 검색엔진 등에서 검색한 데이터를 프롬프트에 포함시켜 사용하는 기법도 RAG라고 부른다.

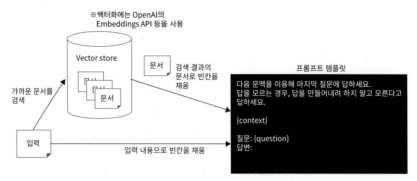

그림 5.3 RAG(Retrieval Augmented Generation) 개요

참고로 텍스트 벡터화란 텍스트를 숫자 배열로 변환하는 것을 말한다. 텍스트 벡터화에는 다양한 방법이 있지만, 일반적으로 등장하는 키워드나 의미가 가까운 텍스트가 벡터로도 거리가 가까워지도록 변환한다. 텍스트 벡터화 자체는 최근에 등장한 기술이 아니라 자연어 처리 분야에서 오래전부터 자주 사용되어 왔다. 나중에 구체적으로 어떤 벡터가 되는지 예를 들어보겠다.

Data connection 개요

RAG에 사용할 수 있는 랭체인의 모듈은 'Data connection'이다. Data connection에는 다음과 같은 5가지 기능이 있다.

- Document loaders: 데이터 소스로부터 문서를 불러온다.

- Document transformers: 문서에 어떤 종류의 변환을 가한다.

- Text embedding models: 문서를 벡터화한다.

- Vector stores: 벡터화된 문서를 저장할 수 있는 저장소

- Retrievers: 입력한 텍스트와 관련된 문서를 검색한다.

이는 그림 5.4와 같이 정보원(출처)이 되는 데이터부터 Retriever를 통한 검색까지 연결된다.

문서 읽기 　　　문서 변환 　　문서를 벡터화 　　　벡터화된 문서를 저장 　　문서 검색

그림 5.4 Data connection의 요소 연결

랭체인의 문서를 불러와 gpt-3.5-turbo에 질문하는 예시를 통해 이 흐름을 실제로 실행해 보자.

Document loaders

먼저 랭체인의 문서를 불러와야 한다. 데이터 로딩에 사용하는 것이 'Document loaders'다.

여기서는 깃허브 저장소에 공개된 문서를 불러오기로 한다. 먼저 GitPython이라는 패키지가 필요하므로 설치한다.

```
!pip install GitPython==3.1.36
```

그런 다음 GitLoader를 사용해 랭체인 저장소에서 .mdx라는 확장자를 가진 파일을 로드한다[2].

```
from langchain.document_loaders import GitLoader

def file_filter(file_path): def file_filter(file_path):
    return file_path.endswith(".mdx")

loader = GitLoader(
    clone_url="https://github.com/langchain-ai/langchain",
    repo_path=". /langchain",
    branch="master",
    file_filter=file_filter,
```

---

2 랭체인 문서는 이 책의 집필 시점에 .md, .mdx, .ipynb 등의 형식으로 작성되어 있다. 여기서는 .mdx로 작성된 문서만 불러오고 있다. 또 한, 원래는 문서를 빌드한 후 불러오도록 하는 것이 더 적절한 작동이 될 수 있다. 하지만 문서 빌드 처리에 어느 정도 시간이 걸리기 때문에 이 책에서는 생략한다.

```
)

raw_docs = loader.load()
print(len(raw_docs))
```

이 코드를 실행하면 다음과 같이 불러온 데이터 개수가 표시된다[3].

```
306
```

랭체인에는 매우 많은 DocumentLoader가 제공된다. 그중 몇 가지를 표로 정리했다.

표 5.1 랭체인의 DocumentLoader (일부)

DocumentLoader	개요
UnstructuredFileLoader	텍스트 파일, 파워포인트, HTML, PDF, 이미지 등 파일 불러오기
DirectoryLoader	UnstructuredFileLoader 등으로 디렉터리 내 모든 파일 불러오기 (UnstructuredFileLoader)
SitemapLoader	사이트맵에 따라 웹사이트의 각 페이지 불러오기
S3DirectoryLoader	Amazon S3의 버킷을 지정하여 오브젝트 불러오기
GitLoader	Git 저장소에서 파일 불러오기
BigQueryLoader	Google BigQuery에 SQL을 발행하여 행 단위로 문서로 불러오기
GoogleDriveLoader	구글 드라이브에서 파일 불러오기
ConfluenceLoader	Confluence 페이지 불러오기
NotionDirectoryLoader	Notion에서 export한 파일 불러오기
SlackDirectoryLoader	Slack에서 export한 파일 불러오기
HuggingFaceDatasetLoader	Hugging Face Hub에서 데이터 세트 불러오기

이 글을 쓰는 시점에도 랭체인에는 150개 이상의 DocumentLoader가 있다. 랭체인의 다양한 통합은 공식 문서[4]에 정리돼 있다.

---

3 표시되는 값은 랭체인의 업데이트에 따라 변경될 수 있다. 이 절의 이후 실행 결과도 랭체인의 업데이트에 따라 달라질 수 있다.

4 https://python.langchain.com/docs/integrations/platforms/

Document transformers

DocumentLoader에서 불러온 데이터를 '문서'라고 부른다. 불러온 문서에 어떤 변환을 가하는 경우가 많다. 문서에 어떤 변환을 가하는 것이 'Document transformers'다.

예를 들어, 문서를 일정 길이의 청크[5]로 분할하고 싶을 때가 있다. 문서를 적절한 크기의 청크로 분할하면 LLM에 입력하는 토큰 수를 줄이고 더 정확한 답변을 얻을 수 있다. 랭체인의 CharacterTextSplitter 클래스를 사용해 문서를 청크로 분할하는 예는 다음과 같다.

```python
from langchain.text_splitter import CharacterTextSplitter

text_splitter = CharacterTextSplitter(chunk_size=1000, chunk_overlap=0)

docs = text_splitter.split_documents(raw_docs)
len(docs)
```

이 코드를 실행하면 다음과 같이 표시된다.

```
985
```

원래 306개였던 문서가 985개로 분할됐다.

앞의 예시에서는 글자 수로 청크를 나누었다. 이 외에도 tiktoken에서 측정한 토큰 수로 분할하거나 파이썬 등의 소스 코드를 가능한 한 클래스나 함수처럼 묶어서 분할하는 기능도 제공된다.

또한, 문서를 청크로 분할하는 것 외에도 몇 가지 변환 프로세스가 지원된다.

표 5.2 랭체인의 DocumentTransformer (일부)

DocumentTransformer	개요
Html2TextTransformer	HTML을 일반 텍스트로 변환하기
EmbeddingsRedundantFilter	유사한 문서 제외하기
OpenAIMetadataTagger	메타데이터 추출하기

---

5 분할된 텍스트 하나하나를 '청크'라고 부른다.

DocumentTransformer	개요
DoctranTextTranslator	문서 번역하기
DoctranQATransformer	문서에서 Q&A를 생성하여 사용자의 질문과 쉽게 연관시키기

Text embedding models

문서 변환 처리를 마쳤다면 텍스트를 벡터화할 차례다. 이 책에서는 OpenAI의 Embeddings API를 사용하여 text-embedding-ada-002라는 모델로 텍스트를 벡터화한다.

LangChain에는 OpenAI의 Embeddings API를 래핑한 OpenAIEmbeddings라는 클래스가 있다. OpenAIEmbeddings와 마찬가지로 텍스트 벡터화에 사용할 수 있는 것이 'Text embedding models'다. 먼저 OpenAIEmbeddings의 인스턴스를 생성한다.[6]

```
from langchain_openai import OpenAIEmbeddings

embeddings = OpenAIEmbeddings()
```

문서의 벡터화 처리는 다음에 설명할 Vector store 클래스에 데이터를 저장할 때 내부적으로 수행된다. 그러나 이러한 설명만으로는 벡터화의 구체적인 과정을 상상하기 어려울 수 있으므로, 여기서 벡터화를 직접 시도해 보겠다.

이후의 코드를 실행하려면 tiktoken이라는 패키지가 필요하므로 다음과 같이 tiktoken을 설치한다.[7]

```
!pip install tiktoken==0.6.0
```

OpenAIEmbeddings를 사용해 텍스트를 벡터화해 보자.

```
query = "AWS S3에서 데이터를 불러올 수 있는 DocumentLoader가 있나요?"

vector = embeddings.embed_query(query)
```

---

6 (옮긴이) 원서는 "from langchain.embeddings.openai import OpenAIEmbeddings"로 임포트하게 돼 있었는데 경고가 뜨지 않게 새로운 임포트로 바꿨다.

7 (옮긴이) 원서에서는 tiktoken==0.5.1을 설치했는데 번역서는 최신 버전으로 바꿔 테스트했다.

```
print(len(vector))
print(vector)
```

이 코드를 실행하면 다음과 같이 표시된다.

```
1536
[-0.015598894545180425, -0.01281194535456013, (생략), 0.020851993287593514]
```

'AWS S3에서 데이터를 불러올 수 있는 DocumentLoader가 있나요?'라는 문자열이 1536차
원의 벡터(숫자 목록)로 변환되었다.

Vector stores

다음으로 저장할 Vector store를 준비하여 문서를 벡터화하여 저장한다. 이 장에서는 크로마
(Chroma)[8]라는, 로컬에서 사용 가능한 벡터 스토어를 사용한다. 먼저 크로마를 사용하기 위
해 필요한 패키지를 설치한다.[9]

```
!pip install chromadb==0.4.24
```

청크로 분할한 문서와 Text embedding model을 기반으로 벡터 스토어를 초기화한다.

```
from langchain.vectorstores import Chroma

db = Chroma.from_documents(docs, embeddings)
```

이제 준비된 문서를 벡터화하여 벡터 스토어에 저장할 수 있게 되었다.

한편, 랭체인에서는 크로마 외에도 Faiss, Elasticsearch, Redis 등[10] 벡터 스토어로 사용할
수 있는 많은 통합이 제공된다.

---

8 https://www.trychroma.com/

9 (옮긴이) 원서는 chromadb==0.4.10을 사용했는데, 번역서는 chromadb==0.4.24를 설치해 테스트했다.

10 Faiss : https://faiss.ai/index.html
    Elasticsearch : https://www.elastic.co/kr/elasticsearch
    Redis : https://redis.io/

Retrievers

벡터 스토어에서는 사용자의 입력과 관련된 문서를 가져오는 작업을 수행한다. 랭체인에서 텍스트와 관련된 문서를 가져오는 인터페이스를 'Retriever'라고 한다.

벡터 스토어의 인스턴스에서 Retriever를 생성한다.

```
retriever = db.as_retriever()
```

Retriever를 사용하여 'AWS S3에서 데이터를 불러오는 DocumentLoader가 있나요?'라는 질문과 유사한 문서를 검색해 본다.

```
query = "AWS S3에서 데이터를 불러올 수 있는 DocumentLoader가 있나요?"

context_docs = retriever.get_relevant_documents(query)
print(f"len = {len(context_docs)}")

first_doc = context_docs[0]
print(f"metadata = {first_doc.metadata}")
print(first_doc.page_content)
```

이 코드를 실행하면 다음과 같이 표시된다.

```
len = 4
metadata = {'file_name': 'aws.mdx', 'file_path': 'docs/docs/integrations/platforms/
aws.mdx', 'file_type': '.mdx', 'source': 'docs/docs/integrations/platforms/aws.mdx'}
See a [usage example](/docs/integrations/text_embedding/sagemaker-endpoint).
```python
from langchain_community.embeddings import SagemakerEndpointEmbeddings
from langchain_community.llms.sagemaker_endpoint import ContentHandlerBase
```


Document loaders

AWS S3 Directory and File
```

```
>[Amazon Simple Storage Service (Amazon S3)](https://docs.aws.amazon.com/AmazonS3/latest/
userguide/using-folders.html)
> is an object storage service.
>[AWS S3 Directory](https://docs.aws.amazon.com/AmazonS3/latest/userguide/using-
folders.html)
>[AWS S3 Buckets](https://docs.aws.amazon.com/AmazonS3/latest/userguide/UsingBucket.html)

See a [usage example for S3DirectoryLoader](/docs/integrations/document_loaders/
aws_s3_directory).

See a [usage example for S3FileLoader](/docs/integrations/document_loaders/aws_s3_file).

```python
from langchain_community.document_loaders import S3DirectoryLoader, S3FileLoader
```

Amazon Textract
```

4개의 문서가 발견되었는데, 그중 첫 번째 문서는 'docs/docs/integrations/platforms/
aws.mdx'로 AWS의 S3를 대상으로 하는 DocumentLoader에 대한 내용이다. Retriever
에게 준 문서를 얻을 수 있는 것을 확인할 수 있다.

Retriever 내부에서는 주어진 텍스트(query)를 벡터화하여 Vector store에 저장된 문서 중
벡터 거리가 가까운 문서를 찾고 있다.

RetrievalQA(Chain)

지금까지 문서를 벡터화하여 저장해두고, 사용자의 입력에 가까운 문서를 검색(Retrieve)하는
과정을 살펴봤다. 챗봇과 같은 애플리케이션에서는 입력과 관련된 문서를 검색(Retrieve)하는
것 외에도 검색한 내용을 PromptTemplate에 context로 삽입하여 LLM에게 질문하고 답변
(QA)을 요청하는 경우가 있다.

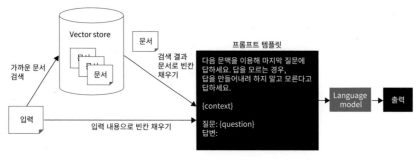

그림 5.5 RetrievalQA

이 일련의 처리를 위해 RetrievalQA라는 이름의 Chain이 제공된다. RetrievalQA를 사용하는 샘플 코드는 다음과 같다.

```
from langchain.chains import RetrievalQA
from langchain_openai import ChatOpenAI

llm = ChatOpenAI(model_name="gpt-3.5-turbo", temperature=0)
qa_chain = RetrievalQA.from_chain_type(llm=llm, chain_type="stuff", retriever=retriever)

qa_chain.invoke(query)
```

이 코드를 실행하면 LLM의 답변은 다음과 같다.

```
[chain/start] [1:chain:RetrievalQA] Entering Chain run with input:
{
  "query": "AWS S3에서 데이터를 불러올 수 있는 DocumentLoader가 있나요?"
}

(생략)

{'query': 'AWS S3에서 데이터를 불러올 수 있는 DocumentLoader가 있나요?',
 'result': '네, AWS S3에서 데이터를 불러오는 두 가지 Document Loader가 있습니다:
`S3DirectoryLoader`와 `S3FileLoader`. 이 두 Document Loader를 사용하여 AWS S3에서 데이터를
로드할 수 있습니다.'}
```

Retriever로 검색한 텍스트를 바탕으로 답변했다.

이 예제 코드에서는 chain_type으로 'stuff'를 지정했지만, 이 외에도 여러 가지 설정이 가능하며, 각 설정에 따라 처리가 달라진다. chain_type에 관해서는 칼럼에서 설명하겠다.

Data connection 요약

이 절에서는 랭체인의 Data connection의 기본을 설명했으며, Data connection을 사용하면 예를 들어 사내 문서에 대한 Q&A가 가능한 챗봇을 구현할 수 있다. 8장에서는 이러한 챗봇의 구현 예제를 설명한다.

이 절의 샘플 코드에서는 최종적으로 RetrievalQA라는 체인을 사용했다. RetrievalQA는 입력에 가까운 문서를 검색하여 사용하지만, 실제 애플리케이션에서는 단순히 입력에 가까운 문서만 사용하면 되는 것은 아니다. 예를 들어, RetrievalQA와 같은 처리를 대화 이력에도 적용하기 위해서는 또 다른 수고가 필요하다. 그래서 랭체인에서는 ConversationalRetrievalChain과 같은 Chain도 제공한다. ConversationalRetrievalChain과 그 외의 다른 작업에 대해서는 8장에서 설명할 예정이니 기대해 주기 바란다.

COLUMN

RetrievalQA의 chain_type

본문의 RetrievalQA를 사용하는 샘플 코드에서는 chain_type으로 'stuff'를 지정하여 입력과 관련된 여러 문서를 동시에 프롬프트에 포함시켜 답변을 얻을 수 있게 되어 있다.

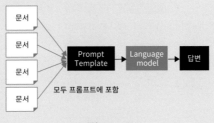

그림 5.6 stuff

RetrievalQA에서는 chain_type으로 'map_reduce', 'map_rerank', 'refine'을 선택할 수 있으며, 각각 처리 흐름이 다르다.

chain_type으로 map_reduce를 선택하면 각 문서에 대한 답변을 얻고(map), 이후 최종 답변을 얻는(reduce) 흐름이 된다.

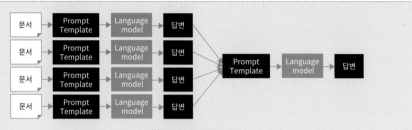

그림 5.7 map_reduce

chain_type으로 map_rerank를 선택하면 map_reduce와 마찬가지로 각 문서에 대한 답변을 얻는 동시에 LLM이 답변에 점수를 매긴다. 그 점수가 가장 높은 답변이 최종 답변으로 채택된다.

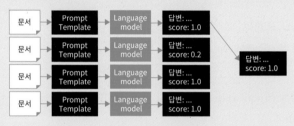

그림 5.8 map_rerank

chain_type에 refine을 지정한 경우, LLM에 문서를 하나씩 주면서 점진적으로 답변을 만들게 한다. 즉, 점진적으로 답변을 다듬어 나가는 흐름이 된다.

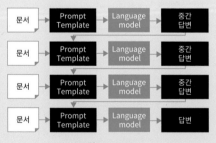

그림 5.9 refine

'stuff', 'map_reduce', 'map_rerank', 'refine'은 처리할 수 있는 문서의 길이, LLM 호출 횟수, 처리의 병렬화 여부 등의 차이가 있어 상황에 따라 구분하여 사용한다.

참고로 'stuff', 'map_reduce', 'refine' 처리는 RetrievalQA뿐만 아니라 여러 문서의 요약과 같은 사용 사례 에서도 사용할 수 있다.

5.2 Agents

지금까지 LLM, 특히 프롬프트의 고안으로 LLM에서 다양한 처리가 가능하다는 것을 살펴봤다. LLM의 응용 분야로 각광받고 있는 분야 중 하나가 바로 'AI 에이전트'다. 이번에는 랭체인에서 AI 에이전트를 구현하기 위한 모듈인 'Agents'을 알아보겠다.

Agents 개요

RetrievalQA(Chain)에서는 Vector store를 검색하고 검색 결과를 바탕으로 LLM이 응답하도록 했다. 랭체인에는 LLM의 응답을 기반으로 API를 호출하는 OpenAPIEndpointChain과 SQL을 실행하는 SQLDatabaseChain과 같은 Chain도 있다.

이러한 Chains는 고정된 처리 흐름을 구현하는 것이다. 반면, 어떤 처리를 할 것인지 LLM이 선택해서 움직여주기를 원하는 경우가 있다. 예를 들어, 사용자가 입력한 내용을 바탕으로 필요에 따라 사내 문서를 Vector store에서 검색하여 답변하거나 웹상의 정보를 검색하여 답변해준다든지... 이런 작동을 할 수 있다면 LLM으로 실현할 수 있는 것이 크게 늘어날 것이다. 이러한 작동을 실현할 수 있는 것이 바로 랭체인의 'Agents'다.

랭체인의 Agents를 사용하면 필요에 따라 다양한 도구를 사용하면서 LLM을 작동시킬 수 있다. 도구로는 Vector store를 통해 특정 분야의 데이터를 검색하여 사용하게 할 수도 있고, 구글과 같은 검색 엔진의 API를 사용하게 할 수도 있다.

Agents 사용 예시

Agents라고 하면 Function calling의 응용이라고 생각할 수 있다. 하지만 랭체인의 Agents 모듈 자체는 Function calling이 등장하기 전부터 존재했다. Function calling 기능 없이도 Agents를 구현할 수 있다는 것을 이해하기 위해 먼저 Function calling을 사용하지 않는 Agents를 알아보겠다.

랭체인에는 다양한 종류의 Agents가 구현되어 있는데, 여기서는 ReAct라는 종류의 Agents를 사용하는 예제를 구현한다. 예제 코드는 다음과 같다.[11]

---

11 (옮긴이) 원서는 langchain.agents.initialize.initialize_agent 메서드를 사용해 AgentType.ZERO_SHOT_REACT_DESCRIPTION 유형의 에이전트를 초기화하는 방식으로 구현하는 예를 들었으나, 랭체인 0.1.0 이후 사용하지 않는 방식이다. 따라서 번역서에는 create_react_agent 등의 함수를 사용하는 새로운 방식의 예제를 싣는다. 이후의 예제도 모두 코드를 수정했다.

```
from langchain import hub
from langchain.agents import AgentExecutor, create_react_agent, load_tools
from langchain_openai import ChatOpenAI

llm = ChatOpenAI(model_name="gpt-3.5-turbo", temperature=0)
tools = load_tools(["terminal"], allow_dangerous_tools=True)

prompt = hub.pull("hwchase17/react")

agent = create_react_agent(llm, tools, prompt)
agent_executor = AgentExecutor(agent=agent, tools=tools, verbose=True)

result = agent_executor.invoke({"input": "sample_data 디렉터리에 있는 파일 목록을 알려줘"})
print(result["output"])
```

이 코드에서는 load_tools라는 함수로 'terminal'이라는 도구를 준비하고 있다. 'terminal'은
Bash와 같은 셸에서 명령을 실행할 수 있는 도구다.

그리고 create_react_agent라는 함수를 사용해 ReAct Agent를 초기화하고, sample_data
디렉터리에 있는 파일 목록을 알려달라고 질문한다.

이 코드를 실행하면 다음과 같이 출력된다.

```
anscombe.json, california_housing_test.csv, california_housing_train.csv, mnist_test.csv,
mnist_train_small.csv, README.md
```

실제로 Google Colab에서 sample_data 디
렉터리에 있는 파일을 확인해 보면 Agent의
실행 결과와 일치한다.

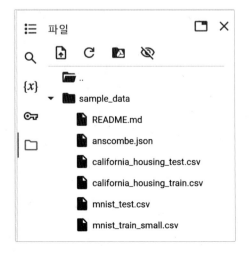

그림 5.10 구글 코랩의 sample_data 디렉터리

그런데 챗GPT에 'Ubuntu22.04의 에뮬레이터처럼 행동해 주세요. ls 명령의 실행 결과를 보여주세요.'라고 입력하면 ls 명령의 실행 결과를 상상해 준다.

ChatGPT 4 ˅

 You
Ubuntu 22.04의 에뮬레이터입니다.
ls 명령의 실행 결과를 보여주세요.

ChatGPT
제가 직접 리눅스 시스템의 명령어를 실행할 수는 없지만, Ubuntu 22.04에서 `ls` 명령어를 실행했을 때 일반적으로 어떤 결과를 기대할 수 있는지 설명드릴 수 있습니다.

`ls` 명령어는 리눅스 및 유닉스 기반 시스템에서 현재 디렉토리의 내용을 나열하는데 사용됩니다. 실행 결과는 현재 디렉토리에 있는 파일과 하위 디렉토리의 목록을 보여줍니다. 기본적으로, 이 명령은 숨겨진 파일이나 디렉토리 (이름이 점(.)으로 시작하는)를 포함하지 않습니다.

예를 들어, `ls` 명령어를 실행하면 다음과 같은 출력 결과를 볼 수 있습니다 (실제 내용은 실행하는 디렉토리와 그 안에 있는 파일 및 디렉토리에 따라 다를 것입니다):

추가적인 옵션을 사용하여 다양한 형태로 출력을 조정할 수 있습니다. 예를 들어:

- `ls -a`는 숨겨진 파일과 디렉토리를 포함한 모든 파일을 나열합니다.
- `ls -l`은 파일과 디렉토리에 대한 상세 정보(권한, 소유자, 크기 등)를 긴 리스트 형태로 보여줍니다.
- `ls -la`는 위 두 옵션을 결합한 것으로, 숨겨진 파일을 포함하여 상세 정보를 긴 리스트 형태로 보여줍니다.

이러한 `ls` 명령어와 옵션들은 파일 관리와 디렉토리 탐색에 매우 유용합니다.

◁) ⎙ ↻ ⎗

그림 5.11 챗GPT에 명령어 실행 결과를 상상하게 하는 예시

그러나 이 챗GPT의 응답 내용은 LLM의 상상이며, 실제로 ls 명령을 실행하여 파일 목록을 확인한 것은 아니다.

반면, Agents를 사용한 실행 결과에서는 실제로 지정한 디렉터리에 있는 파일 목록이 표시되며, Agents를 사용한 응답은 LLM의 상상이 아닌 실제 현재 디렉터리에 있는 파일 목록을 기반으로 한 것이다.

Agents의 작동 원리와 ReAct 개념

앞에서 실습한 ReAct Agent는 'ReAct: Synergizing Reasoning and Acting in Language Models'라는 논문[12]에 소개한 메커니즘으로 작동한다.

ReAct의 구조를 이해하기 위해서는 내부 프롬프트에 주목해야 한다. 여기서는 hwchase17/react 프롬프트[13]와 LLM의 응답을 살펴본다.

우선, 다음 프롬프트에서 LLM이 호출된다.

```
Answer the following questions as best you can. You have access to the following tools:

{tools}

Use the following format:

Question: the input question you must answer
Thought: you should always think about what to do
Action: the action to take, should be one of [{tool_names}]
Action Input: the input to the action
Observation: the result of the action
... (this Thought/Action/Action Input/Observation can repeat N times)
Thought: I now know the final answer
Final Answer: the final answer to the original input question

Begin!

Question: {input}
Thought:{agent_scratchpad}
```

---

12 ReAct: 언어 모델에서 추론과 행동의 시너지를 발휘하는 언어 모델. https://react-lm.github.io/

13 (옮긴이) https://smith.langchain.com/hub/hwchase17/react

이 프롬프트의 첫머리에 적힌 영문은 '질문에 최대한 잘 답해 주세요. 다음 도구를 사용할 수 있습니다.'라는 뜻이다. 그리고 사용할 수 있는 도구를 나열할 곳에 {tools}라는 자리 표시자가 있다.

그 아래에는 LLM의 출력이 따라야 할 형식이 지정돼 있는데, 다음 두 가지가 특히 중요하다.

- 'Action:'을 써서 액션을 지정한다.
- 'Action Input:'을 써서 액션 입력을 지정한다.

이 프롬프트에 대해 LLM은 다음과 같은 응답을 반환한다.

```
I can use the terminal to list the files in the sample_data directory.
Action: terminal
Action Input: ls sample_data
```

입력 프롬프트가 'Thought:'로 끝났기 때문에 첫 번째 줄은 'sample_date 디렉터리의 파일 목록을 나열하기 위해 터미널을 사용할 수 있다'라는 LLM의 생각으로 되어 있다. 그리고 Action으로 'terminal'이 지정돼 있고, 'Action Input'으로 'ls sample_data'가 지정되어 있다.

랭체인의 Agent는 이 응답 문자열에서 Action과 Action Input의 내용을 정규식으로 추출한다. 그리고 terminal이라는 도구에서 'ls sample_data'를 실행하고 싶다는 내용에 따라 실제로 셸에서 'ls sample_data'라는 명령을 실행한다.

그러면 다음과 같이 파일 목록을 얻을 수 있다.

```
anscombe.json
california_housing_test.csv
california_housing_train.csv
mnist_test.csv
mnist_train_small.csv
README.md
```

그리고 Agent는 원래의 프롬프트에 LLM의 응답과 액션 실행 결과를 추가한 프롬프트를 생성한다.

```
Answer the following questions as best you can. You have access to the following tools:

terminal: Run shell commands on this Linux machine.

Use the following format:

Question: the input question you must answer
Thought: you should always think about what to do
Action: the action to take, should be one of [terminal]
Action Input: the input to the action\nObservation: the result of the action
... (this Thought/Action/Action Input/Observation can repeat N times)
Thought: I now know the final answer
Final Answer: the final answer to the original input question

Begin!

Question: sample_data 디렉터리에 있는 파일 목록을 알려줘
Thought:I should use the terminal to list the files in the sample_data directory.
Action: terminal
Action Input: ls sample_data
Observation: anscombe.json
california_housing_test.csv
california_housing_train.csv
mnist_test.csv
mnist_train_small.csv
README.md

Thought:"
```

이 프롬프트에 대해 LLM은 다음과 같은 응답을 반환한다.

```
I now know the files in the sample_data directory.
Final Answer: anscombe.json, california_housing_test.csv, california_housing_train.csv,
mnist_test.csv, mnist_train_small.csv, README.md
```

랭체인의 Agents는 'Final Answer:' 부분을 최종 답변으로 가져온다.

```
anscombe.json, california_housing_test.csv, california_housing_train.csv, mnist_test.csv,
mnist_train_small.csv, README.md
```

이처럼 프롬프트의 고안으로 LLM과의 대화에 그치지 않고, LLM에게 액션을 선택해 작동하게 할 수 있다. 에이전트를 사용하면 LLM으로 구현할 수 있는 것이 훨씬 더 넓어진다.

랭체인에는 ReAct 외에도 Plan-and-Solve라는 구조로 작동하는 Agent와 Function calling으로 작동하는 Agent가 있는데, Function calling으로 작동하는 Agent는 나중에 소개할 예정이다.

Tools

랭체인의 Agents에는 다양한 툴을 부여할 수 있다. 예를 들어, 표 5.3과 같은 툴이 제공된다.

표 5.3 Agent의 툴 예시

도구명	개요
terminal	셸에서 명령어 실행하기
Python_REPL	파이썬 코드 실행하기
google_search	구글에서 검색하기
Wikipedia	위키피디아 검색하기
human	인간에게 입력하게 하기(인간에게 도움을 요청)

툴의 실체는 매우 간단하며, 단순한 파이썬 함수다. 툴을 직접 만들 수 있는 방법도 몇 가지 제공된다. 예를 들어 다음과 같이 쉽게 직접 도구를 만들 수 있다.

```python
from langchain.tools import Tool

def my_super_func(param):
    return "42"

tools = [
    Tool.from_function
        func=my_super_func,
        name="The_Answer",
```

```
        description="생명, 우주, 그리고 만물에 대한 궁극적인 질문에 대한 답"
    ),
]
```

임의의 파이썬 함수를 도구로 만들 수 있으므로, 물론 Chains를 도구로 만들 수도 있다. 예를 들어 텍스트 요약의 Chain을 생성하여 Agents의 도구로 만드는 예는 다음과 같다.

```
from langchain_openai import ChatOpenAI
from langchain.prompts import PromptTemplate
from langchain import LLMChain

summarize_template = """아래의 글을 결론만 한 마디로 요약해 주세요.

{input}
"""
summarize_prompt = PromptTemplate(
    input_variables=["input"],
    template=summarize_template,
)

chat = ChatOpenAI(model_name="gpt-3.5-turbo", temperature=0)
summarize_chain = LLMChain(llm=chat, prompt=summarize_prompt)

tools = [
    Tool.from_function(
        func=summarize_chain.run,
        name="Summarizer",
        description="Text summarizer"
    ),
]
```

또한, Agents에 제공하는 도구에 따라 임의의 명령어, 프로그램, SQL 등을 실행할 수 있어 위험할 수 있다. 이러한 경우를 대비해 LLM이 실행하려는 내용을 사람이 확인하는 'Human-in-the-loop'를 도입하는 것도 고려해볼 수 있다. 랭체인에서는 도구에 Human-in-the-loop의 구조를 추가하는 Hum anApprovalCallbackHandler가 제공된다.

Toolkits

동시에 사용할 수 있는 몇 가지 툴을 모아놓은 것이 Toolkits다. 예를 들어, Agents를 사용해 깃허브에 여러 가지 작업을 하고 싶다고 가정해 보자. 이때 다음과 같이 여러 가지 도구를 준비하게 된다.

- Issue 목록 가져오기

- Issue 상세보기

- Issue에 댓글 달기

- 파일 만들기

- 파일 불러오기

- 파일 업데이트하기

- 파일 삭제하기

랭체인에서 제공하는 Toolkits를 사용하면 이러한 툴을 한꺼번에 준비할 수 있다.

앞서 언급한 깃허브의 조작이라면 GitHubToolkit을 통해 쉽게 툴을 구비할 수 있다.

랭체인에는 이 외에도 다양한 Toolkits가 제공된다. 그중 일부를 소개한다.

표 5.4 랭체인의 Toolkits 중 일부

Toolkits	포함된 툴 개요
AzureCognitiveServicesToolkit	Azure Cognitive Services API의 몇 가지 기능
GmailToolkit	Gmail에서 이메일 검색 및 전송
JiraToolkit	Jira에서 과제 검색 및 생성
O365Toolkit	Office 365 캘린더 검색 및 이메일 전송
OpenAPIToolkit	OpenAPI 사양(Swagger)에 따른 각종 API 작업
SQLDatabaseToolkit	데이터베이스 스키마 가져오기 및 SQL 실행
VectorStoreToolkit	벡터 스토어의 단순 검색과 소스(정보원)가 포함된 검색
ZapierToolkit	Zapier의 Natural Language Actions의 다양한 액션

Function calling을 사용하는 OpenAI Functions Agent

지금까지 Agents의 기본을 설명했다. ReAct나 Plan-and-Solve와 같은 방식으로 Agents 를 구동할 수 있지만, 이 방식으로는 안정적으로 작동하는 것이 쉽지 않다. 예를 들어 zero-shot-react-description이라는 종류의 Agent는 내부적으로 다음과 같은 응답을 반환하도 록 지시한다.

```
액션: 터미널
Action Input: ls sample_data
```

하지만 LLM이 이 출력 형식을 따르지 않아 에이전트의 실행에 오류가 발생하는 경우가 종종 있다.

Function calling을 지원하는 LLM을 사용하는 경우, Function calling을 사용하는 Agents 를 사용하면 작동이 안정적이다. Function calling을 사용하는 OpenAI Functions Agent 를 사용하는 샘플 코드는 다음과 같다.

```python
from langchain.agents import load_tools
from langchain.agents import AgentExecutor, create_openai_functions_agent
from langchain_openai import ChatOpenAI

llm = ChatOpenAI(model="gpt-3.5-turbo", temperature=0)
tools = load_tools(["terminal"], allow_dangerous_tools=True)
prompt = hub.pull("hwchase17/openai-functions-agent")

agent = create_openai_functions_agent(llm, tools, prompt)
agent_executor = AgentExecutor(agent=agent, tools=tools, verbose=True)


agent_executor.invoke({"input": "sample_data 디렉터리에 있는 파일 목록을 알려줘"})
```

이 Agents의 내부 작동은 랭체인 없이 Function calling을 사용하는 경우와 거의 동일하다. 하지만 3장의 Function calling 샘플 코드와 비교하면 코드양이 매우 적다.

한 번에 여러 도구를 사용하기

Agents의 마지막 주제로 한 번에 여러 도구를 사용하는 예를 소개한다.[14]

우선 샘플 코드부터 살펴보겠다. 여기서는 Agents의 도구로 검색엔진을 사용하기로 한다. API 키를 준비하지 않고 사용할 수 있는 덕덕고(DuckDuckGo) 검색엔진을 사용한다. pip install을 통해 덕덕고의 도구를 사용하기 위해 필요한 패키지를 설치한다.[15]

```
!pip install duckduckgo-search
```

이어서 덕덕고를 도구로 ReAct Agent를 초기화하고, 서울과 부산의 날씨를 알려달라고 입력해 실행한다.

```python
from langchain.agents import load_tools
from langchain.agents import AgentExecutor, create_openai_functions_agent
from langchain_openai import ChatOpenAI


llm = ChatOpenAI(model="gpt-4o", temperature=0)
tools = load_tools(["ddg-search"])
prompt = hub.pull("hwchase17/openai-functions-agent")

agent = create_openai_functions_agent(llm, tools, prompt)
agent_executor = AgentExecutor(agent=agent, tools=tools, verbose=True)


result = agent_executor.invoke({"input": "서울과 부산의 날씨를 알려줘"})


print(result["output"])
```

이 코드의 실행 결과는 예를 들어 다음과 같다.[16]

---

14 (옮긴이) 원서에서 이번에 다루는 내용은 AgentType.OPENAI_FUNCTIONS와 AgentType.OPENAI_MULTI_FUNCTIONS의 차이를 보이는 것이지만, 앞서 다룬 hwchase17/openai-functions-agent 프롬프트를 그대로 사용하면 여기서 소개하는 결과를 얻을 수 있다. 단, gpt-3.5-turbo 모델을 사용하면 원하는 결과가 일정하게 나오지 않아서 gptgpt-4o 모델로 바꿨다.
한편, OpenAI에서는 functions를 사용 금지(deprecated)하고 tools를 사용하도록 권장한다. tools Agent를 사용하는 예를 노트북에 실었으니 참고하기 바란다.
그림 5.12와 5.13은 원리를 이해하는 데 도움이 되므로 그대로 두었다.

15 (옮긴이) 원서에서는 duckduckgo-search==3.8.5를 사용했지만 번역서는 검색 실행 시 오류를 피하기 위해 최신 버전을 설치한다.

16 덕덕고에서 검색 시 적절한 검색 결과를 얻지 못하거나 검색 자체에 오류가 발생할 수 있다. 이럴 때는 잠시 시간을 두고 다시 시도해 보기 바란다.

서울 날씨
- 부분적으로 흐림
- 바람: 북동풍, 속도 1m/s, 돌풍 3m/s
- 상대 습도: 85%
- 흐림: 55%
- 기압: 1009 hPa
- 자외선 지수: 0.2 (낮음)

부산 날씨
- 조금 비
- 바람: 북동풍, 속도 2m/s, 돌풍 8m/s
- 상대 습도: 94%
- 흐림: 100%
- 기압: 973 hPa
- 강수량: 0.2mm
- 가시성: 32%
- 낮 최고기온: 16도
- 미세먼지 농도: '좋음'

서울은 부분적으로 흐린 날씨이며, 부산은 조금 비가 오는 상태입니다. 서울은 상대적으로 더 맑은 편이나, 부산은 흐림이 100%로 비가 오고 있습니다. 두 도시 모두 바람이 불고 있으며, 부산은 서울보다 상대 습도가 더 높습니다.

덕덕고로 검색해서 서울과 부산의 날씨를 답변해준 것 같다. 'OpenAI Multi Functions Agent'가 아닌 'OpenAI Functions Agent'를 사용해도 비슷한 답변을 얻을 수 있다. 그렇다면 'OpenAI Multi Functions Agent'는 어떤 점이 특별할까?

요점은 이 질문에 대해서는 분명히 도구(함수)를 두 번 실행해야 한다는 점이다. 서울과 부산의 날씨를 묻는다면 한 번의 검색으로 알아보는 것이 아니라 '서울 날씨'와 '부산 날씨'로 두 번 검색하는 사람이 많을 것이다. 실제로 저자가 확인한 범위에서 gpt-3.5-turbo는 '서울 날씨'와 '부산 날씨'와 같이 두 번 검색을 시도했다.

이 두 번의 도구 사용을 일반적인 Function calling이나 OpenAI Functions Agent로 실행하면 그림 5.12와 같이 작동한다.

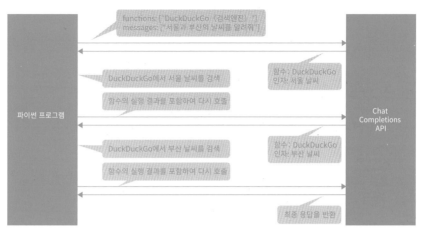

그림 5.12 일반적인 Function calling과 AgentType.OPENAI_FUNCTIONS의 경우

보통 Function calling이나 OpenAI Functions Agent를 사용하는 것만으로는 이렇게 Chat Completions API를 도구(함수)를 사용하는 횟수만큼 호출하고, 그 후에야 최종 답변을 받을 수 있다.

반면, OpenAI Multi Functions Agent를 사용할 때의 내부 작동은 그림 5.13과 같다.

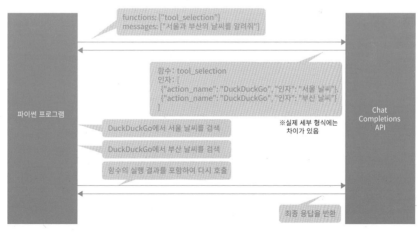

그림 5.13 AgentType.OPENAI_MULTI_FUNCTIONS의 경우

OpenAI Multi Functions Agent를 사용하면 도구를 직접 Function calling의 함수로 사용하는 것이 아니라, 도구를 정리한 `tool_selection`이라는 함수가 제공된다. LLM은 tool_ selection이라는 함수의 인수로 사용할 도구의 이름과 인수를 동시에 여러 개의 목록으로 반환한다. 이번 예제에서는 두 번 검색하고 싶다는 의미의 응답을 반환하는 것이다.

그러면 랭체인의 Agents는 두 번 검색을 하고 그 결과를 LLM에 반환한다. 이러한 작동을 통해 LLM과의 상호작용 횟수가 줄어드는 효과를 얻을 수 있다.

OpenAI Multi Functions Agent는 Function calling의 응용으로서 매우 흥미로운 시도다. 물론 랭체인을 사용하지 않고 Function calling을 직접 사용하는 경우에도 이와 비슷한 방식을 도입할 수 있다. 랭체인 문서를 읽거나 업데이트를 따라가다 보면 이렇게 랭체인이 아닌 다른 곳에서 사용할 수 있는 방식을 배울 수 있는 것이 많다.

Agents 요약

지금까지 Agents에 대해 알아봤다. 고정된 처리 흐름을 구현하는 Chains와 달리 Agents를 사용하면 LLM이 어떤 도구를 사용할지 선택하면서 작동하게 할 수 있다.

이렇게 자율적으로 작동하는 'AI 에이전트'는 특히 Auto-GPT나 BabyAGI의 등장 이후 LLM의 응용으로 크게 주목받고 있다. AI 에이전트를 가상의 도시에 살게 하여 관찰한 유명한 논문으로 "Generative Agents: Interactive Simulacra of Human Behavior(https://arxiv.org/abs/2304.03442)"가 있으며, LangChain(langchain_experimental)에는 그 구현을 시험해 볼 수 있는 기능도 있다. AI 에이전트와 같이 LLM의 용도로 단순한 챗봇에 국한되지 않는 방향성을 생각해 보는 것도 흥미로울 것이다.

COLUMN

Function calling을 응용한 OutputParser, Extraction, Tagging

Function calling은 실제로 함수를 호출하지 않고도 JSON 형식의 데이터를 안정적으로 출력할 수 있도록 도와준다. 따라서 랭체인에는 Function calling을 응용한 JsonOutputFunctionsParser, PyanticOutputFunctionsParser와 같은 클래스가 있다.

또한 Function calling을 적용하여 텍스트에서 지정한 형식으로 데이터를 추출하거나 네거티브, 포지티브 등의 태깅을 수행할 수도 있다.

예를 들어, 입력된 텍스트에서 사람 이름, 키, 머리 색깔, 개 이름, 견종 등을 추출하는 예는 다음과 같다.[17]

```python
import json

from langchain_openai import ChatOpenAI
from langchain.chains import create_extraction_chain

schema = {
    "properties": {
        "person_name": {"type": "string"},
        "person_height": {"type": "integer"},
        "person_hair_color": {"type": "string"},
        "dog_name": {"type": "string"},
        "dog_breed": {"type": "string"},
    },
    "required": ["person_name", "person_height"],
}
text = """
Alex is 5 feet tall. Claudia is 1 feet taller Alex and jumps higher than him. Claudia
is a brunette and Alex is blonde.
Alex's dog Frosty is a labrador and likes to play hide and seek.
"""

chat = ChatOpenAI(model="gpt-3.5-turbo", temperature=0)
chain = create_extraction_chain(schema, chat)

people = chain.invoke(text)
print(json.dumps(people, indent=2))
```

이 코드를 실행하면 다음과 같이 스키마로 정의한 정보가 추출된다.

```
{
    "input": "\nAlex is 5 feet tall. Claudia is 1 feet taller Alex and jumps higher than
him. Claudia is a brunette and Alex is blonde.\nAlex's dog Frosty is a labrador and
likes to play hide and seek.\n",
```

---

17 코드는 랭체인 공식 문서를 바탕으로 일부 수정했다. https://python.langchain.com/docs/use_cases/extraction

```
    "text": [
      {
        "person_name": "Alex",
        "person_height": 5,
        "person_hair_color": "blonde"
      },
      {
        "person_name": "Claudia",
        "person_height": 6,
        "person_hair_color": "brunette",
        "dog_name": "Frosty",
        "dog_breed": "labrador"
      }
    ]
}
```

이때 Chat Completions API에 대한 요청은 function_call": {"name": "information_extraction"} 과 같이 강제로 함수가 호출되어 데이터 추출이 확실하게 수행될 수 있게 되어 있다.

요약

이 장에서는 랭체인에 등장하는 기본 개념을 정리했다. 랭체인을 배우는 것은 단순히 하나의 프레임워크를 익히는 것에서 그치지 않고 LLM을 사용한 애플리케이션 개발에 대한 다양한 아이디어를 배울 수 있다. 문서를 읽거나 업데이트를 따라가면서 LLM의 사용 예시를 익히는 것도 좋은 방법이다. 또한 랭체인의 생태계를 정리한 awesome-langchain[18]이라는 깃허브 저장소도 있으니 참고하기 바란다.

---

18 https://github.com/kyrolabs/awesome-langchain

평가(Evaluation)

랭체인을 사용하면 시연용 프로그램 정도라면 쉽게 구현할 수 있다. 하지만 LLM을 사용한 애플리케이션을 프로덕션 레벨로 구현하는 것은 쉽지 않다. 프로덕션 레벨의 애플리케이션을 구현하려고 할 때 발생하는 과제 중하나는 '평가'다.

랭체인에서는 'Evaluation'이라는 LLM을 이용한 애플리케이션 평가와 관련된 몇 가지 기능을 제공한다.

텍스트 거리에 따른 평가

LLM이 생성한 텍스트의 정확성을 테스트하기 어려운 요인 중 하나는 기대치에 대해 정확히 동일한 텍스트가 생성되지 않을 수 있다는 점이다.

그래서 랭체인에서는 LLM이 생성한 텍스트와 기대값의 텍스트 거리를 이용해 평가하는 Chains가 제공되고 있다. 텍스트의 거리 계산에 Embedding을 사용하는 EmbeddingDistanceEvalChain, Lebenstein Distance 등의 알고리즘을 사용하는 StringDistanceEvalChain과 같은 Chains가 있다.

LLM의 평가

LLM이 생성한 텍스트의 유효성을 LLM이 평가하도록 하는 방법도 있다. 이 기법의 간단한 Chain으로는 QAEvalChain이 있다. QAEvalChain을 사용하는 샘플 코드는 다음과 같다.[18]

```python
from langchain_openai import ChatOpenAI
from langchain.evaluation import load_evaluator

chat = ChatOpenAI(model="gpt-4", temperature=0)

evaluator = load_evaluator("qa", eval_llm=chat)

result = evaluator.evaluate_strings(
    input="나는 시장에 가서 사과 10개를 샀어. 사과 2개를 이웃에게 주고, 2개를 수리공에게
주었어. 그리고 사과 5개를 더 사서 1개는 내가 먹었어. 나는 몇 개의 사과를 가지고 있었니?",
    prediction="""먼저 사과 10개로 시작했어.
이웃에게 2개, 수리공에게 2개를 나누어 주었으므로 사과가 6개가 남았어.
그런 다음 사과 5개를 더 사서 이제 사과가 11개가 되었어.
```

---

19 입력 인용문 출처: Chain-of-Thought 프롬프트, https://www.promptingguide.ai/kr/techniques/cot

```
마지막으로 사과 1개를 먹었으므로 사과 10개가 남게 돼.""",
    reference="10개",
)
```

이 코드에서는 입력 텍스트(input)에 대해 생성된 응답(prediction)이 기대값(reference)을 기준으로 올바른지 gpt-4가 평가하게 하고 있다. 이 예제에서는 prediction의 값이 고정된 문자열로 되어 있지만, 실제로는 LLM의 응답을 평가하게 하는 것이다.

앞 페이지의 코드를 실행하면 다음과 같은 출력을 얻을 수 있다.

```
{'reasoning': None, 'value': 'CORRECT', 'score': 1}
```

생성된 응답(prediction)이 맞다고 판단하여 'CORRECT'로 표시되며, LLM을 사용하면 이 예시처럼 문장이 완전히 일치하지 않더라도 정답/오답 등을 평가할 수 있는 경우가 있다.

LLM을 이용한 평가의 예로 gpt-3.5-turbo로 애플리케이션을 운영하고자 할 때 gpt-3.5-turbo의 응답을 gpt-4로 평가하게 하는 등의 방법을 생각해 볼 수 있다. 또 다른 방법으로는 CoT 프롬프팅으로 평가의 정확도를 높이는 방법도 생각해 볼 수 있다. 실제로 LangChain에는 평가에 CoT 프롬프트를 사용하는 CotQAEvalChain이라는 Chain도 구현되어 있다.

'LLM의 산출물을 LLM이 평가하게 하는 것'이 애초에 평가로 성립되는지 여부는 어려운 문제다. 다만, 챗GPT에 자신의 산출물을 검토하게 하여 오류를 수정할 수 있는 경우가 있다는 점을 고려하면 어느 정도 의미 있는 방법이라고 할 수 있다. 참고로 LLM에 의한 평가에는 편향성이 있다고 알려져 있어 사용 시 주의가 필요하다[20].

Evaluation 요약

LLM을 사용한 애플리케이션의 평가는 프로덕션 레벨 개발에서 매우 중요하지만, 아직 개발 중인 분야이기도 하다. 랭체인에서는 LLM을 이용한 애플리케이션 개발에 대한 새로운 방법론과 실험적인 방법론이 계속해서 구현되고 있다. 랭체인에 주목하면 LLM을 이용한 애플리케이션 평가에 대한 새로운 정보를 쉽게 파악할 수 있을 것이다.

---

20 Patterns for Building LLM-based Systems & Products, https://eugeneyan.com/writing/llm-patterns/

## CHAPTER 6

외부 검색과 히스토리를
바탕으로 응답하는
웹 앱 구현하기

5장까지 구글 코랩에서 Chat Completions API와 랭체인을 접해봤다. 구글 코랩은 부담 없이 코드를 시험해 보기에는 매우 편리하지만, 애플리케이션을 개발하거나 공개하는 환경으로는 적합하지 않다.

애플리케이션의 개발 환경으로는 자신의 PC나 개발 환경용 서비스(AWS Cloud9 등)를 사용하는 것이 바람직하다. 또한, 애플리케이션을 공개하는 환경으로는 이를 위한 서버나 클라우드 서비스를 사용해야 한다.

6장부터 8장까지는 웹 애플리케이션과 슬랙(Slack) 앱을 구축한다. 개발 환경은 다시 준비하고, 구현한 애플리케이션을 클라우드 서비스에서 구동해 본다. 6장에서는 외부 검색, 히스토리를 기반으로 응답하는 챗봇 웹 앱을 개발한다.

6.1　이번 장에서 구현할 응용 프로그램

구현할 애플리케이션의 구성

6장에서는 챗GPT와 같은 웹 애플리케이션(웹 앱)을 OpenAI의 Chat Completions API
와 랭체인을 사용하여 구현한다. 채팅 UI로는 스트림릿(Streamlit)을 사용한다. 구현한 애플
리케이션은 스트림릿의 웹 앱을 쉽게 실행할 수 있는 스트림릿 커뮤니티 클라우드(Streamlit
Community Cloud)에서 실행해, 다른 사람도 사용할 수 있게 해 본다.

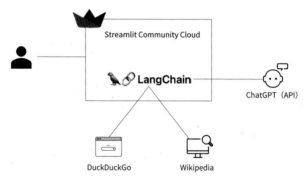

그림 6.1 6장에서 구현할 애플리케이션의 구성

랭체인의 Agent를 사용하여 필요에 따라 덕덕고(DuckDuckGo)[1]를 이용한 웹 검색이나 위
키피디아 검색을 수행하는 작동을 구현해 보겠다. 또한, Memory 모듈을 사용하여 대화 이력
을 바탕으로 응답하게 한다.

이 책으로 개발하는 방법

이제부터는 실제로 기능을 통합하여 작동하는 웹 앱을 개발하기 위해 개발 환경의 클라우드 서
비스를 이용하여 구현을 진행한다. 실제 개발 환경으로는 PC에서 Visual Studio Code 등을
이용하는 경우가 많을 것이다. 실제로 이 책의 구현도 PC에서 진행할 수도 있다. 하지만 PC의
환경은 개인마다 차이가 크기 때문에 환경으로 인한 오류가 발생할 가능성이 높다.

1　DuckDuckGo는 사용자의 프라이버시 보호를 표방하는 검색 엔진이다.

이 책에서는 이 책에서 제시하는 절차와 여러분이 사용하는 환경의 차이를 최소화하기 위해 AWS의 클라우드상에서 이용할 수 있는 통합 개발 환경인 'AWS Cloud9'를 이용한다. 이를 통해 통합 개발 환경을 실행하는 OS의 차이, 이미 설치한 파이썬의 버전이나 라이브러리의 차이 등으로 인해 문제가 발생하지 않도록 배려하고 있다.

환경 차이로 인한 불필요한 문제를 피하기 위해 Cloud9을 이용하여 이후 실습을 진행할 것을 권장한다. 이미 파이썬 환경 구축에 익숙한 사람이라면 자유롭게 환경을 사용해도 무방하다.

참고로 웹 앱으로 개발한 소스 코드는 Cloud9에만 보관하면 다른 사람과 공유하기 어렵거나 Cloud9 환경 삭제 시 소스 코드가 사라질 수 있다. 따라서 이 책에서는 소스 코드는 Cloud9 에서 깃허브에 저장할 수 있도록 설정한다.

AWS Cloud9 개요

AWS Cloud9은 원래 미국 캘리포니아의 스타트업인 Cloud9에서 제공하던 클라우드형 통합개발환경(IDE) 서비스다. 원래는 환경의 기능과 용량에 따라 월정액 구독으로 제공됐으나, 2016년 7월 아마존에 인수되어 AWS의 서비스로 통합됐다.

통합 개발 환경을 만들 때 동시에 구동되는 EC2(가상 서버)에서 실행할 수도 있고, SSH로 접속 가능한 서버에서 호스팅할 수도 있다.

> ◦ 참조: What is AWS Cloud9?
> https://docs.aws.amazon.com/cloud9/latest/user-guide/welcome.html

Cloud9 자체의 이용료는 무료지만, Cloud9 환경 구축 시 Cloud9 전용 EC2를 동시 구동할 경우 해당 가상 서버 요금과 스토리지 이용료가 발생한다.

스트림릿 개요

이 장의 웹 앱 구현에서는 채팅 UI를 쉽게 구현하기 위해 스트림릿(Streamlit)이라는 패키지를 사용한다. 스트림릿은 데이터를 다루는 웹 앱을 쉽게 구현할 수 있는 패키지로 분석용 대시보드 등을 매우 쉽게 구현할 수 있다. 스트림릿은 채팅 UI도 지원하며, 채팅 입력란과 채팅 출력 표시를 짧은 코드로 구현할 수 있다.

이 외에도 파이썬으로 쉽게 채팅 UI 웹 앱을 구현할 수 있는 패키지가 몇 가지 더 있다.

- Gradio: 머신러닝을 활용한 웹 앱을 쉽게 구현할 수 있는 패키지

- Chainlit: 챗GPT와 같은 UI를 구현하기 위한 패키지

- st-chat(streamlit-chat): 채팅 UI를 구현하기 위한 스트림릿의 추가 구성요소

이 책에서는 이러한 대안들에 비해 향후 지속적으로 유지보수될 가능성이 높고, 쉽게 깔끔한 UI를 구현할 수 있다는 점 등을 고려해 스트림릿의 표준 기능만으로 구현을 진행한다.

전체 코드

이번에 작성할 소스 코드 등의 구성은 다음과 같다.

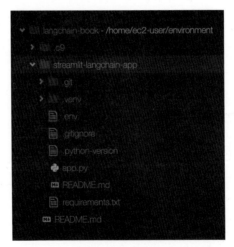

그림 6.2 소스 코드 구성

파이썬 소스 코드는 **app.py**라는 하나의 파일에 모두 수록돼 있다. 먼저 이 장의 완성된 소스 코드를 게시한다. 이를 순서대로 설명하면서 단계별로 구현해 보겠다.[2]

코드 6.1 완성된 웹 앱(app.py)

```
import os
```

---

2 (옮긴이) 원서 출간 이후에 랭체인 버전 0.1 이상에 맞게 수정한 코드를 싣는다. 이후의 코드 설명도 새로운 코드에 맞게 수정했다.

```python
import streamlit as st
from dotenv import load_dotenv
from langchain import hub
from langchain.agents import AgentExecutor, create_openai_tools_agent, load_tools
from langchain.memory import ConversationBufferMemory
from langchain_community.callbacks import StreamlitCallbackHandler
from langchain_community.chat_message_histories import StreamlitChatMessageHistory
from langchain_openai import ChatOpenAI

load_dotenv()


def create_agent_chain(history):
    chat = ChatOpenAI(
        model_name=os.environ["OPENAI_API_MODEL"],
        temperature=os.environ["OPENAI_API_TEMPERATURE"],
    )

    tools = load_tools(["ddg-search", "wikipedia"])

    prompt = hub.pull("hwchase17/openai-tools-agent")

    memory = ConversationBufferMemory(
        chat_memory=history, memory_key="chat_history", return_messages=True
    )

    agent = create_openai_tools_agent(chat, tools, prompt)
    return AgentExecutor(agent=agent, tools=tools, memory=memory)


st.title("langchain-streamlit-app")

history = StreamlitChatMessageHistory()

for message in history.messages:
    st.chat_message(message.type).write(message.content)
```

```
prompt = st.chat_input("What is up?")

if prompt:
    with st.chat_message("user"):
        st.markdown(prompt)

    with st.chat_message("assistant"):
        callback = StreamlitCallbackHandler(st.container())

        agent_chain = create_agent_chain(history)
        response = agent_chain.invoke(
            {"input": prompt},
            {"callbacks": [callback]},
        )

        st.markdown(response["output"])
```

6.2 Cloud9 실행 및 개발 환경 구축하기

구현에 앞서 Cloud9를 실행하여 개발 환경을 구축한다.

Cloud9 환경 만들기

먼저 부록 A '웹 앱, 슬랙 앱 개발 환경 구축'의 A.2 'Cloud9 환경 생성'을 참고해 Cloud9 환경을 새로 생성하고 실행한다.

깃허브 저장소 생성하기

애플리케이션을 개발할 때는 깃허브(GitHub) 등을 통해 소스 코드를 관리하는 것이 바람직하다. 또한 스트림릿 커뮤니티 클라우드에서 애플리케이션을 구동할 때, 구동할 소스 코드 일체를 깃허브에 업로드해야 한다. 따라서 깃허브에 저장소를 생성한다.

01. 깃허브(https://github.com)에 접속해 화면 오른쪽 상단에서 로그인 또는 회원가입을 한다.

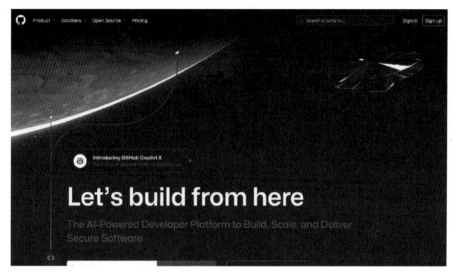

그림 6.3 깃허브 홈페이지

02. 저장소를 새로 생성한다.

저장소 생성 화면에서 다음 내용을 입력한다.

- Repository name: 저장소 이름(예: 'streamlit-langchain-app')

- Public/Private: 비공개(Private)로 설정[3]

- Add a README file: 체크 표시

- .gitignore: 'Python'을 선택[4]

---

3 비공개로 설정하면 스트림릿 커뮤니티 클라우드에 배포한 웹 앱은 자동으로 본인만 접근할 수 있게 된다.

4 .gitignore는 Git의 버전 관리 대상에서 제외되는 파일을 지정하는 설정 파일이다.

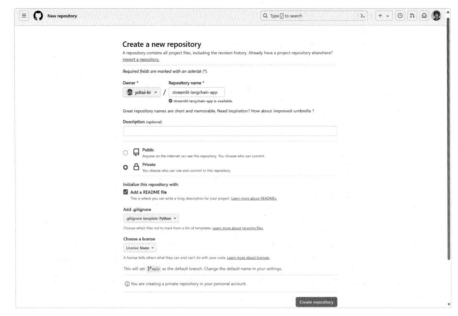

그림 6.4 깃허브 저장소 생성

저장소를 생성하면 다음과 같이 표시된다.

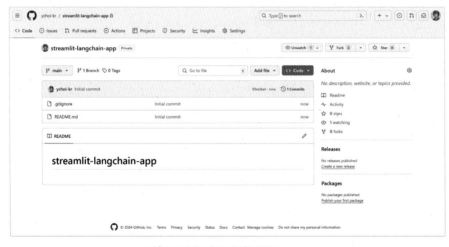

그림 6.5 깃허브에서 생성한 저장소

Cloud9과 깃허브 연동

다음으로 부록 A '웹 앱, 슬랙 앱 개발 환경 구축' A.3 'Cloud9과 깃허브 연동'을 참고해 SSH 키 추가부터 신규 저장소 복제까지 진행한다.

파이썬 환경 구축하기

다음으로 부록 A '웹 앱, 슬랙 앱 개발 환경 구축' A.4 'Cloud9에서 파이썬 환경 구축'을 참고해 Cloud9의 터미널에서 파이썬을 설치하고 파이썬의 가상 환경을 활성화한다.

이것으로 Cloud9의 개발 환경 설정이 완료됐다.

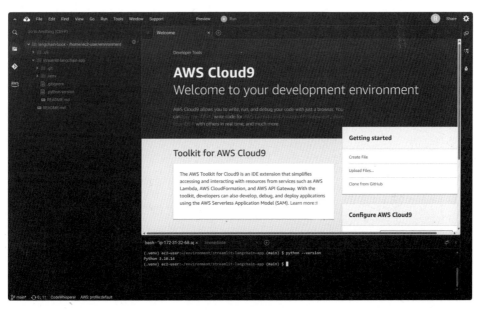

그림 6.6 Cloud9 설정 완료

6.3 스트림릿의 헬로 월드

이제 개발 환경이 준비되었으므로 구현을 진행하겠다. 먼저 스트림릿으로 애플리케이션 이름을 화면에 표시해 보겠다. 이른바 'Hello World'와 같은 것이다.

01. 먼저 다음 명령으로 스트림릿을 설치한다.

```
pip install streamlit
```

02. 깃허브에서 복제한 저장소 바로 아래에 app.py라는 파일을 만들고 다음 코드를 작성한다.

```
import streamlit as st

st.title("langchain-streamlit-app")
```

03. streamlit 명령을 사용해 애플리케이션을 실행한다.

```
streamlit run app.py --server.port 8080
```

다음으로 사용하는 Cloud9의 미리보기 기능은 기본적으로 8080번 포트에서 미리보기가 가능하도록 설정돼 있다. 따라서 스트림릿의 웹 앱이 8080번 포트에서 실행되도록 옵션을 지정한다.

04. Cloud9에서 미리보기를 실행한다. Cloud9 상단의 'Preview'에서 'Preview Running Application'을 선택한다. 그러면 그림 6.7과 같이 미리보기가 표시된다.

그림 6.7 스트림릿의 Hello World

Cloud9에서는 미리보기 화면의 오른쪽 상단에 'Pop Out Into New Window'를 의미하는 마크가 있다. 이를 클릭하면 그림 6.8과 같이 브라우저의 다른 탭에서 웹 앱에 접속할 수 있다.

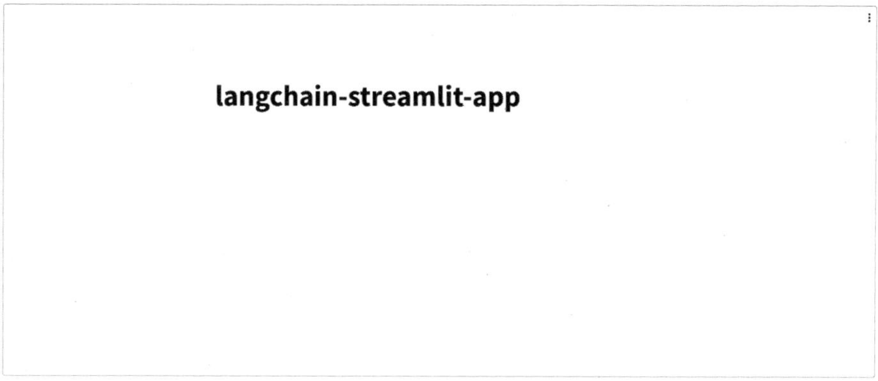

그림 6.8 스트림릿의 Hello World를 별도의 탭으로 보기

스트림릿에서 웹 앱 구현의 첫 번째 단계로 애플리케이션 이름을 화면에 표시했다.

6.4   사용자 입력 받기

이어서 스트림릿으로 채팅 UI를 구현해 보겠다. 스트림릿에는 LLM을 이용한 챗봇 구현을 염두에 두고 2023년 6월에 채팅용 컴포넌트가 추가됐다[5]. 이 책에서도 해당 컴포넌트를 사용하여 구현을 진행한다.

먼저 사용자의 입력을 받아 터미널에 입력 내용을 표시하게 한다.

01. app.py를 다음과 같이 편집한다.

```python
import streamlit as st

st.title("langchain-streamlit-app")

prompt = st.chat_input("What is up?")
print(prompt)
```

02. Cloud9의 미리보기를 다시 불러온다. 그러면 화면 하단에 채팅 입력란이 표시되고, 터미널에 'None'이라고 표시된다. 미리보기 입력란에 'Hello!'를 입력하면 터미널에 'Hello!'가 표시된다.

---

5 '대화형 앱 만들기' https://docs.streamlit.io/knowledge-base/tutorials/build-conversational-apps

그림 6.9 채팅 입력란 구현

여기서 스트림릿의 작동을 조금 설명하자면, 스트림릿에서는 웹 앱에 접속하거나 입력란 등의 '위젯'을 조작한 시점에 파이썬 스크립트(여기서는 app.py)가 위에서 아래로 실행되고, 그 내용이 화면에 표시된다.

처음 웹 앱에 접속하면 app.py의 st.title과 st.chat_input의 설명에 따라 화면에 제목과 채팅 입력란이 표시된다. 이때 st.chat_input의 입력란은 미입력 상태이므로 st.chat_input의 결과는 None이 된다. 그리고 print(prompt) 부분에서 터미널에 'None'이라고 표시된다.

'Hello!'를 입력하고 전송하면 app.py가 위에서부터 순서대로 재실행된다. 이때 st.chat_input의 결과는 'Hello!'가 되고, print(prompt)로 터미널에 'Hello!'가 표시된다.

6.5 입력 내용과 응답을 화면에 표시하기

스트림릿의 코드상에서 입력된 값을 가져올 수 있었다. 다음으로 입력한 내용을 화면에 반영해보자.

01. app.py를 다음과 같이 편집한다.

```python
import streamlit as st

st.title("langchain-streamlit-app")

prompt = st.chat_input("What is up?")

if prompt: # 입력된 문자열이 있는 경우(None도 아니고 빈 문자열도 아닌 경우)
    with st.chat_message("user"): # 사용자의 아이콘으로
        st.markdown(prompt) # prompt를 마크다운으로 정형화해 표시

    with st.chat_message("assistant"): # AI의 아이콘으로
        response = "안녕하세요" # 고정된 응답을 준비
        st.markdown(response) # 응답을 마크다운으로 정형화해 표시
```

02. Cloud9의 미리보기를 다시 불러온다. 미리보기 입력란에 'Hello!'를 입력하면 화면에 'Hello!'와 '안녕하세요!'라는 텍스트가 표시된다.

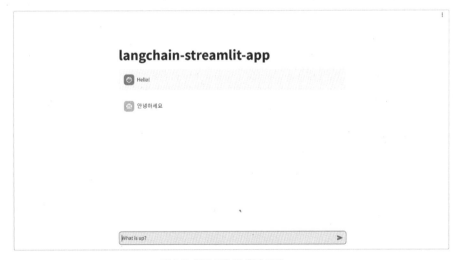

그림 6.10 입력 내용 및 응답 표시

편집 후 app.py에서는 입력된 문자열이 존재하는 경우(None도 빈 문자열도 아닌)에만 if prompt: 이후의 코드가 실행되어 사용자가 입력한 내용과 응답이 화면에 표시된다. 현재 응답은 '안녕하세요'라는 고정된 문자열인데, 이 문자열을 LLM이 생성하도록 할 것이다.

6.6 대화 기록 보기

LLM을 도입하기 전에 채팅 UI를 조금 더 구현해 보겠다. 지금까지의 구현에서는 입력 란에 두 번째 이후 입력해도 마지막으로 입력한 내용만 표시되는데, 챗GPT처럼 입력 한 내용이 화면 상단에 쌓이는 UI를 구현하고 싶다. 이를 위해 랭체인 커뮤니티 패키지의 StreamlitChatMessageHistory 클래스를 사용해 대화 내역을 관리하도록 한다.[6]

StreamlitChatMessageHistory는 스트림릿 애플리케이션에서 대화 내역을 쉽게 관리할 수 있 도록 도와주는 클래스다. 이 클래스를 사용하면 대화 내역을 저장하고 검색할 수 있으며, 메시 지 유형(사용자 또는 AI)에 따라 메시지를 구분할 수 있다.

01. langchain-community를 설치한다. 다음 pip install 명령어를 실행한다(streamlit run 명령어를 실 행 중이라면 Ctrl+C로 한 번 멈춰야 한다).

```
pip install langchain-community
```

02. app.py를 다음과 같이 편집한다.

```
import streamlit as st
from langchain_community.chat_message_histories import StreamlitChatMessageHistory

st.title("langchain-streamlit-app")

history = StreamlitChatMessageHistory()

for message in history.messages:
    st.chat_message(message.type).write(message.content)

prompt = st.chat_input("What is up?")

if prompt:
    with st.chat_message("user"):
        history.add_user_message(prompt)
        st.markdown(prompt)
```

---

6 (옮긴이) StreamlitChatMessageHistory를 사용함으로써, st.session_state를 이용한 대화 히스토리 관리를 직접 구현할 필요가 없 어졌다. (https://github.com/yoshidashingo/langchain-book/blob/langchain-v0.1/chapter6/app.py#L35-L36에서 인용)

```
    with st.chat_message("assistant"):
        response = "안녕하세요"
        history.add_ai_message(response)
        st.markdown(response)
```

03. Cloud9의 미리보기를 다시 불러온다. 미리보기의 입력란에서 몇 번 문자를 보내면 대화 기록이 표시된다.

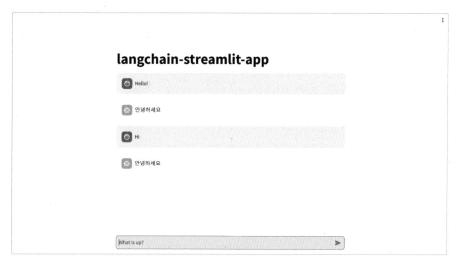

그림 6.11 대화 기록 표시

대화 기록이 화면에 표시되는 등 챗봇다운 UI로 바뀌었다.

6.7   LangChain으로 OpenAI의 Chat Completions API 실행하기

이제 LLM이 응답을 생성하도록 하고, 랭체인을 사용하여 OpenAI의 Chat Completions API를 통해 얻은 응답을 표시한다.

01. 먼저 app.py와 같은 디렉터리에 .env라는 이름의 파일을 생성한다. .env 파일에는 Chat Completions API를 사용하기 위한 API 키와 모델, temperature의 설정값을 다음과 같이 작성한다.

```
OPENAI_API_KEY=<OpenAI의 API 키를 여기에 입력>
OPENAI_API_MODEL=gpt-3.5-turbo
OPENAI_API_TEMPERATURE=0.5
```

02. 랭체인에서 Chat Completions API를 사용하기 위해 langchain과 openai 패키지를 설치한다. 또한 .env 파일의 내용을 환경 변수로 설정하기 위해 python-dotenv라는 패키지도 설치한다. 다음 pip install 명령어를 실행한다(streamlit run 명령어를 실행 중이라면 Ctrl+C로 한 번 멈춰야 한다).

```
pip install langchain openai langchain-openai python-dotenv streamlit-chat
```

03. app.py의 코드를 수정한다. 먼저 import를 몇 개 추가한다. 그리고 load_dotenv 함수로 .env 파일의 내용을 환경 변수로 설정한다.

```python
import os

import streamlit as st
from dotenv import load_dotenv
from langchain_community.chat_message_histories import StreamlitChatMessageHistory
from langchain_openai import ChatOpenAI
from langchain.schema import HumanMessage

load_dotenv()
```

04. 고정으로 '안녕하세요'라고 응답하도록 되어 있던 부분을 랭체인의 ChatOpenAI 클래스를 사용하여 Chat Completions API를 호출하도록 변경한다.

```python
    with st.chat_message("assistant"):
        chat = ChatOpenAI(
            model_name=os.environ["OPENAI_API_MODEL"],
            temperature=os.environ["OPENAI_API_TEMPERATURE"],
        )
        messages = [HumanMessage(content=prompt)]
        response = chat.invoke(messages)
        history.add_ai_message(response)
        st.markdown(response.content)
```

05. streamlit 명령을 사용하여 애플리케이션을 실행한다.

```
streamlit run app.py --server.port 8080
```

06. Cloud9의 미리보기를 다시 불러온다. 입력란에 '안녕하세요!'라고 입력하면 '안녕하세요! 저는 AI입니다. 무엇을 도와드릴까요?'라는 메시지가 표시된다. 스트림릿에서 랭체인을 사용하여 Chat Completions API를 실행하고 그 응답을 화면에 표시할 수 있었다.

그림 6.12 랭체인에서 ChatCompletionsAPI 실행

6.8 Agent를 사용하여 필요에 따라 외부 정보 검색하게 하기

챗GPT에서 'ChatGPT Plus' 플랜을 활성화하면 다양한 플러그인을 사용할 수 있다[7]. 마찬가지로 랭체인의 Agent를 사용하여 필요에 따라 덕덕고(DuckDuckGo)를 통한 웹 검색이나 위키피디아 검색을 할 수 있도록 해보자.

01. 랭체인 허브 및 랭체인의 Agent 도구로 덕덕고와 위키백과를 사용하기 위해 필요한 패키지를 설치한다.

```
pip install langchainhub duckduckgo-search wikipedia
```

02. app.py를 편집한다. 먼저 import를 몇 개 추가한다.

```
from langchain import hub
from langchain.agents import AgentExecutor, create_openai_tools_agent, load_tools
from langchain_community.callbacks import StreamlitCallbackHandler
```

---

7 (옮긴이) 베타 서비스이던 챗GPT 플러그인은 2024년 4월에 운영이 종료됐지만, ChatGPT Plus 또는 Team 플랜에 가입하면 GPT-4 모델과 함께 브라우징/DALL·E/데이터 분석 및 GPTs를 사용할 수 있다.

03. 다음으로 Agent를 생성하는 함수를 구현한다. 도구로는 ddg-search(덕덕고)와 wikipedia를 준비하고, hwchase17/openai-tools-agent 프롬프트를 가져와서 사용한다. create_openai_tools_agent 함수를 호출해 에이전트를 생성하고, ConversationBufferMemory를 사용하여 이전 대화 내용을 기억할 수 있도록 한다.

```python
def create_agent_chain():
    chat = ChatOpenAI(
        model_name=os.environ["OPENAI_API_MODEL"],
        temperature=os.environ["OPENAI_API_TEMPERATURE"],
    )

    tools = load_tools(["ddg-search", "wikipedia"])

    prompt = hub.pull("hwchase17/openai-tools-agent")

    agent = create_openai_tools_agent(chat, tools, prompt)
    return AgentExecutor(agent=agent, tools=tools)
```

04. Agent를 사용하는 코드를 구현한다. StreamlitCallbackHandler를 사용하여 에이전트의 작동을 스트리밍으로 화면에 표시할 수 있다.

```python
with st.chat_message("assistant"):
    callback = StreamlitCallbackHandler(st.container())
    agent_chain = create_agent_chain()
    response = agent_chain.invoke(
        {"input": prompt},
        {"callbacks": [callback]},
    )

    st.markdown(response["output"])
```

05. Cloud9의 미리보기를 다시 불러온다. '원달러 환율과 기준일을 알려줘'라고 입력하면 에이전트가 덕덕고를 통해 검색한 결과를 바탕으로 답변해 준다. 또한 '위키백과에서 ChatGPT에 관해 찾아서 알려줘'라고 입력하면, 위키피디아 검색 결과를 바탕으로 답변해 준다.

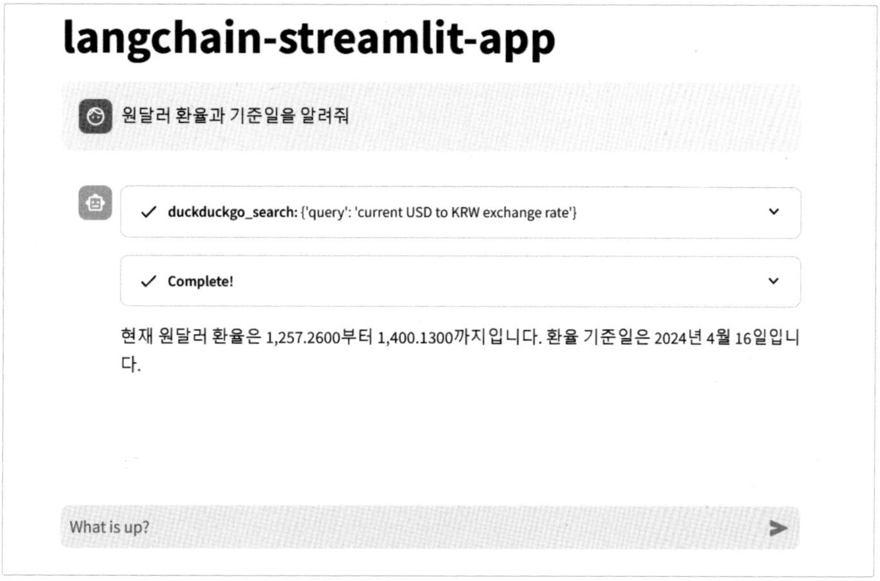

그림 6.13 Agent 작동 확인

6.9 채팅 대화 기록을 바탕으로 응답하기

현재 구현에서는 대화 히스토리가 화면에 표시되지만, 에이전트는 가장 최근에 입력한 내용만 전달받는다. 따라서 LLM은 대화 내역을 기반으로 응답하지 않는다. 랭체인의 Memory 모듈을 사용해 Agent가 대화 내역을 기반으로 응답할 수 있게 한다.

01. app.py를 편집한다. 먼저 import를 추가한다.

```
from langchain.memory import ConversationBufferMemory
```

02. create_agent_chain 함수를 수정해 ConversationBufferMemory를 사용하게 한다.

```
def create_agent_chain(history):
    chat = ChatOpenAI(
        model_name=os.environ["OPENAI_API_MODEL"],
        temperature=os.environ["OPENAI_API_TEMPERATURE"],
    )
```

```
tools = load_tools(["ddg-search", "wikipedia"])

prompt = hub.pull("hwchase17/openai-tools-agent")

# OpenAI Functions Agent가 사용할 수 있는 설정으로 Memory 초기화
memory = ConversationBufferMemory(
    chat_memory=history, memory_key="chat_history", return_messages=True
)

agent = create_openai_tools_agent(chat, tools, prompt)
return AgentExecutor(agent=agent, tools=tools, memory=memory)
```

03. Agent의 처리를 수행하는 부분도 ConversationBufferMemory를 사용하게 수정한다.

```
if prompt:
    with st.chat_message("user"):
        st.markdown(prompt)

    with st.chat_message("assistant"):
        callback = StreamlitCallbackHandler(st.container())
        agent_chain = create_agent_chain(history)
        response = agent_chain.invoke(
            {"input": prompt},
            {"callbacks": [callback]},
        )

        st.markdown(response)
```

04. Cloud9의 미리보기를 다시 불러온다. 그러면 에이전트가 대화 내역을 바탕으로 응답하게 된다.

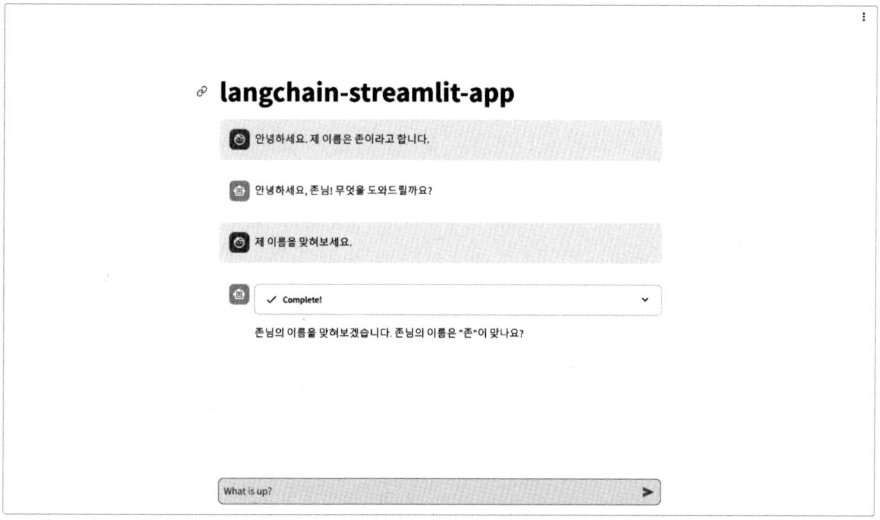

그림 6.14 Memory 작동 확인

6.10 스트림릿 커뮤니티 클라우드에 배포

구현한 웹 앱은 현재 Cloud9에서 구동하고 있다. 다른 사람들이 웹 앱을 사용하기 위해서는 서버나 클라우드 서비스를 통해 구동해야 한다. 스트림릿의 웹 앱은 스트림릿 커뮤니티 클라우드[8]에서 쉽게 구동할 수 있다. 여기에서 구현한 웹 앱을 스트림릿 커뮤니티 클라우드에 배포할 수 있다.

종속 패키지 목록 작성

이 장에서 구현한 웹 앱에서는 langchain, openai와 같은 패키지를 설치하여 사용하고 있으며, 스트림릿 커뮤니티 클라우드에서 웹 앱을 구동할 때도 클라우드 환경에 이러한 패키지를 설치해야 한다.

pip로 설치한 패키지의 목록은 requirements.txt라는 파일로 정리하는 경우가 많은데, 스트림릿 커뮤니티 클라우드는 requirements.txt를 읽어들여 필요한 패키지를 자동으로 설치해주는 역할을 한다. 그러니 requirements.txt를 만들자.

---

8 https://streamlit.io/cloud

01. Cloud9의 터미널에서 다음 명령을 실행한다.

```
pip freeze > requirements.txt
```

이제 requirements.txt에 필요한 패키지 목록을 출력할 수 있게 되었다.

requirements.txt에는 다음과 같이 패키지 이름과 버전이 기재돼 있다.

```
    ⋮
langchain-openai==0.0.5
langchain==0.1.5
    ⋮
```

깃허브에 소스 코드 업로드하기

스트림릿 커뮤니티 클라우드는 깃허브에서 소스 코드를 가져와서 애플리케이션을 구동한다. 따라서 Cloud9에서 구현한 소스 코드를 깃허브에 업로드한다.

01. Cloud9의 터미널에서 깃허브에서 복제한 저장소 바로 아래로 이동하여 다음 명령을 실행한다.

```
git add .python-version app.py requirements.txt
```

> **Memo**
>
> **기밀정보는 업로드하지 않는다**
>
> OpenAI의 API 키와 같은 민감한 정보는 비록 비공개(Private) 저장소라 할지라도 깃허브에 업로드해서는 안 된다. 그러므로 API 키가 기록된 .env 파일을 커밋하지 않도록 주의하기 바란다.

02. 또한 다음 명령을 실행하여 Git 커밋을 생성한다.

```
git commit -m 'Add langchain-streamlit-app'
```

03. 다음 명령어를 사용하여 커밋한 파일을 깃허브에 업로드한다.

```
git push
```

04. 깃허브에 접속하여 소스 코드가 저장되어 있는지 확인한다.

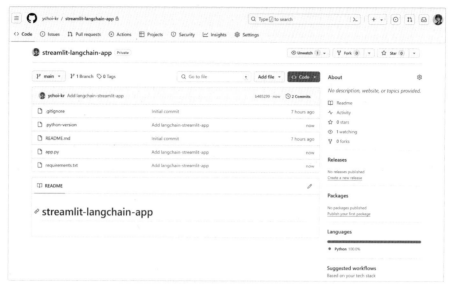

그림 6.15 깃허브에 소스 코드를 업로드한 모습

스트림릿 커뮤니티 클라우드에 배포하기

소스 코드가 준비되었으므로 스트림릿 커뮤니티 클라우드에 배포한다.

01. 먼저 스트림릿 커뮤니티 클라우드(https://streamlit.io/cloud)에 접속한다.

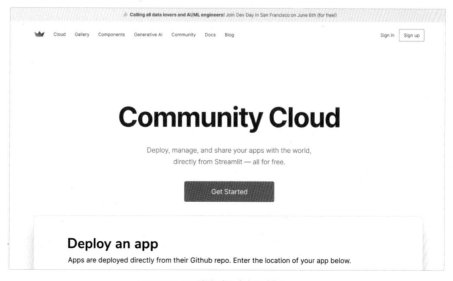

그림 6.16 스트림릿 커뮤니티 클라우드

02. 화면 오른쪽 상단에서 회원가입을 한다.

03. 깃허브에 접속하고 사용자 이름 등록을 진행한다.

04. 계정 설정이 완료되면 애플리케이션 목록 화면으로 이동한다. [New app]을 클릭하여 새로운 애플리케이션을 생성한다.

그림 6.17 스트림릿 커뮤니티 클라우드의 애플리케이션 목록 화면

05. 배포할 애플리케이션의 기본 설정을 수행한다.

생성한 저장소와 브랜치(기본값은 main)를 선택하고 app.py를 Main file path로 지정한다.

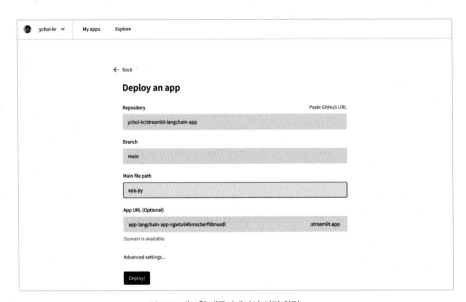

그림 6.18 배포할 애플리케이션 설정 화면

06. [Advanced settings]를 클릭하고 Python version을 3.10으로 설정한 후, Secrets에 Cloud9의 .env 파일과 유사한 내용을 작성하고 [Save]를 클릭한다. 단, 이 화면의 Secrets는 TOML 형식이며, 그림 6.19와 같이 작성한다. .env 파일과 형식이 조금 다르므로 주의해야 한다.

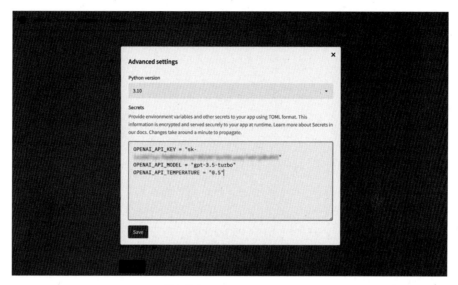

그림 6.19 Advanced settings

07. [Deploy]를 클릭하면 애플리케이션 배포가 시작된다.

08. 잠시 후 애플리케이션 배포가 완료된다. 다음과 같은 화면이 나타난다.

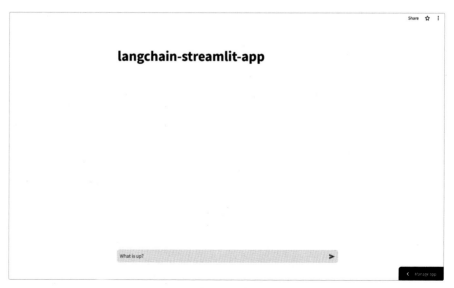

그림 6.20 배포한 애플리케이션

09. 대화창에 질문을 입력하면 Cloud9에서 시도했을 때와 마찬가지로 에이전트가 작동하여 응답한다.

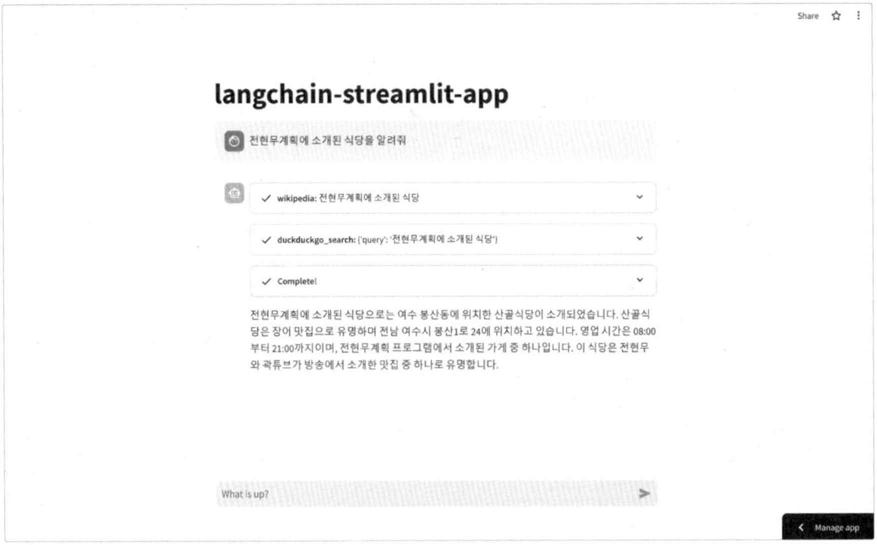

그림 6.21 스트림릿 커뮤니티 클라우드에 배포한 애플리케이션 작동 확인

다른 사용자 초대하기

스트림릿 커뮤니티 클라우드에서는 깃허브의 비공개(Private) 저장소를 기반으로 배포한 애플리케이션은 기본적으로 본인 외에는 사용할 수 없는 비공개로 설정돼 있다. 스트림릿 커뮤니티 클라우드에 배포한 웹 애플리케이션에 이메일 주소를 지정하여 사용자를 초대할 수 있으므로 그 과정을 설명한다.

01. [Manage app]을 클릭하면 화면 오른쪽에 로그가 표시된다.

02. 로그가 표시된 곳의 오른쪽 하단 메뉴에서 [Settings]를 열고 [Sharing]을 선택한다.

03. 'Who can view this app'이 'Only specific people can view this app'으로 설정되어 있으면 특정 사람만 이 앱에 접속할 수 있다. 'Invite viewers by email' 난에 이메일 주소를 입력하면 다른 사람을 초대할 수 있다.

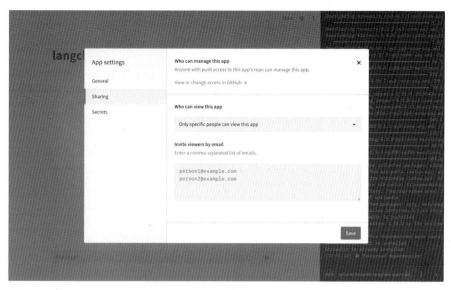

그림 6.22 App settings의 Sharing

또한, 'Who can view this app' 난을 'This app is public and searchable'로 설정하면 누구나 배포한 웹 앱에 접근할 수 있게 된다. 이 애플리케이션을 누구나 접근할 수 있는 상태로 공개하면 Chat Completions API가 대량으로 사용되어 예상보다 많은 요금이 발생할 수 있다. 특히 깃허브 저장소를 public으로 생성한 경우, 스트림릿 커뮤니티 클라우드에 배포한 직후부터 웹 앱은 public and searchable이 된다는 점을 주의하기 바란다.

요약

이 장에서는 스트림릿을 사용하여 챗봇 웹 앱을 구현해 봤다. 구현한 웹 앱은 랭체인의 Agent를 사용해 작동하며, 필요에 따라 웹 검색이나 위키백과에서 정보를 가져온다. 또한, 스트림릿 커뮤니티 클라우드에 배포해 애플리케이션을 인터넷에 공개하고, 다른 사람들도 사용할 수 있도록 했다.

LLM을 이용한 애플리케이션 개발 연습으로 이 장에서 구현한 웹 앱에 기능을 추가해 보는 것도 좋다. 예를 들어 gpt-3.5-turbo와 gpt-4를 화면에서 선택할 수 있도록 하는 등 다양한 시도를 해볼 수 있다. 꼭 도전해 보기 바란다.

스트림 형식으로 히스토리를
기반으로 응답하는
슬랙 앱 구현

이 장에서는 챗GPT의 Chat Completions API를 사용해 슬랙(Slack) 앱을 구현한다.

채팅으로서의 UI/UX를 고려한 구현으로 Chat Completions API의 응답을 스트림 형태로 처리하는
점과 스레드 내 대화 이력을 파악하여 응답하는 점이 특징이다.

7.1 슬랙 앱을 만드는 이유

챗GPT에 아이디어를 만들어 달라고 하거나 문장을 요약해 달라고 하는 등 생각이 떠올랐을 때 바로 지시할 수 있는 곳으로는 굳이 접속해야 하는 웹 앱보다 사용자가 평소에도 자주 이용하는 슬랙이 더 편리하다고 생각한다.

또한, 여기서 만드는 슬랙 앱을 특정 채널에서만 운영하면 채널 내 다른 사람들의 LLM 앱 사용법을 참고할 수 있기 때문에 개인별 환경에서 사용하는 것보다 더 활발하게 활용될 수 있다.

어떤 구성으로 할까?

이 장에서는 Slack Bolt for Python과 랭체인을 AWS Lambda에서 실행하고, OpenAI의 Chat Completions API를 LLM으로, Momento를 대화 히스토리 캐시 서비스로 사용하는 완전한 서버리스 아키텍처를 구현해 보겠다.

AWS Lambda는 사용자 요청 단위로 실행되며, 사용하지 않는 시간에는 비용이 발생하지 않는다. 마찬가지로 Chat Completions API와 Momento도 사용한 만큼만 과금되기 때문에 지갑에 매우 친화적인 구조다.

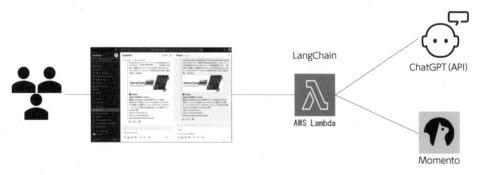

그림 7.1 처리 흐름

AWS Lambda를 이용한 서버리스 구성이 핵심이지만, AWS Lambda 환경에서 챗GPT와 같은 스트리밍 응답 형태로 더 나은 사용자 경험을 구현하는 방법, 슬랙에서 재시도를 통해 중복 실행을 억제하는 여러 가지 방법, 슬랙 게시글의 표현력을 풍부하게 높여주는 Block Kit 활용 방법 등 실용성을 중심으로 한 단계 더 나아가 설명과 구현을 진행한다.

개발 환경

개발 환경은 6장과 마찬가지로 Cloud9를 IDE로 사용한다. 또한, 애플리케이션을 배포하는 도구로는 Serverless Framework를 사용한다. 여러 사람이 유지보수할 때나 CI/CD 파이프라인에서도 활용할 수 있다.

깃허브 저장소의 파일 구성

만든 슬랙 앱은 다른 용도로도 활용할 수 있게 깃허브 저장소에 보관해 두자. 이번 슬랙 앱은 6장에서 만든 웹 앱과 별도로 새로 저장소를 생성해 관리한다.

이번에 만들 앱의 파일 구성은 다음과 같다.

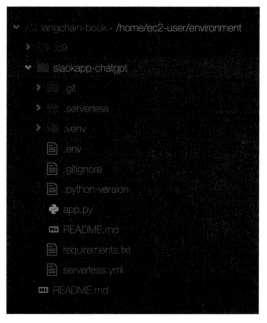

그림 7.2 저장소의 파일 구조

먼저 이 장의 완성된 소스 코드(app.py)는 다음과 같다. 이를 순서대로 설명하면서 단계별로 구현해 보겠다.

코드 7.1 완성된 슬랙 앱 (app.py)

```python
import json
import logging
import os
import re
import time
from datetime import timedelta
from typing import Any

from dotenv import load_dotenv
from langchain_community.chat_message_histories import MomentoChatMessageHistory
from langchain_core.callbacks import BaseCallbackHandler
from langchain_core.output_parsers import StrOutputParser
from langchain_core.outputs import LLMResult
from langchain_core.prompts import ChatPromptTemplate, MessagesPlaceholder
from langchain_openai import ChatOpenAI
from slack_bolt import App
from slack_bolt.adapter.aws_lambda import SlackRequestHandler
from slack_bolt.adapter.socket_mode import SocketModeHandler

CHAT_UPDATE_INTERVAL_SEC = 1

load_dotenv()

# 로그
SlackRequestHandler.clear_all_log_handlers()
logging.basicConfig(
    format="%(asctime)s [%(levelname)s] %(message)s", level=logging.INFO
)
logger = logging.getLogger(__name__)

# 봇 토큰을 사용하여 앱을 초기화
app = App(
    signing_secret=os.environ["SLACK_SIGNING_SECRET"],
    token=os.environ["SLACK_BOT_TOKEN"],
    process_before_response=True,
)
```

```python
class SlackStreamingCallbackHandler(BaseCallbackHandler):
    last_send_time = time.time()
    message = ""

    def __init__(self, channel, ts):
        self.channel = channel
        self.ts = ts
        self.interval = CHAT_UPDATE_INTERVAL_SEC
        # 게시글을 업데이트한 누적 횟수 카운터
        self.update_count = 0

    def on_llm_new_token(self, token: str, **kwargs) -> None:
        self.message += token

        now = time.time()
        if now - self.last_send_time > self.interval:
            app.client.chat_update(
                channel=self.channel, ts=self.ts, text=f"{self.message}\n\nTyping..."
            )
            self.last_send_time = now
            self.update_count += 1

            # update_count가 현재의 업데이트 간격 X10보다 많아질 때마다 업데이트 간격을 2배로
늘림
            if self.update_count / 10 > self.interval:
                self.interval = self.interval * 2

    def on_llm_end(self, response: LLMResult, **kwargs: Any) -> Any:
        message_context = "OpenAI API에서 생성되는 정보는 부정확하거나 부적절할 수 있으며,
우리의 견해를 나타내지 않습니다."
        message_blocks = [
            {"type": "section", "text": {"type": "mrkdwn", "text": self.message}},
            {"type": "divider"},
            {
                "type": "context",
                "elements": [{"type": "mrkdwn", "text": message_context}],
            },
```

```python
            ]
        app.client.chat_update(
            channel=self.channel,
            ts=self.ts,
            text=self.message,
            blocks=message_blocks,
        )


# @app.event("app_mention")
def handle_mention(event, say):
    channel = event["channel"]
    thread_ts = event["ts"]
    message = re.sub("<@.*>", "", event["text"])

    # 게시글의 키(=Momento 키): 첫 번째=event["ts"], 그 이후=event["thread_ts"]
    id_ts = event["ts"]
    if "thread_ts" in event:
        id_ts = event["thread_ts"]

    result = say("\n\nTyping...", thread_ts=thread_ts)
    ts = result["ts"]

    history = MomentoChatMessageHistory.from_client_params(
        id_ts,
        os.environ["MOMENTO_CACHE"],
        timedelta(hours=int(os.environ["MOMENTO_TTL"])),
    )

    prompt = ChatPromptTemplate.from_messages(
        [
            ("system", "You are a good assistant."),
            (MessagesPlaceholder(variable_name="chat_history")),
            ("user", "{input}"),
        ]
    )

    callback = SlackStreamingCallbackHandler(channel=channel, ts=ts)
```

```python
    llm = ChatOpenAI(
        model_name=os.environ["OPENAI_API_MODEL"],
        temperature=os.environ["OPENAI_API_TEMPERATURE"],
        streaming=True,
        callbacks=[callback],
    )

    chain = prompt | llm | StrOutputParser()

    ai_message = chain.invoke({"input": message, "chat_history": history.messages})

    history.add_user_message(message)
    history.add_ai_message(ai_message)


def just_ack(ack):
    ack()


app.event("app_mention")(ack=just_ack, lazy=[handle_mention])

# 소켓 모드 핸들러를 사용해 앱을 시작
if __name__ == "__main__":
    SocketModeHandler(app, os.environ["SLACK_APP_TOKEN"]).start()


def handler(event, context):
    logger.info("handler called")
    header = event["headers"]
    logger.info(json.dumps(header))

    if "x-slack-retry-num" in header:
        logger.info("SKIP > x-slack-retry-num: %s", header["x-slack-retry-num"])
        return 200

    # AWS Lambda 환경의 요청 정보를 app이 처리할 수 있도록 변환해주는 어댑터
    slack_handler = SlackRequestHandler(app=app)
```

```
# 응답은 그대로 AWS Lambda의 반환값으로 돌려줄 수 있다
return slack_handler.handle(event, context)
```

7.2 환경 준비

Cloud9 환경 만들기

먼저 6장과 마찬가지로 부록 A '웹 앱, 슬랙 앱 개발 환경 구축' A.2 'Cloud9 환경 생성'을 참고해 Cloud9 환경을 새로 생성하고 실행한다.

깃허브에서 슬랙 앱용 저장소 생성하기

이것도 6장과 마찬가지로 부록 A '웹 앱, 슬랙 앱 개발 환경 구축' A.3 'Cloud9과 깃허브 연동'을 참고해 SSH 키 추가부터 신규 저장소 복제까지 진행한다. 이 장의 예시에서는 slackapp-chatgpt라는 저장소 이름으로 생성한다.

파이썬 가상 환경 활성화하기

또한, 여기에서도 6장과 마찬가지로 부록 A '웹 앱, 슬랙 앱 개발 환경 구축' A.4 'Cloud9에서 파이썬 환경 구축'을 참고해 Cloud9의 터미널에서 파이썬의 가상 환경을 활성화한다.

7.3 환경 설정 파일 만들기

01. 레퍼런스 저장소의 .env.example을 복사하거나 저장소 루트에 .env 파일을 새로 생성한다. 다음과 같이 각종 키를 기재해 둔다.

```
SLACK_SIGNING_SECRET=
SLACK_BOT_TOKEN=
SLACK_APP_TOKEN=
OPENAI_API_KEY=
OPENAI_API_MODEL=gpt-3.5-turbo
OPENAI_API_TEMPERATURE=0.5
MOMENTO_AUTH_TOKEN=
```

```
MOMENTO_CACHE=
MOMENTO_TTL=1
```

7.4 슬랙 앱 새로 만들기

01. 슬랙의 애플리케이션 목록 화면에 접속한다.

https://api.slack.com/apps

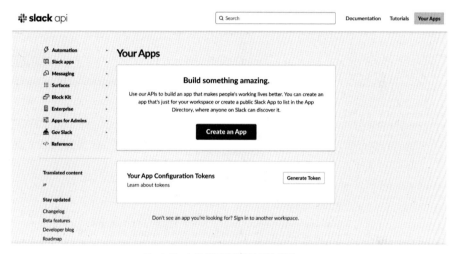

그림 7.3 Slack의 애플리케이션 목록 화면

02. 오른쪽 상단의 'Create New App'에서 슬랙 앱 생성 모달을 표시한다.

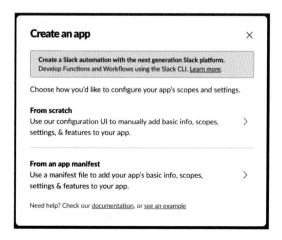

그림 7.4 슬랙의 신규 앱 생성 모드 보기

03. 'From Scratch'를 선택하고 앱 이름,
   설치 대상 워크스페이스를 선택하여
   생성한다.

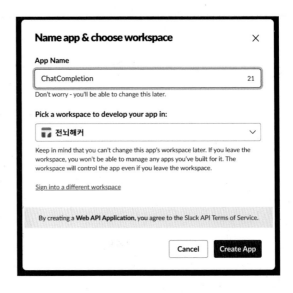

그림 7.5 앱 이름, 설치 위치 지정

04. 생성된 슬랙 앱의 화면 왼쪽 패널 [Basic Information]에 접속하여 App Credentials 표시 영역에서
   'Signing Secret' 키[1]를 'Show' 버튼으로 표시하고, Cloud9에서 생성한 .env 파일의 SLACK_SIGNING_
   SECRET에 기재한다.

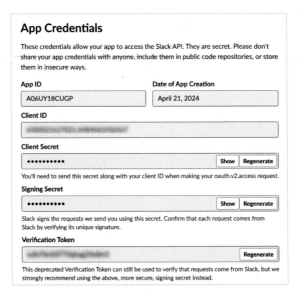

그림 7.6 Basic Information 화면

---

1 슬랙의 Signing Secret은 이 슬랙 앱에서 요청을 보낼 때 요청의 서명을 검증하는 키다.

```
SLACK_SIGNING_SECRET=<이곳에 작성>
SLACK_BOT_TOKEN=
SLACK_APP_TOKEN=
OPENAI_API_KEY=
OPENAI_API_MODEL=gpt-3.5-turbo
OPENAI_API_TEMPERATURE=0.5
MOMENTO_AUTH_TOKEN=
MOMENTO_CACHE=
MOMENTO_TTL=1
```

05. OAuth&Permissions〉Scopes〉Bot Token Scopes 화면에 접속하여 'Add an OAuth Scope to Bot Token'을 클릭한다.

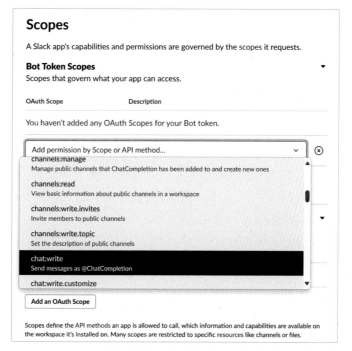

그림 7.7 OAuth & Permissions 화면

06. 'chat:write' 스코프를 선택하고 활성화한다.

07. OAuth&Permissions 화면의 OAuth Tokens for Your Workspace에서 이 앱을 워크스페이스에 설치한다.

그림 7.8 워크스페이스에 앱 설치 화면

08. 발급받은 'Bot User OAuth Token'을 `.env` 파일의 'SLACK_BOT_TOKEN'에 지정한다.

OAuth Tokens for Your Workspace

Also viewable in OAuth & Permissions

Bot User OAuth Token

| xoxb- ▓▓▓▓▓▓▓▓▓▓▓▓▓▓▓▓▓▓▓▓▓▓▓▓▓▓▓▓▓▓▓▓▓ | Copy |

Access Level: Workspace

Reinstall to Workspace

그림 7.9 설치 후 표시되는 Bot User OAuth Token 화면

```
SLACK_SIGNING_SECRET=xxxxxxx
SLACK_BOT_TOKEN=<이곳에 작성>
SLACK_APP_TOKEN=
OPENAI_API_KEY=
OPENAI_API_MODEL=gpt-3.5-turbo
OPENAI_API_TEMPERATURE=0.5
MOMENTO_AUTH_TOKEN=
MOMENTO_CACHE=
MOMENTO_TTL=1
```

09. 다음으로 소켓 모드에서 필요한 슬랙 앱의 권한으로 App–Level Token을 생성한다. Basic Information 화면의 App–Level Tokens 항목에서 'Generate Token ans Scopes'를 클릭하고 모달 화면에서 이 토큰에 이름을 지정하고, 'connections:write' 스코프를 선택하여 토큰을 생성한다.

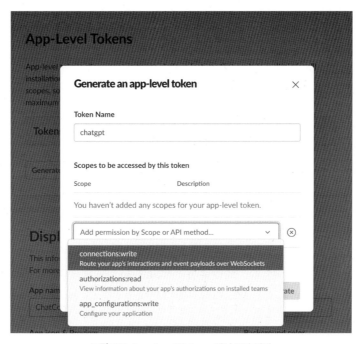

그림 7.10 App–Level Tokens 생성 모달 화면

10. 이 'App–Level Token'을 .env 파일의 SLACK_APP_TOKEN에 지정한다.

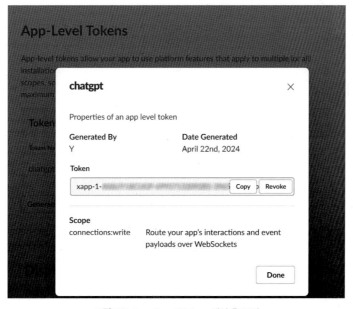

그림 7.11 App–Level Token 생성 후 표시

```
SLACK_SIGNING_SECRET=xxxxxxx
SLACK_BOT_TOKEN=xxxxxxxx
SLACK_APP_TOKEN=<이곳에 작성>
OPENAI_API_KEY=
OPENAI_API_MODEL=gpt-3.5-turbo-16k-0613
OPENAI_API_TEMPERATURE=0.5
MOMENTO_AUTH_TOKEN=
MOMENTO_CACHE=
MOMENTO_TTL=1
```

7.5 소켓 모드 활성화

먼저 Cloud9에서 Slack Bolt를 이용해 로컬 서버를 구동하고, 슬랙에서 발생한 이벤트를 수신하여 앱을 구동하기 위해 '소켓 모드'를 활성화한다. 이를 통해 Cloud9에서 단계별로 구현하면서 실제 슬랙 앱을 구동해 확인할 수 있다.

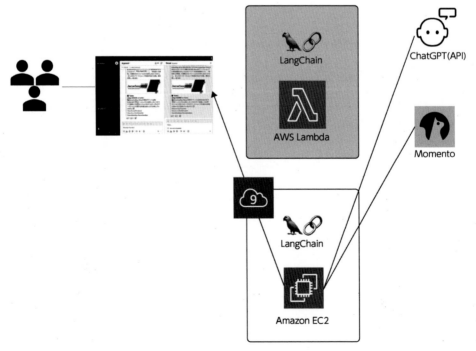

그림 7.12 슬랙 앱

01. 슬랙 앱 화면 왼쪽 패널의 [Socket Mode]에서 'Enable using Socket Mode'를 ON으로 설정한다.

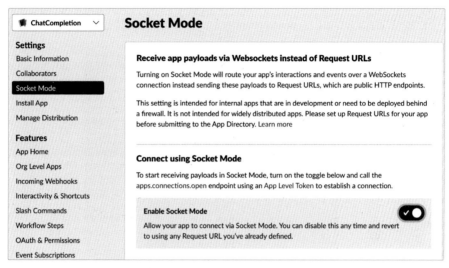

그림 7.13 소켓 모드 ON/OFF 설정 화면

Memo ─────────

Slack Bolt for Python이란?

Slack Bolt는 슬랙 앱을 쉽게 구축할 수 있는 기반이 되는 프레임워크다. 이 책에서 주로 사용하는 파이썬 버전도 배포돼 있다.

개발용 내장 HTTP 서버 어댑터, Signing Secret을 사용하여 슬랙에서 요청의 서명을 검증하는 기능, AWS Lambda에서 사용할 수 있는 Lazy listener 구현 등 다양한 편의 기능이 내장돼 있다.

» 참고: Getting started with Bolt for Python

https://slack.dev/bolt-python/tutorial/getting-started

7.6 애플리케이션 만들기

01. 저장소 루트에서 마우스 오른쪽 버튼을 클릭한 후 [New file]을 지정하여 app.py 파일을 생성한다.

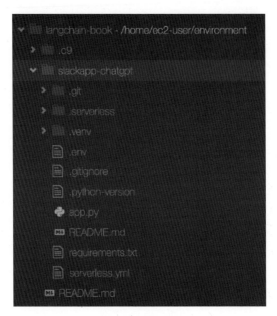

그림 7.14 저장소 경로

02. app.py를 다음과 같이 편집한다.

```python
import os
from dotenv import load_dotenv
from slack_bolt import App
from slack_bolt.adapter.socket_mode import SocketModeHandler

load_dotenv()

# 봇 토큰과 소켓 모드 핸들러를 사용하여 앱을 초기화
app = App(token=os.environ.get("SLACK_BOT_TOKEN"))

# 소켓 모드 핸들러를 사용해 앱을 시작
if __name__ == "__main__":
    SocketModeHandler(app, os.environ["SLACK_APP_TOKEN"]).start()
```

03. 콘솔 화면에서 다음 명령을 실행한다.

```
$ pip install slack-bolt==1.18.1 python-dotenv==1.0.1
```

04. 애플리케이션을 실행한다.

```
$ python app.py
⚡ Bolt app is running!
```

05. "⚡ Bolt app is running!"이 표시되는 것을 확인하고 Ctrl+C로 중지한다.

7.7 이벤트 설정하기

01. 슬랙 앱 화면 왼쪽 패널에서 Event Subscriptions를 선택하고 Enable Events를 ON으로 설정한다.

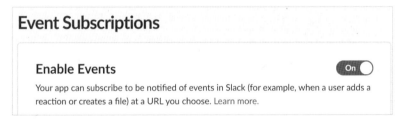

그림 7.15 Event Subscriptions 화면

02. 'Subscribe to bot events'를 열고 [Add Bot User Event]를 클릭한 후 'app_mention'을 선택하고 페이지 오른쪽 하단의 [Save Changes]를 클릭한다.

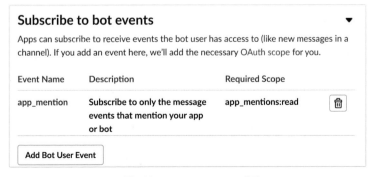

그림 7.16 Event Subscriptions 화면

03. 이벤트가 추가(범위 추가)되었으므로 앱을 다시 설치해야 한다. 화면 상단의 안내에서 'reinstall your app'을 클릭하여 워크스페이스에 다시 설치한다.

그림 7.17 워크스페이스에 슬랙 앱 재설치 화면

7.8   액션 전송 및 응답하기

01. app.py에 다음과 같이 이벤트에 대한 리스너 함수를 추가한다.

```python
@app.event("app_mention")
def handle_mention(event, say):
    user = event["user"]
    say(f"Hello <@{user}>!")
```

02. 애플리케이션을 다시 실행한다.

```
$ python app.py
⚡ Bolt app is running!
```

03. 설치한 워크스페이스 내 채널 중 하나에 이 슬랙 앱을 추가한다.

04. 채널 내에서 슬랙 앱을 멘션한다.

05. 'Hello @사용자명!'이 표시되면 잘 된 것이다. Ctrl+C로 중지한다.

그림 7.18 슬랙 앱을 멘션

7.9 스레드 내 답글 달기

01. 여러 슬랙 사용자가 동시에 사용하는 것을 고려하여 채널 내 답글이 아닌 멘션된 스레드 내에서 답글을 달도록 app.py의 handle_mention 이벤트를 변경한다.

```python
@app.event("app_mention")
def handle_mention(event, say):
    user = event["user"]
    thread_ts = event["ts"]
    say(thread_ts=thread_ts, text=f"Hello <@{user}>!")
```

7.10. OpenAI API 호출하기

01. 여기서부터 본격적으로 OpenAI의 API를 사용하게 된다. 랭체인에서 Chat Completions API를 이용하기 위해 langchain-openai와 langchain-community 패키지를 설치한다.

```
$ pip install langchain-openai langchain-community
```

02. .env 파일에 OpenAI API 키와 런타임 파라미터를 설정한다.

```
OPENAI_API_KEY=<your_api_key>
OPENAI_API_MODEL=gpt-3.5-turbo
OPENAI_API_TEMPERATURE=0.5
```

03. 필요한 라이브러리를 import한다.

```python
import re

from langchain_openai import ChatOpenAI
```

04. 앱(app.py)의 함수를 다음과 같이 변경해 Chat Completions API를 이용하도록 한다.

```python
@app.event("app_mention")
def handle_mention(event, say):
    thread_ts = event["ts"]
    message = re.sub("<@.*>", "", event["text"])
```

```
llm = ChatOpenAI(
    model_name=os.environ["OPENAI_API_MODEL"],
    temperature=os.environ["OPENAI_API_TEMPERATURE"],
)

response = llm.invoke(message)
say(text=response.content, thread_ts=thread_ts)
```

05. 애플리케이션을 다시 실행한다.

```
$ python app.py
⚡ Bolt app is running!
```

멘션하여 API가 실행되고 스레드에 Chat Completion 결과가 표시되면 OK다.

7.11 스트리밍으로 응답하기

이대로라면 Chat Completions API의 응답이 모두 완료된 후 슬랙의 스레드에 기록되므로, 실행 중인지 내부 오류가 발생한 것인지 알 수 없는 경험을 하게 된다. Chat Completions API가 스트리밍 응답을 지원하니, 이를 지정하여 챗GPT와 마찬가지로 사용자의 질문에 바로 응답을 시작하고, 점차적으로 단어가 추가되는 방식으로 구현해 보자.[2]

01. 앱(app.py)의 시작 부분에서 필요한 라이브러리를 가져오고 변수를 정의한다.

```
import time
from typing import Any

CHAT_UPDATE_INTERVAL_SEC = 1
```

02. 여기서 미리 AWS Lambda에서 실행할 것을 가정하고 앱 클라이언트의 초기화 파라미터를 변경해 리스너 함수에서 처리가 완료될 때까지 HTTP 응답 전송을 지연시킨다. AWS Lambda와 같은 FaaS(Function as a Service)에서는 HTTP 응답을 반환한 후 스레드나 프로세스 실행을 계속할 수 없으므로, FaaS에서 응답을 다른 인스턴스에서 실행할 수 있도록 한다. FaaS로 실행할 경우 process_before_response=True는 필수 설정이다.

---

2 여기서는 스트리밍을 Callback으로 구현하고 있지만, LCEL에서는 스트리밍 처리를 Callback을 사용하지 않고 구현할 수도 있다. 관심 있는 분은 다음 공식 문서를 참고하기 바란다.
https://python.langchain.com/docs/expression_language/streaming

```
app = App(
    signing_secret=os.environ["SLACK_SIGNING_SECRET"],
    token=os.environ["SLACK_BOT_TOKEN"],
    process_before_response=True,
)
```

03. 여기에서 사용할 패키지를 import한다.

```
from langchain_core.callbacks import BaseCallbackHandler
from langchain_core.outputs import LLMResult
```

04. 응답 스트림을 수신하는 Callback 핸들러 클래스를 정의한다.

```
class SlackStreamingCallbackHandler(BaseCallbackHandler):
    last_send_time = time.time()
    message = ""

    def __init__(self, channel, ts):
        self.channel = channel
        self.ts = ts

    def on_llm_new_token(self, token: str, **kwargs) -> None:
        self.message += token

        now = time.time()
        if now - self.last_send_time > CHAT_UPDATE_INTERVAL_SEC:
            self.last_send_time = now
            app.client.chat_update(
                channel=self.channel, ts=self.ts, text=f"{self.message}..."
            )

    def on_llm_end(self, response: LLMResult, **kwargs: Any) -> Any:
        app.client.chat_update(channel=self.channel, ts=self.ts, text=self.message)
```

05. 랭체인의 ChatOpenAI 클래스를 LLM 조작에 이용하도록 변경한다. 또한, 동시에 쓰기를 콜백 함수 측에서 수행하도록 지정한다.

```
@app.event("app_mention")
def handle_mention(event, say):
```

```
channel = event["channel"]
thread_ts = event["ts"]
message = re.sub("<@.*>", "", event["text"])

result = say("\n\nTyping..." , thread_ts=thread_ts)
ts = result["ts"]

callback = SlackStreamingCallbackHandler(channel=channel, ts=ts)
llm = ChatOpenAI(
    model_name=os.environ["OPENAI_API_MODEL"],
    temperature=os.environ["OPENAI_API_TEMPERATURE"],
    streaming=True,
    callbacks=[callback],
)

llm.invoke(message)
```

06. 애플리케이션을 다시 실행한다.

```
$ python app.py
⚡ Bolt app is running!
```

응답을 스트림으로 받아 작성되는지 확인하기 위해 "300자 내외로 자기소개를 해주세요"와 같은 질문을 해보자. 응답이 즉시 스레드 답글에 작성되는 것을 확인할 수 있다. 다만, 최대 4번까지 비슷한 응답이 중복으로 작성된다. 7.14절에서 이 재시도 처리 방지에 대해 다룰 예정이다.

Memo

Slack에서 서버로의 재시도 처리 안내

위 코드를 실행하면 스트림 형태로 슬랙 앱에서 응답이 돌아오고, 일정 시간이 지나면 두 번째 응답, 세 번째 응답, 네 번째 응답 등 중복으로 응답을 작성하는 것처럼 작동할 수 있다.

슬랙의 Events API의 오류 조건으로 3초가 지나도 서버의 응답이 완료되지 않으면 오류로 간주하고 최대 3회까지 재시도하게 되어 있기 때문이다.

» 참고: Using the Slack Events API – Retries
https://api.slack.com/apis/connections/events-api#retries

7.12 대화 기록 보관하기

지금까지 슬랙 앱에서 챗GPT와 같은 사용자 경험을 재현할 수 있었지만, 여기서는 슬랙 앱이 응답을 반환한 스레드에서 여러 번 더 대화할 때 이전 대화 내용을 기억하도록 처리를 추가해 보겠다.

대화하고 있는 스레드 단위를 키로 하여 히스토리를 보관하기 위해 Momento Cache라는 서비스를 이용한다.

Momento Cache란?

Momento는 애플리케이션 캐시 서비스인 'Momento Cache'와 Pub/Sub에서 이벤트의 실시간 팬아웃을 할 수 있는 'Momento Topics' 등을 서비스하는 미국 시애틀의 스타트업이다. 창업자인 CEO Khawaja는 Amazon DynamoDB의 Vice President를 역임한 인물로 대규모 분산 시스템에 강점을 가지고 있으며, Momento Cache도 99.9퍼센타일의 요청에 3밀리초 만에 응답하는 안정적이고 빠른 성능을 구현하고 있다. 애플리케이션 캐시로 많이 사용되는 Redis나 Memcached는 온프레미스든 클라우드든 클러스터나 인스턴스를 사용자가 직접 관리해야 하는 경우가 많다. 반면, Momento Cache는 많이 사용하든 적게 사용하든 그런 인프라를 관리할 필요가 없고, API를 통해 이용할 수 있으며, 사용한 만큼만 과금하는 완전한 서버리스 서비스로 제공되기 때문에 여기서 사용하기로 했다.

Momento는 랭체인에서 몇 줄만 입력하면 이용할 수 있다.

Momento 계정 가입부터 API 토큰 생성, 캐시 생성까지는 부록 A '웹 앱, 슬랙 앱 개발 환경 구축'을 참고하기 바란다. 여기서는 계정, API 토큰, 캐시 이름을 알고 있는 상태에서 진행한다.

그럼 지금부터 바로 이력 처리를 추가해 보겠다.

01. Cloud9의 터미널 콘솔에서 Momento의 라이브러리를 설치한다.

```
$ pip install momento
```

02. `.env` 파일에 환경 변수로 Momento의 토큰, 생성한 캐시 이름, TTL(시간) 등의 파라미터를 추가한다.

```
MOMENTO_AUTH_TOKEN=xxxxxxxx
MOMENTO_CACHE=xxxxxxxx
MOMENTO_TTL=1
```

03. 앱(app.py)에서 랭체인의 여러 모듈을 가져온다.

```python
from datetime import timedelta
from langchain_community.chat_message_histories import MomentoChatMessageHistory
from langchain_core.output_parsers import StrOutputParser
from langchain_core.prompts import ChatPromptTemplate, MessagesPlaceholder
```

04. `handle_mention` 함수 내에서 Momento의 히스토리 클라이언트를 생성한다. 신규 게시글의 키와 2회차 이후 업데이트 대상 게시글의 키를 변수로 설정한다.

```python
# 게시글 키(=Momento 키): 첫 번째=event["ts"], 두 번째 이후=event["thread_ts"]
id_ts = event["ts"]
if "thread_ts" in event:
    id_ts = event["thread_ts"]

history = MomentoChatMessageHistory.from_client_params(
    id_ts,
    os.environ["MOMENTO_CACHE"],
    timedelta(hours=int(os.environ["MOMENTO_TTL"]))
)
```

05. `handle_mention` 함수 내에서 프롬프트 템플릿을 구성한다.

```python
prompt = ChatPromptTemplate.from_messages(
    [
        ("system", "You are a good assistant."),
        (MessagesPlaceholder(variable_name="chat_history")),
        ("user", "{input}"),
    ]
)
```

06. 체인을 구성하고 호출한다.[3]

```
chain = prompt | llm | StrOutputParser()

ai_message = chain.invoke({"input": message, "chat_history": history.messages})
```

07. 이력 캐시에 메시지를 추가한다.

```
history.add_user_message(message)
history.add_ai_message(ai_message)
```

08. 여기까지 작성한 handle_mention 함수는 다음과 같다.

```
@app.event("app_mention")
def handle_mention(event, say):
    channel = event["channel"]
    thread_ts = event["ts"]
    message = re.sub("<@.*>", "", event["text"])

    # 게시글 키(=Momento 키): 첫 번째=event["ts"], 두 번째 이후=event["thread_ts"]
    id_ts = event["ts"]
    if "thread_ts" in event:
        id_ts = event["thread_ts"]

    result = say("\n\nTyping..." , thread_ts=thread_ts)
    ts = result["ts"]

    history = MomentoChatMessageHistory.from_client_params(
        id_ts,
        os.environ["MOMENTO_CACHE"],
        timedelta(hours=int(os.environ["MOMENTO_TTL"]))
    )

    prompt = ChatPromptTemplate.from_messages(
        [
            ("system", "You are a good assistant."),
```

---

3 (옮긴이) 이곳에 사용한 LCEL 표기법은 부록 B.2에서 설명한다.

```
        (MessagesPlaceholder(variable_name="chat_history")),
        ("user", "{input}"),
    ]
)

callback = SlackStreamingCallbackHandler(channel=channel, ts=ts)

llm = ChatOpenAI(
    model_name=os.environ["OPENAI_API_MODEL"],
    temperature=os.environ["OPENAI_API_TEMPERATURE"],
    streaming=True,
    callbacks=[callback],
)

chain = prompt | llm | StrOutputParser()

ai_message = chain.invoke({"input": message, "chat_history": history.messages})

history.add_user_message(message)
history.add_ai_message(ai_message)
```

09. 애플리케이션을 다시 실행한다.

```
$ python app.py
⚡ Bolt app is running!
```

'제 이름은 ○○입니다'→'제 이름 기억하시나요?'라고 물어보고, 스레드에서 주고받은 내용을 기억하고 있는지 확인해 보자.

7.13 Lazy 리스너에서 슬랙 재시도 전에 간단한 응답을 반환하는 방법

앞서 언급했듯이, 앱 측에서 콜백 함수에 쓰면서 최종 HTTP 응답을 지연시킬 수는 있지만, Slack이 3초 이내에 HTTP 응답을 받지 못하면 재시도한다는 것을 알 수 있었다. 이를 해결하기 위해 Lazy listener라는 메커니즘을 사용하여 Slack에 3초 이내에 간단한 응답을 반환한 후 콜백으로 응답을 작성하는(정확히는 자신의 게시물을 반복적으로 업데이트하는) 형태로 바꾸어 보자.

Lazy 리스너 함수는 Bolt for Python에서 사용할 수 있는 구조로, AWS Lambda처럼 HTTP 응답을 반환하면 처리가 종료되는 것을 억제하여 단순 응답을 반환한 이후에도 처리를 계속하는 스트리밍 응답을 위해 중요한 구조다.

01. handle_mention 함수에 붙인 @app.event("app_mention")를 삭제(또는 주석 처리)한다.

```
# @app.event("app_mention")
def handle_mention(event, say):
```

02. 멘션 시 호출되는 함수로, Lazy 리스너 함수를 활성화하여 응답 후에도 프로세스가 실행될 수 있게 지정한다.

```
def just_ack(ack):
    ack()


app.event("app_mention")(ack=just_ack, lazy=[handle_mention])
```

03. 애플리케이션을 다시 실행한다.

```
$ python app.py
⚡ Bolt app is running!
```

답변이 한 번만 표시되는 것을 확인할 수 있을 것이다.

7.14 AWS Lambda에서 실행되는 핸들러 함수 만들기

로컬에서 실행할 때 main 함수와 별도로 AWS Lambda에서 실행할 때 호출에 지정하는 핸들러 함수를 생성한다. 이때 AWS Lambda 환경의 요청 정보를 app이 처리할 수 있도록 변환해주는 어댑터인 SlackRequestHandler의 변환 치리와 Slack에서 Lambda가 재시도 실행되는 것을 억제하는 처리를 추가한다.

01. AWS Lambda 환경의 요청 정보를 Bolt app에서 처리할 수 있는 형식으로 변환하는 SlackRequestHandler 어댑터를 사용하기 위해 boto를 설치한다.

```
$ pip install boto3
```

> **Memo**
>
> Slack에서 Lambda가 여러 번 호출될 경우 중복 실행 방지
>
> AWS Lambda를 예제의 프로덕션 환경으로 사용하기로 했다. 7.13절에서 Lazy 리스너 함수를 이용하여 호출되면 먼저 단순 응답을 반환하고, 그 후에 콜백으로 게시물을 갱신하는 처리를 했지만, AWS Lambda가 콜드스타트할 때 3초 이상 걸리는 경우 결국 여러 번 재시도를 보내야 하는 경우가 있다. 3초 이상 걸리면 결국 여러 번 재시도가 전송되는 경우가 있는데, 3초 이상 걸리더라도 거의 확실하게 호출은 되기 때문에 완전한 중복 실행을 배제하는 방법은 아니지만, 슬랙에서 호출될 때 요청 헤더를 확인하여 재시도 시에는 처리를 하지 않도록 구현한다.

02. app.py에 추가 라이브러리를 임포트한다.

```python
import json
import logging
from slack_bolt.adapter.aws_lambda import SlackRequestHandler
```

03. 로거를 생성해 둔다.

```python
# 로그
SlackRequestHandler.clear_all_log_handlers()
logging.basicConfig(
    format="%(asctime)s [%(levelname)s] %(message)s", level=logging.INFO
)
logger = logging.getLogger(__name__)
```

04. AWS Lambda에서 실행 시 호출할 때 지정하는 handler 함수를 생성한다. handler 함수에서 요청 헤더를 참조하여 재시도 시 처리를 무시하는 구현을 한다.

```python
def handler(event, context):
    logger.info("handler called")
    header = event["headers"]
    logger.info(json.dumps(header))

    if "x-slack-retry-num" in header:
        logger.info("SKIP > x-slack-retry-num: %s", header["x-slack-retry-num"])
        return 200

    # AWS Lambda 환경의 요청 정보를 앱이 처리할 수 있도록 변환해 주는 어댑터
```

```
slack_handler = SlackRequestHandler(app=app)
# 응답을 그대로 AWS Lambda의 반환 값으로 반환할 수 있다
return slack_handler.handle(event, context)
```

7.15 chat.update API 제한 우회하기

chat.update 처리는 Slack API에서 Tier 3 메서드로 정의되어 있으며, 1분에 50회까지 호출 제한이 있고, 이를 초과하면 RateLimitedError가 발생한다. 따라서 초기 1초 간격으로 갱신하는 chat.update 처리를 10회마다 갱신 간격을 2배로 늘려서 Chat Completions API의 전체 응답이 오래 걸려도 문제가 발생하지 않도록 한다.

> 참고: Rate Limits

https://api.slack.com/docs/rate-limits

01. 새롭게 게시물을 업데이트한 누적 횟수 카운터를 설정하고, on_llm_new_token 함수에 다음과 같이 처리를 추가한다.

```
def __init__(self, channel, ts):
    self.channel = channel
    self.ts = ts
    self.interval = CHAT_UPDATE_INTERVAL_SEC
    # 게시글을 업데이트한 누적 횟수 카운터
    self.update_count = 0

def on_llm_new_token(self, token: str, **kwargs) -> None:
    self.message += token


    now = time.time()
    if now - self.last_send_time > self.interval:
        app.client.chat_update(
            channel=self.channel, ts=self.ts, text=f"{self.message}\n\nTyping..."
        )
        self.last_send_time = now
        self.update_count += 1
```

```
                    # update_count가 현재의 업데이트 간격 X10보다 많아질 때마다 업데이트 간격을
2배로 늘림
                    if self.update_count / 10 > self.interval:
                        self.interval = self.interval * 2
```

02. 애플리케이션을 다시 실행한다.

```
$ python app.py
⚡ Bolt app is running!
```

응답이 길어도 API 제한 오류가 발생하지 않고, 게시물의 업데이트 간격이 조금씩 늘어나는 것을 확인할 수 있다.

7.16 AI 생성 메시지임을 표시하기

Chat Completions API 완료 시, 이 메시지가 챗GPT의 API를 이용해 생성되었음을 안내한다. 뒤에서 설명하겠지만, 생성형 AI를 이용하고 있다는 것을 UI에 명시하는 것은 중요한 일이므로 반드시 표시해야 한다. 안내 문구를 본문과 구별해 표시하기 위해 슬랙의 Block Kit의 '컨텍스트 블록'을 활용한다.

Memo

Block Kit란?

슬랙 게시물에 정보나 액션을 블록처럼 추가하여 풍부한 표현을 가능하게 하는 SDK와 그 지원 도구다. Block Kit 페이지에서는 실제로 각 블록의 모양을 만들면서 메시지의 JSON을 미리 볼 수 있는 페이지도 준비돼 있다.

» 참고: Block Kit

https://api.slack.com/block-kit

01. 포스팅 내용이 모두 반환되면 마지막으로 호출되는 on_llm_end 함수 내에서 divider 블록과 context 블록을 추가해 다음과 같이 포스팅을 업데이트한다.

```
def on_llm_end(self, response: LLMResult, **kwargs: Any) -> Any:
    message_context = "OpenAI API에서 생성되는 정보는 부정확하거나 부적절할 수
있으며, 우리의 견해를 나타내지 않습니다."
```

```
message_blocks = [
    {"type": "section", "text": {"type": "mrkdwn", "text": self.message}},
    {"type": "divider"},
    {
        "type": "context",
        "elements": [{"type": "mrkdwn", "text": message_context}],
    },
]
app.client.chat_update(
    channel=self.channel,
    ts=self.ts,
    text=self.message,
    blocks=message_blocks,
)
```

02. 애플리케이션을 다시 실행한다.

```
$ python app.py
⚡ Bolt app is running!
```

게시 완료 시 컨텍스트 블록이 표시되도록 변경되었다.

수고했다. 여기까지 구현이 완료되었다.

7.17 배포하기

지금까지는 Socket Mode로 Cloud9에서 로컬로 실행했다면, 이제부터는 AWS Lambda에 애플리케이션을 패키징해 배포한다.

01. 파이썬 라이브러리 버전을 고정하기 위해 requirements.txt를 생성한다.

```
$ pip freeze > requirements.txt
```

여기서부터 애플리케이션을 배포할 수 있다. 배포 작업은 Serverless Framework[4]를 이용한다.

---

4 https://www.serverless.com/

> **Memo**
>
> **서버리스 프레임워크(Serverless Framework)란?**
>
> 서버리스 프레임워크를 통해 서버리스 애플리케이션을 여러 컴포넌트를 하나의 스택으로 묶어 관리할 수 있
> 다. 서버리스 프레임워크를 사용하면 프로젝트 생성부터 애플리케이션을 테스트하고 실행 환경으로 패키징 및
> 릴리스하는 것까지 실행 가능하다.

이번에는 서버리스 프레임워크를 이용해 지금까지 만든 슬랙 앱을 랭체인 등 의존 라이브러리
를 패키지로 묶어 릴리스할 뿐만 아니라, AWS Lambda 함수 설정, 환경변수 배포 등 일련의
설정 작업도 함께 진행한다.

01. **Serverless Framework 설치**

Cloud9의 콘솔에서 다음 명령을 실행하여 Serverless Framework와 플러그인을 설치한다.

```
$ npm install -g serverless@3.35.2
$ serverless -v
```

02. **serverless.yml 작성하기**

다음과 같이 저장소 아래에 `serverless.yml` 파일을 생성한다.

```yaml
service: LangChainBook-ChatGPTSlackFunction
frameworkVersion: '3'

provider:
  name: aws
  region: ap-northeast-2
  stage: dev
  iam:
    role:
      statements:
        - Effect: Allow
          Action:
            - lambda:InvokeFunction
          Resource: '*'
```

```yaml
package:
  patterns:
    - '!.venv/**'
    - '!.env'
    - '!.gitignore'
    - '!.python-version'
    - '!.git/**'

functions:
  app:
    name: LangChainBook-ChatGPTSlackFunction-${sls:stage}-app
    handler: app.handler
    runtime: python3.10
    memorySize: 512
    timeout: 900
    url: true

plugins:
  - serverless-python-requirements
  - serverless-dotenv-plugin
```

03. Serverless Framework의 플러그인을 설치한다.

```
$ serverless plugin install -n serverless-python-requirements@6.0.0
$ serverless plugin install -n serverless-dotenv-plugin@6.0.0
```

04. 배포한다.

```
$ serverless deploy
```

7.18 Socket Mode에서 AWS Lambda로 전환하기

01. 슬랙 앱 화면 왼쪽 패널의 [Socket Mode]에서 'Enable using Socket Mode'를 OFF로 설정한다.

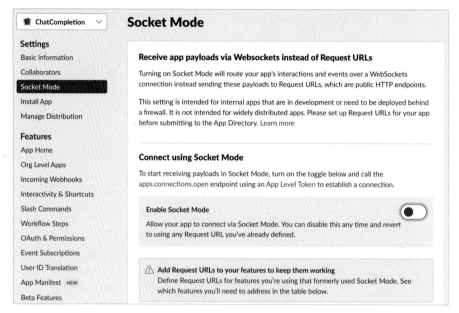

그림 7.19 슬랙 앱의 소켓 모드를 해제

02. AWS Lambda 콘솔[5]로 이동하여 LangChainBook-ChatGPTSlackFunction-dev-app 함수의 함수 URL을 복사한다.

함수명 → 설정 → 함수 URL로 표시된다.

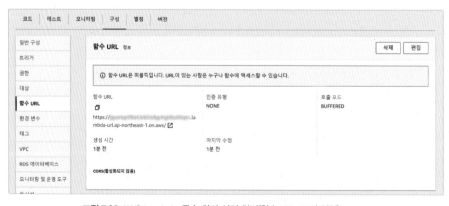

그림 7.20 AWS Lambda 콘솔 화면 설정 화면(함수 URL 표시 영역)

5 (옮긴이) https://console.aws.amazon.com/lambda/home

03. 슬랙 앱 화면의 왼쪽 패널 [Event Subscriptions]에서 'Enable Events'를 ON으로 설정하고, Request URL에 AWS Lambda의 함수 URL을 입력하여 'Verified'로 표시되는지 확인한다. Verified가 표시되면 화면 오른쪽 하단의 [Save Changes]를 클릭하여 변경 사항을 저장한다. app.py에는 통신 확인용 URL에 응답을 반환하는 처리가 정의되어 있지 않지만, 이 처리는 app.py에서 import한 Bolt for Python이 자동으로 수행하므로 구현할 필요가 없다[6].

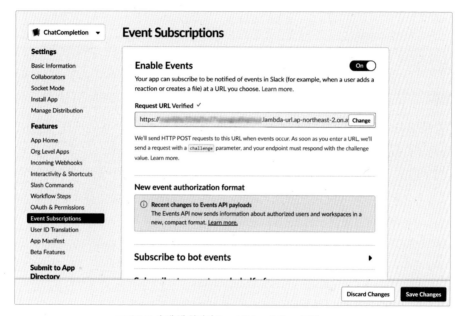

그림 7.21 슬랙 앱 화면의 Event Subscriptions 화면

04. 화면 오른쪽 하단의 [Save Changes]를 클릭하여 변경 사항을 저장한다.

05. 슬랙 앱에 멘션해서 AWS Lambda에서 실행한 결과를 확인해 보자.

수고했다. 이것으로 7장 구현이 모두 완료되었다.

---

6 URL 확인 과정에서 AWS Lambda가 실제로 실행되지만, 실행 시간이 너무 오래 걸려 검증 오류가 발생할 수 있다. 이 경우 여러 번 재시도해 보기 바란다.

Memo ─

인증 없는 함수 URL도 괜찮을까?

AWS Lambda를 잘 아는 사람이라면 함수 URL이 인증 없이 호출되는 것에 대해 불안해 하는 사람도 있을 것이다. 이 장에서 만든 슬랙 앱에서 사용하는 Slack Bolt for Python에서는 통신 확인 응답과 마찬가지로 Signing Secret을 사용하여 슬랙 앱의 요청 서명을 검증하는 과정이 내부적으로 이루어지기 때문에 이 서명이 없는 요청을 받으면 처리되지 않도록 되어 있다. 이 구조를 이해한 후, 필요에 따라 프런트엔드를 API 게이트웨이로 변경하는 등의 조치도 고려해 보기 바란다.

요약

7장에서는 Chat Completions API를 이용한 슬랙 앱을 서버리스 환경에서 실제로 구축해 보는 실습을 진행했다. 이번 슬랙 앱에 사용한 Slack Bolt for Python, Slack Block Kit, AWS Lambda, Serverless Framework, Momento Cache에는 여기서 사용한 기능 외에도 많은 기능이 있다. 이번에 사용한 기능에 한정하여 설명했지만, 공식 문서 등을 확인하여 더 많은 기능 추가에 도전해 보기 바란다.

## CHAPTER 8

사내 문서에 관해 답변하는
슬랙 앱 구현하기

이번 장에서는 7장에서 구축한 슬랙 앱을 기반으로 사내 문서에 관한 질문에 답해주는 슬랙 앱을 만들어본다.

챗GPT의 gpt-3.5-turbo와 gpt-4 모델은 인터넷상의 데이터 등을 통해 훈련된 모델이기 때문에 우리가 사내에 보관하고 있는 지식은 알지 못한다. 어떤 구조로 구현하면 좋을까?

8.1 챗GPT가 독자적인 지식으로 답변하게 한다

파인튜닝과 RAG

LLM에서 고유 지식을 획득하는 방법에는 여러 가지가 있는데, 검색 증강 생성(RAG)이라는 절차를 통해 고유 지식을 획득하고 답변을 생성하는 방법, 모델에 고유 지식을 추가로 학습시키는 파인튜닝, 고유 지식에 특화된 모델을 처음부터 생성하는 방법 등이 있다.

이 중 고유 지식에 대한 정확한 검색 기능과 결합하여 사용자의 의도에 맞는 결과를 얻어 답변을 생성하는 방법으로 가장 쉽게 실천할 수 있는 것이 RAG라는 워크플로다. 고유 지식을 활용해 모델에 추가 학습을 시키는 파인튜닝은 머신러닝에 대한 지식이 필요하거나 계산 리소스가 필요하고 비용적인 부담이 커서 여기서는 다루지 않겠지만, 관심이 있는 사람은 기회가 된다면 시도해 보기 바란다.

RAG 워크플로

RAG 워크플로는 모델을 이용해 정보를 검색(retrieval)하는 과정과 모델을 이용해 답변을 생성(generation)하는 과정을 조합함으로써, 지식에 대한 답변을 문장 스타일 등을 지정하여 생성하는 방법이다. 이를 통해 검색 결과 그대로가 아닌, 예를 들어 요약해서 답변하거나 질문자의 퍼소나(예: 5세 아이도 이해할 수 있도록)에 맞는 답변 문장을 생성할 수 있다.

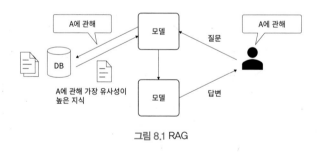

그림 8.1 RAG

답변문 생성에 LLM이 필요한가?

이번에 만드는 슬랙 앱은 사용자의 질문으로 얻은 지식을 단문으로 답변하는 사용자 경험을 가정하고 있다. 그러나 사내의 독자적인 지식 자체가 이미 단문으로 정리되어 있는 경우 등에는

LLM으로 답변을 생성하는 것보다 검색을 통해 얻은 데이터를 유사도가 높은 순서대로 나열하여 목록 형식의 UI에 표시하는 것이 더 효과적인 경우도 많다. 여러 개의 검색 결과 후보를 제시할 수 있는 데다, LLM으로 답변을 생성하는 경우 7장에서 작성한 것처럼 답변 생성 자체에 상당한 응답 시간이 걸리거나 간결하게 정리된 고유 지식의 중요한 맥락이 LLM으로 답변 생성 시 빠질 가능성이 있기 때문이다.

따라서 검색 결과를 그대로 표시할 것인지, RAG의 구조를 이용할 것인지, 어느 쪽이 사용자에게 더 편리한 UI인지 설계 시 충분히 검토하는 것이 좋다.

업무를 압박하는 '무언가를 찾는 시간'

지난 주에 제출한 제안서는 어디에 저장되어 있는지, 지난 달 회의록은 어디에 있는지, 최신 요금표는 어디에 있는지 등 현재 많은 기업에서 업무에 사용하는 다양한 툴이 난립하고 있어 업무 중 많은 시간을 과거 축적된 지식이나 문서 검색에 할애하고 있는 경우가 있다. 또한, 그러한 과거의 정보가 포털로 정리되어 있지 않기 때문에 활용되지 못한 채 이를 잘 아는 구성원들이 매일같이 사내에서 비슷한 질문을 받는 경우가 종종 발생한다. 필자가 처음 LLM 앱의 제품 기획을 하게 된 배경은 바로 이렇게 적은 인원으로 업무를 진행하는 인사 담당자의 업무 부담을 해결하고 싶다는 상담이 계기가 되었다. 우리가 제공하는 FAQ 기능이나 인사 담당자가 자주 받는 문의 내용이 축적되어 있기 때문에 이를 벡터 데이터화하여 검색에 활용하고, Chat Completions API로 답변을 생성하는 구조를 만들어 보자는 시도였다.

사내 데이터 정비하기

질문의 의도에 맞는 답변을 얻을 수 있는 시스템을 구축하기 위해 사내에 흩어져 있는 독자적인 지식을 정리할 수 있다면 미리 정리해 두는 것이 좋다. 문장에서 불필요한 내용이나 중복된 표현을 제거해 두면 답변의 정확도를 높일 수 있을 뿐만 아니라, 불필요한 토큰 소모도 줄일 수 있다. 이러한 문장 정리에 챗GPT를 활용하는 것도 좋은 아이디어 중 하나다. 예를 들어, 여러 문서를 일정한 청크 크기로 분할하여 일정한 크기별 임베디드 표현으로 변환하는 경우, 일부 문장이 중복되어 여러 청크에 걸쳐 있다면 앱의 구조에 따라서는 답변의 정확도가 떨어질 수 있다. 가급적 동일한 지식이 같은 청크 안에 들어갈 수 있도록 노력해야 한다.

8.2 임베딩이란?

RAG의 검색 과정에서는 질문에서 임베딩(embedding)을 가져와 자체 지식의 벡터 데이터
와 비교하는 검색 방식이 많이 사용된다. OpenAI에서는 Embeddings API를 제공하며, 문
서의 특정 크기(청크)에 대해 컴퓨터가 언어 처리 및 분석이 용이한 벡터 공간의 수치 데이터로
변환하여 질문 문장(역시 벡터 데이터화된 것)과 유사도 검색이 가능하며, 단어 단위로는 완
전히 일치하지 않더라도 의미에 가까운 지식을 추출하는 목적으로 활용할 수 있다. 임베딩
표현의 방법은 여러 가지가 있는데, 이러한 방법을 사용하여 단어나 구문을 벡터 공간에 임
베딩함으로써 단어나 구문 간의 유사도를 그 거리나 방향성으로 표현하여 분석하기 쉽게 만들
수 있다.

OpenAI의 Embeddings API에서는 text-embedding-3-small 모델[1]을 사용해 1536차
원(고정)의 임베딩 표현을 얻을 수 있다. 궁금한 사람은 나중에 구현하는 과정에서 획득한 데이
터를 덤프하여 실제 벡터 데이터의 이미지를 확인해 보기 바란다.

8.3 구현할 애플리케이션 개요

이 장에서는 7장에서 구현한 슬랙 앱에 벡터 데이터베이스의 클라우드 서비스인 파인콘
(Pinecone)을 추가해 미리 주어진 문서에 응답하는 구조를 구현한다.

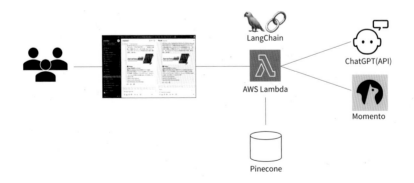

그림 8.2 7장의 슬랙 앱에 파인콘을 추가한 구성

---

1 (옮긴이) 원서에는 text-embeddings-ada-002로 되어 있었는데 최신 모델로 바꿨다.

완성판 소스코드

이 장의 구현은 7장에서 구현한 소스 코드를 기반으로 진행한다. 크게 구현을 추가 및 변경하는 것은 검색 대상 문서를 추가하는 프로그램 add_document.py와 슬랙 앱의 app.py이다. 먼저 이 장의 완성된 소스 코드(add_document.py와 app.py)를 아래에 게재한다. 이를 순서대로 설명하면서 단계별로 구현해 보겠다.

코드 8.1 검색 대상 문서를 추가하는 프로그램 완성본(add_document.py)

```python
import logging
import os
import sys

from dotenv import load_dotenv
from langchain.text_splitter import CharacterTextSplitter
from langchain_community.document_loaders import PyPDFLoader
from langchain_community.vectorstores import Pinecone
from langchain_openai import OpenAIEmbeddings

load_dotenv()

logging.basicConfig(
    format="%(asctime)s [%(levelname)s] %(message)s", level=logging.INFO
)
logger = logging.getLogger(__name__)


def initialize_vectorstore():
    index_name = os.environ["PINECONE_INDEX"]
    embeddings = OpenAIEmbeddings()
    return Pinecone.from_existing_index(index_name, embeddings)


if __name__ == "__main__":
    file_path = sys.argv[1]
    loader = PyPDFLoader(file_path)
    raw_docs = loader.load()
    logger.info("Loaded %d documents", len(raw_docs))
```

```python
    text_splitter = CharacterTextSplitter(chunk_size=300, chunk_overlap=30)
    docs = text_splitter.split_documents(raw_docs)
    logger.info("Split %d documents", len(docs))

    vectorstore = initialize_vectorstore()
    vectorstore.add_documents(docs)
```

코드 8.2 사내 문서에 관해 답변하는 슬랙 앱 완성본(app.py)

```python
import json
import logging
import os
import re
import time
from datetime import timedelta
from typing import Any

from add_document import initialize_vectorstore
from dotenv import load_dotenv
from langchain.chains import create_history_aware_retriever
from langchain_community.chat_message_histories import MomentoChatMessageHistory
from langchain_core.callbacks import BaseCallbackHandler
from langchain_core.output_parsers import StrOutputParser
from langchain_core.outputs import LLMResult
from langchain_core.prompts import ChatPromptTemplate, MessagesPlaceholder
from langchain_core.runnables import RunnablePassthrough
from langchain_openai import ChatOpenAI
from slack_bolt import App
from slack_bolt.adapter.aws_lambda import SlackRequestHandler
from slack_bolt.adapter.socket_mode import SocketModeHandler

CHAT_UPDATE_INTERVAL_SEC = 1

load_dotenv()

# 로그
SlackRequestHandler.clear_all_log_handlers()
logging.basicConfig(
```

```
    format="%(asctime)s [%(levelname)s] %(message)s", level=logging.INFO
)
logger = logging.getLogger(__name__)


# 봇 토큰을 사용하여 앱을 초기화
app = App(
    signing_secret=os.environ["SLACK_SIGNING_SECRET"],
    token=os.environ["SLACK_BOT_TOKEN"],
    process_before_response=True,
)



class SlackStreamingCallbackHandler(BaseCallbackHandler):
    last_send_time = time.time()
    message = ""

    def __init__(self, channel, ts):
        self.channel = channel
        self.ts = ts
        self.interval = CHAT_UPDATE_INTERVAL_SEC
        # 게시물을 업데이트한 누적 횟수 카운터
        self.update_count = 0

    def on_llm_new_token(self, token: str, **kwargs) -> None:
        self.message += token

        now = time.time()
        if now - self.last_send_time > self.interval:
            app.client.chat_update(
                channel=self.channel, ts=self.ts, text=f"{self.message}\n\nTyping..."
            )
            self.last_send_time = now
            self.update_count += 1

            # update_count가 현재의 업데이트 간격 X10보다 많아질 때마다 업데이트 간격을 2배로
한다
            if self.update_count / 10 > self.interval:
                self.interval = self.interval * 2
```

```python
    def on_llm_end(self, response: LLMResult, **kwargs: Any) -> Any:
        message_context = "OpenAI API로 생성되는 정보는 부정확하거나 부적절할 수 있으며,
우리의 견해를 나타내지 않습니다."
        message_blocks = [
            {"type": "section", "text": {"type": "mrkdwn", "text": self.message}},
            {"type": "divider"},
            {
                "type": "context",
                "elements": [{"type": "mrkdwn", "text": message_context}],
            },
        ]
        app.client.chat_update(
            channel=self.channel,
            ts=self.ts,
            text=self.message,
            blocks=message_blocks,
        )


def format_docs(docs):
    return "\n\n".join(doc.page_content for doc in docs)


# @app.event("app_mention")
def handle_mention(event, say):
    channel = event["channel"]
    thread_ts = event["ts"]
    message = re.sub("<@.*>", "", event["text"])

    # 게시글의 키(=Momento 키): 처음=event["ts"], 그 이후=event["thread_ts"]
    id_ts = event["ts"]
    if "thread_ts" in event:
        id_ts = event["thread_ts"]

    result = say("\n\nTyping...", thread_ts=thread_ts)
    ts = result["ts"]
```

```python
history = MomentoChatMessageHistory.from_client_params(
    id_ts,
    os.environ["MOMENTO_CACHE"],
    timedelta(hours=int(os.environ["MOMENTO_TTL"])),
)


vectorstore = initialize_vectorstore()
retriever = vectorstore.as_retriever()

# LangChain의 create_history_aware_retriever를 사용해,
# 과거의 대화 기록을 고려해 질문을 다시 표현하는 Chain을 생성
rephrase_prompt = ChatPromptTemplate.from_messages(
    [
        MessagesPlaceholder(variable_name="chat_history"),
        ("user", "{input}"),
        ("user", "위의 대화에서, 대화와 관련된 정보를 찾기 위한 검색 쿼리를 생성해
주세요."),
    ]
)
rephrase_llm = ChatOpenAI(
    model_name=os.environ["OPENAI_API_MODEL"],
    temperature=os.environ["OPENAI_API_TEMPERATURE"],
)
rephrase_chain = create_history_aware_retriever(
    rephrase_llm, retriever, rephrase_prompt
)

# 문맥을 고려하여 질문에 답하는 Chain을 생성
callback = SlackStreamingCallbackHandler(channel=channel, ts=ts)
qa_prompt = ChatPromptTemplate.from_messages(
    [
        ("system", "아래의 문맥만을 고려하여 질문에 답하세요.\n\n{context}"),
        (MessagesPlaceholder(variable_name="chat_history")),
        ("user", "{input}"),
    ]
)
qa_llm = ChatOpenAI(
```

```python
            model_name=os.environ["OPENAI_API_MODEL"],
            temperature=os.environ["OPENAI_API_TEMPERATURE"],
            streaming=True,
            callbacks=[callback],
        )
        qa_chain = qa_prompt | qa_llm | StrOutputParser()

        # 두 Chain을 연결한 Chain을 생성
        conversational_retrieval_chain = (
            RunnablePassthrough.assign(context=rephrase_chain | format_docs) | qa_chain
        )

        # Chain을 실행
        ai_message = conversational_retrieval_chain.invoke(
            {"input": message, "chat_history": history.messages}
        )

        # 대화 기록을 저장
        history.add_user_message(message)
        history.add_ai_message(ai_message)


def just_ack(ack):
    ack()


app.event("app_mention")(ack=just_ack, lazy=[handle_mention])

# 소켓 모드 핸들러를 사용하여 앱을 실행
if __name__ == "__main__":
    SocketModeHandler(app, os.environ["SLACK_APP_TOKEN"]).start()


def handler(event, context):
    logger.info("handler called")
    header = event["headers"]
    logger.info(json.dumps(header))
```

```
if "x-slack-retry-num" in header:
    logger.info("SKIP > x-slack-retry-num: %s", header["x-slack-retry-num"])
    return 200

# AWS Lambda 환경의 요청 정보를 app이 처리할 수 있도록 변환해주는 어댑터
slack_handler = SlackRequestHandler(app=app)
# 응답은 그대로 AWS Lambda의 반환 값으로 돌려줄 수 있다
return slack_handler.handle(event, context)
```

8.4 개발 환경 구축하기

7장에서 만든 슬랙 앱을 바탕으로 실습한다.

01. AWS Cloud9를 연다.

02. 7장에서 만든 슬랙봇의 디렉터리로 이동해 파이썬 가상 환경을 활성화한다.

```
$ pwd
/home/ec2-user/environment
$ cd slackapp-chatgpt
$ . .venv/bin/activate
```

03. 다시 로컬 개발을 하기 위해 슬랙 앱 화면에서 왼쪽 화면에서 Socket Mode를 선택하고 다시 활성화한다.

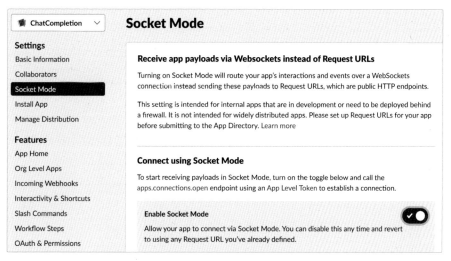

그림 8.3 Socket Mode 설정 화면

Cloud9의 디스크 공간이 부족할 때 확장하는 방법

Cloud9에서 파이썬 라이브러리 및 배포 아티팩트가 증가함에 따라 환경 생성 시 기본 디스크 공간 10GiB로는 부족할 수 있다. 이 경우 다음과 같이 디스크 공간을 확장해야 한다.

01. Cloud9 콘솔에서 'EC2 인스턴스 관리'를 눌러 EC2 콘솔을 연다.

그림 8.4 Cloud9 콘솔에서 'EC2 인스턴스 관리'를 누른다.

02. 해당 Cloud9를 호스팅하고 있는 EC2 인스턴스가 나열돼 있으므로, 선택하여 자세히 확인하고 '스토리지' 탭에서 첨부된 EBS 볼륨 크기를 확인한다.

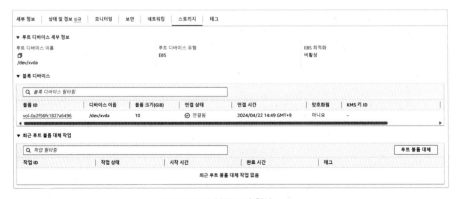

그림 8.5 EBS 볼륨 크기 확인

03. Cloud9 환경으로 이동해 홈 디렉터리 바로 아래에서 다음 명령을 실행하거나 왼쪽 패널에서 오른쪽 클릭
→ [New File]을 선택해 resize.sh 파일을 만들고 편집 화면에서 연다.

```
$ pwd
/home/ec2-user/environment
$ touch resize.sh
```

04. AWS Cloud9 사용자 가이드[2]에 있는 resize.sh의 내용을 붙여 넣는다(resize.sh의 내용은 환경 작업
– 환경 생성 – '환경 이동 및 Amazon EBS 볼륨 크기 조정 또는 암호화' 페이지의 '환경에서 사용하는
Amazon EBS 볼륨 크기 조정' 섹션을 참조).

그림 8.6 AWS 공식 가이드의 resize.sh 내용 대체하기

05. resize.sh를 실행해 크기를 조정한다. 여기서는 100GiB를 예로 들어 설명한다.

```
$ bash resize.sh 100
{
    "VolumeModification": {
```

---

2 'AWS Cloud9 사용자 가이드' https://docs.aws.amazon.com/ko_kr/cloud9/latest/user-guide

```
        "VolumeId": "vol-0a2f56fc1827a6496",
        "ModificationState": "modifying",
        "TargetSize": 100,
        "TargetIops": 3000,
        "TargetVolumeType": "gp3",
        "TargetThroughput": 125,
        "TargetMultiAttachEnabled": false,
        "OriginalSize": 10,
        "OriginalIops": 3000,
        "OriginalVolumeType": "gp3",
        "OriginalThroughput": 125,
        "OriginalMultiAttachEnabled": false,
        "Progress": 0,
        "StartTime": "2024-04-25T04:56:28+00:00"
    }
}
```

```
CHANGED: partition=1 start=4096 old: size=20967391 end=20971487 new: size=209711071 end=209715167
meta-data=/dev/xvda1          isize=512    agcount=6, agsize=524159 blks
         =                    sectsz=512   attr=2, projid32bit=1
         =                    crc=1        finobt=1, sparse=0, rmapbt=0
         =                    reflink=0    bigtime=0 inobtcount=0
data     =                    bsize=4096   blocks=2620923, imaxpct=25
         =                    sunit=0      swidth=0 blks
naming   =version 2           bsize=4096   ascii-ci=0, ftype=1
log      =internal log        bsize=4096   blocks=2560, version=2
         =                    sectsz=512   sunit=0 blks, lazy-count=1
realtime =none                extsz=4096   blocks=0, rtextents=0
data blocks changed from 2620923 to 26213883
```

06. EC2 콘솔에서 100GiB로 증가한 것을 확인한다.

그림 8.7 볼륨 크기가 100GiB로 설정되어 있는지 확인

› 참고: 환경 이동 및 Amazon EBS 볼륨 크기 조정/암호화 〉 환경에서 사용하는 Amazon EBS 볼륨 크기 조정

https://docs.aws.amazon.com/ko_kr/cloud9/latest/user-guide/move-environment.html#move-environment-resize

또한, Cloud9의 호스트 머신으로 사용하고 있는 EC2 인스턴스(이 책에서는 t2.micro로 지정)를 더 많은 CPU와 메모리가 탑재된 머신으로 변경하고자 하는 경우, 다음을 참고하여 EC2 인스턴스를 변경한다.

› 참고: 환경 이동 및 Amazon EBS 볼륨 크기 조정/암호화 〉 환경 이동

https://docs.aws.amazon.com/ko_kr/cloud9/latest/user-guide/move-environment.html#move-environment-move

8.5   샘플 데이터 준비

이 책에서는 Q&A에 사용힐 샘플 문서로 한국저작권위원회에서 발간한 《생성형 AI 저작권 안내서》를 사용한다.[3] 이 가이드라인은 챗GPT 등 생성 AI 도입을 고려하고 있는 조직이 필요에 따라 추가, 수정하여 자사의 가이드라인으로 사용할 수 있다. '생성 AI 이용 가이드라인'은 일본 딥러닝 협회 웹사이트의 다음 페이지에서 다운로드할 수 있다.

---

3 (옮긴이) 원서에서는 일본 딥러닝 협회(JDLA)의 《生成AIの利用ガイドライン(생성 AI 이용 가이드라인)》을 사용한다. https://www.jdla.org/news/20230501001/

» 참고: 한국저작권위원회, 《생성형 AI 저작권 안내서》
https://www.copyright.or.kr/information-materials/publication/research-report/view.
do?brdctsno=52591#

이 책에서는 PDF 파일을 다루는 예제를 구현하기로 한다. Cloud9 상단 메뉴에서 [File]의
[Upload Local Files]를 선택하면 로컬 파일을 업로드할 수 있다.

그림 8.8 Cloud9에 파일 업로드하기

8.6 파인콘 설정

샘플 데이터에서 가져온 임베디드 정보의 벡터 데이터를 저장하는 벡터 데이터베이스로 파인
콘(Pinecone)의 서비스에 가입한다.

파인콘이란?

파인콘은 2019년에 설립된 벡터 데이터베이스를 SaaS로 제공하는 스타트업 기업이다. 데이터
베이스 엔진이나 인스턴스 유지보수를 전혀 할 필요가 없는 매니지드 서비스로 제공되며, 고차

원 벡터 데이터를 효율적으로 저장하면서 빠르고 안정적인 성능으로 이용할 수 있는 벡터 데이터베이스 서비스다. 이 책의 범위에서는 Starter 플랜(무료) 범위에서 사용할 수 있다.

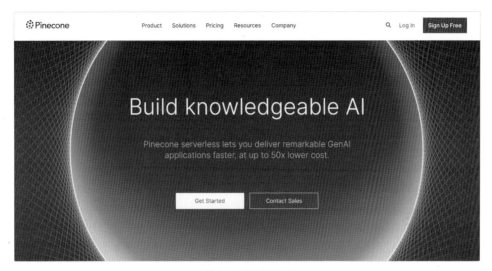

그림 8.9 파인콘 웹사이트

파인콘 이외의 벡터 데이터베이스

랭체인에서는 파인콘 이외의 벡터 데이터베이스도 마찬가지로 사용할 수 있다. 랭체인이 지원하는 벡터 데이터베이스는 다음 페이지에서 확인할 수 있으니, 파인콘 외에 익숙한 제품이 있다면 꼭 한번 사용해 보기 바란다.

> » 참조 : Vector stores
> https://python.langchain.com/docs/integrations/vectorstores/

파인콘 가입하기

01. 파인콘 웹사이트(https://www.pinecone.io/)에 접속한다.

02. 화면 오른쪽 상단에서 회원 가입을 한다.

※ 가입 후 'Project Initializing'이라고 표시되면 잠시 기다린다.

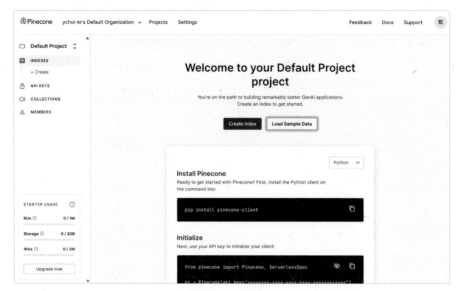

그림 8.10 파인콘 가입 후 화면

03. 가입 후 'Index'를 생성한다. 파인콘의 인덱스(Index)는 벡터 데이터를 묶어서 취급하는 단위다. 'Create Index'를 클릭하여 인덱스를 생성한다. 이름은 'langchain-book' 등으로 정하고, Dimensions 항목에는 이 책에서 사용할 OpenAI의 Embeddings API의 차원 수인 '1536'을 입력한다.

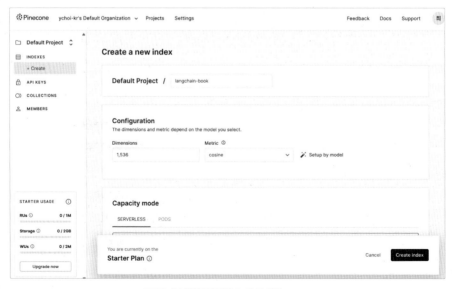

그림 8.11 파인콘의 인덱스 생성 화면

04. [Create Index]를 클릭하면 인덱스가 생성되고, 인덱스 상세 화면으로 이동한다.

그림 8.12 파인콘의 인덱스 상세 화면

05. 왼쪽 메뉴의 [API Keys]를 클릭하면 API 키 목록 화면으로 이동한다.

그림 8.13 파인콘의 API 키 목록 화면

06. 파이썬 프로그램에서 파인콘에 접근하려면 API 키가 필요하다. 기본 API 키 또는 새로 생성한 API 키의 값을 저장해 둔다.

8.7 파인콘에 벡터 데이터 저장하기

파인콘이 준비되었으니, 준비된 데이터를 벡터화해 파인콘에 저장한다.

01. 먼저 Cloud9의 터미널에서 파인콘의 클라이언트 라이브러리 pinecone-client와 OpenAIEmbeddings
에 필요한 tiktoken을 설치한다.

```
$ pip install pinecone-client tiktoken langchain
```

02. 설치된 패키지 목록을 requirements.txt에 추가한다.

```
$ pip freeze > requirements.txt
```

03. 이 장의 실습에서는 랭체인에서 PDF를 텍스트로 읽어들인다. 이를 위해 필요한 몇 가지 패키지를 설치
한다.

```
$ pip install pypdf pdf2image pdfminer.six langchain-text-splitters
```

주의

requirements.txt 작성 시 주의 사항

PDF 로딩을 위해 설치한 패키지는 Lambda 함수에서는 사용하지 않기 때문에 `pip freeze`에서
requirements.txt에 추가할 필요가 없다. 필자가 확인한 결과, `requirements.txt`에 추가하면 Lambda 함
수 배포 패키지의 최대 크기(250MB)를 초과하여 배포 시 오류가 발생했다.

하지만 실제 개발에서는 배포처에서는 필요 없고 개발 환경에서만 사용하는 패키지도 **requirements.txt**와
같은 파일에 나열하고 싶은 경우가 많다. 이렇게 환경에 따라 설치해야 할 패키지가 다른 경우의 대응 방법은
다음 칼럼에서 소개하겠다.

04. 파이썬 프로그램에서 파인콘에 접속하기 위해 .env 파일에 환경 변수로 파인콘의 API 키와 인덱스명, 리
전을 추가한다.

```
PINECONE_API_KEY=<파인콘 API 키>
PINECONE_INDEX=<파인콘 인덱스명>
PINECONE_ENV=<파인콘 리전>
```

05. 여기서부터 PDF 파일의 텍스트에서 임베딩 표현(Embeddings)을 가져와 파인콘에 저장하는 파이썬 프
로그램을 구현해 보겠다. 먼저 add_document.py라는 파일을 새로 만든다.

06. add_document.py에 다음과 같이 코드를 작성한다. 먼저 import를 작성한다. 그리고 load_dotenv에서
환경 변수를 설정하고 로거를 초기화한다.

```python
import logging
import os
import sys

from dotenv import load_dotenv
from langchain.text_splitter import CharacterTextSplitter
from langchain_community.document_loaders import PyPDFLoader
from langchain_community.vectorstores import Pinecone
from langchain_openai import OpenAIEmbeddings

load_dotenv()

logging.basicConfig(
    format="%(asctime)s [%(levelname)s] %(message)s", level=logging.INFO
)
logger = logging.getLogger(__name__)
```

07. 파인콘을 랭체인의 벡터 스토어로 사용할 수 있도록 준비하는 함수를 구현한다.

```python
def initialize_vectorstore():
    index_name = os.environ["PINECONE_INDEX"]
    embeddings = OpenAIEmbeddings()
    return Pinecone.from_existing_index(index_name, embeddings)
```

08. 다음으로 메인 블록을 구현한다. 인수로 주어진 파일을 PyPDFLoader로 불러와 CharacterTextSplitter
로 분할하여 Pinecone에 저장한다. [4]

```python
if __name__ == "__main__":
    file_path = sys.argv[1]
    loader = PyPDFLoader(file_path)
    raw_docs = loader.load()
```

---

4 (옮긴이) 원서에서는 UnstructuredPDFLoader를 사용했는데, 옮긴이가 테스트해 보니 환경 구성부터 예제 실행까지 문제가 많아서, 이
장의 학습 목적에 맞게 실습하기 편리한 PyPDFLoader로 변경했다. UnstructuredPDFLoader를 테스트하고자 하는 독자는 다음 주소
의 코드로 실습해 보기 바란다.
https://github.com/yoshidashingo/langchain-book/blob/langchain-v0.1/chapter8/add_document.py

```
        logger.info("Loaded %d documents", len(raw_docs))

        text_splitter = CharacterTextSplitter(chunk_size=300, chunk_overlap=30)
        docs = text_splitter.split_documents(raw_docs)
        logger.info("Split %d documents", len(docs))

        vectorstore = initialize_vectorstore()
        vectorstore.add_documents(docs)
```

09. add_document.py를 실행해 PDF 파일의 텍스트를 분할한 후 벡터화해서 파인콘에 저장한다.

```
$ python add_document.py "(최종본) 생성형 AI 저작권 안내서.pdf"
```

10. 파인콘을 확인하면 140개의 벡터 데이터가 저장되어 있음을 알 수 있다.[5]

그림 8.14 Pinecone에 벡터 데이터가 저장된 모습

주의

파인콘에 등록된 벡터를 일괄 삭제

이 문서의 add_document.py 구현에서는 동일한 PDF 파일을 여러 번 처리할 경우, 동일한 내용의 텍스트가 여러 번 파인콘에 저장된다. 동일한 텍스트가 파인콘에 중복 저장되지 않도록 하기 위해서는 청크화된 텍스트의 ID를 관리하도록 구현을 변경해야 한다.

또한, add_document.py의 구현을 수정할 때와 같이 파인콘의 인덱스에 저장한 벡터를 모두 삭제하고 싶을 때가 있다. 이 경우 다음 파이썬 스크립트를 실행해 벡터를 삭제할 수 있다.[6]

---

5 저장되는 벡터 데이터의 수는 청크 크기 등에 따라 달라진다.

6 (옮긴이) 원서에는 인덱스를 삭제한 뒤 다시 생성하는 예제가 실려 있으나, pinecone-client 패키지의 최신 버전에서 지원하지 않는 구문으로 되어 있다. 번역서에는 인덱스의 벡터를 삭제하는 방식으로 바꿔 실었으며 최신 버전의 구문에 맞게 작성했다.

```
import os

from pinecone import Pinecone
from dotenv import load_dotenv

load_dotenv()

pc = Pinecone(api_key=os.environ.get("PINECONE_API_KEY"))
index = pc.Index(os.environ["PINECONE_INDEX"])

for ids in index.list():
    index.delete(ids=[ids])
```

COLUMN

파이썬 패키지 관리 도구에 대하여

이 책에서는 파이썬의 패키지 관리 도구로 pip를 사용한다. pip를 사용하는 이유는 패키지 관리 도구에 대한 설명을 최소화하고 싶었고, 이 책의 개발 환경(Cloud9)이라면 pip로도 문제가 발생하기 어렵기 때문이다.

하지만 실제로 파이썬으로 애플리케이션을 개발할 때는 pip를 직접 사용하지 않는 것이 바람직할 때가 많다. 대신 Poetry나 Pipenv(또는 실험적인 도구라는 점을 염두에 두고 Rye)를 사용하는 것을 추천한다.

pip를 직접 사용하면 다음과 같은 많은 단점이 있다.

- `pip install` 전에 가상 환경을 활성화하는 것을 잊어버리면 가상 환경 외부에 패키지가 설치된다.
- `pip freeze > requirements.txt` 명령으로 설치한 패키지 목록을 명시적으로 저장하지 않으면 나중에 무엇을 설치했는지 알 수 없다.
- `pip freeze> requirements.txt`에 나열된 패키지에서 더 이상 필요하지 않은 패키지와 그 종속성을 쉽게 삭제할 수 없다.
- 특정 환경에서만 필요한 패키지와 다른 환경에서도 필요한 패키지를 구분하여 관리하기 어렵다.

이러한 pip의 단점은 Poetry나 Pipenv(또는 Rye)와 같은 패키지 관리 툴을 사용하면 해결할 수 있다.

이 절의 구현에서는 Cloud9에서만 사용하고 Lambda 함수에는 포함하지 않는 패키지를 몇 개 설치했다. Poetry나 Pipenv(또는 Rye)라면 이런 상황에서 환경별로 필요한 패키지를 따로 관리할 수도 있다.

8.8 파인콘 검색 및 답변하기

app.py를 편집해 슬랙 앱이 질문과 관련된 문서를 파인콘에서 검색해 응답하게 한다.

현재 슬랙 앱은 Momento를 통해 대화 내역을 기반으로 응답을 해준다. 하지만 파인콘을 검색해 응답하는 처리를 구현할 때 갑자기 대화 내역을 기반으로 응답하는 기능까지 구현하는 것은 다소 무리가 있다. 그래서 대화 내역을 기반으로 응답하는 기능은 일단 삭제하고, 우선 파인콘을 검색해 응답하는 기능만 구현하겠다.

01. 랭체인의 RetrievalQA(Chain)와 add_document.py에 구현한 initialize_vectorstore를 가져온다.

```python
from add_document import initialize_vectorstore
from langchain.chains import RetrievalQA
```

02. handle_mention 함수를 변경해 RetrievalQA(Chain)를 사용하도록 한다.

```python
def handle_mention(event, say):
    channel = event["channel"]
    thread_ts = event["ts"]
    message = re.sub("<@.*>", "", event["text"])

    # 게시물의 시작(=Momento 키) 표시: 첫 번째는 event["ts"], 두 번째 이후는
event["thread_ts"].
    id_ts = event["ts"]
    if "thread_ts" in event:
        id_ts = event["thread_ts"]

    result = say("\n\nTyping..." , thread_ts=thread_ts)
    ts = result["ts"]

    vectorstore = initialize_vectorstore()

    callback = SlackStreamingCallbackHandler(channel=channel, ts=ts)
    llm = ChatOpenAI(
        model_name=os.environ["OPENAI_API_MODEL"],
        temperature=os.environ["OPENAI_API_TEMPERATURE"],
        streaming=True,
```

```
    callbacks=[callback],
)

qa_chain = RetrievalQA.from_llm(llm=llm, retriever=vectorstore.as_retriever())

qa_chain.invoke(message)
```

03. 로컬 환경을 실행하고 소켓 모드로 슬랙 앱과 연결한다.

```
$ python app.py
⚡ Bolt app is running!
```

04. 슬랙 앱에 '생성 AI에 저작물 내용을 입력하는 것 자체는 문제가 없나요?'라고 물었더니, 다음과 같은 답
변이 돌아왔다.

> AI에 저작물 내용을 입력하는 것은 일반적으로 문제가 없습니다. 다만, AI가 생성한 결과물이
> 기존의 저작물과 동일하거나 유사하다고 판단될 경우에는 저작권 침해의 문제가 발생할 수
> 있습니다. 또한, AI 산출물을 공개하거나 상업적으로 이용하고자 할 때에는 저작권 침해를
> 방지하기 위해 주의해야 합니다. 추가적인 상세 내용이 필요하다면, 해당 AI 생성물이 어떤
> 방식으로 이용되는지에 따라 다를 수 있습니다.

이 답변은 파인콘에서 입수한 '생성형 AI 저작권 안내서'의 내용을 바탕으로 작성되었다.

Memo ─

실제로 RAG를 구현할 때 주의할 점

위의 예시에서는 주어진 문서 내용대로 답변해 주었지만, LLM의 답변이 문서 내용 그대로라고 장담할 수 없
는 것이 사실이다. 그래서 예를 들어, 답변과 함께 정보 출처를 함께 제시하는 등의 방법이 도움이 될 수 있다.
하지만 애초에 정보 출처를 그대로 표시하면 문제가 없는 사용 사례에서는 LLM을 사용하지 않는 것이 더 바
람직할 수도 있다.

특히 PDF 데이터를 사용하는 경우 RAG에서 적절한 답변을 얻기 어려운 경우가 많은데, PDF는 텍스트화할
때 표와 같은 정보 구조가 무너지는 경우가 많기 때문이다. 즉, 사람이 시각적으로 구조적으로 파악할 수 있
는 데이터가 제대로 텍스트화되지 않을 수 있으므로, PDF로 복잡한 형태의 데이터를 제공하는 경우 텍스트
화 여부를 확인하거나 텍스트로 다루기 쉬운 형태로 미리 정리하는 노력이 필요하다.

8.9 대화 기록을 바탕으로 질의응답하기

지금까지의 구현에서는 일단 대화 이력을 기반으로 응답하는 기능을 삭제했다. 여기서 다시 한 번, 대화 이력도 고려해 질문에 응답할 수 있도록 구현해 보겠다.

먼저 현재 사용하고 있는 랭체인의 RetrievalQA(Chain)에는 기본적으로 다음과 같은 프롬프트가 사용된다.

```
Use the following pieces of context to answer the question at the end. If you don't know
the answer, just say that you don't know, don't try to make up an answer.

{context}

Question: {question}
Helpful Answer:
```

※ 랭체인의 소스 코드에서 발췌

이 프롬프트에 단순히 대화 기록도 포함시키면 대화 기록에 따라 응답할 것이라고 생각할 수도 있다. 하지만 이 방법으로는 잘 작동하지 않는 경우가 있다.

단순히 대화 기록을 넣어도 잘 작동하지 않는 경우

RetrievalQA(Chain)에 단순히 대화 이력을 사용하는 구현을 추가했다고 가정해 보자. 그리고 먼저 '생성 AI에 저작물 내용을 입력하는 것 자체는 문제가 없습니까? 한 마디로 대답해 주세요.'라고 질문한다. 그러면 다음과 같이 한 마디로 대답해 줄 것이다.

> 저작물의 내용을 생성 AI에 입력하는 것은 문제 없습니다.

그 질문에 이어 '좀 더 자세히 알려주세요.'라고 추가 질문을 한다고 해 보자. 이때, 애플리케이션은 어떻게 작동하는 것이 적절할까?

RetrievalQA(Chain)에 단순히 대화 기록을 사용하는 기능을 추가하면 그림 8.15와 같이 작동한다.

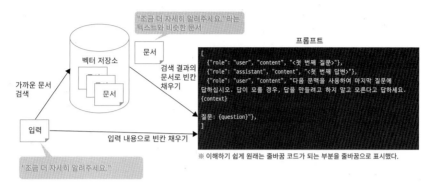

그림 8.15 RetrievalQA(Chain)에 단순히 대화 이력을 추가했을 때의 작동

먼저 '좀 더 자세히 알려주세요.'라는 입력에 가까운 문서를 검색한다. 그 내용을 프롬프트에 포함시켜 대화 기록과 함께 Chat Completions API에 요청을 보내게 된다.

프롬프트에 문맥으로 포함되는 것은 '좀 더 자세히 알려주세요.'라는 텍스트에 가까운 문서다. 이 문서는 질문하고자 하는 내용과 전혀 관련이 없을 가능성이 높다. 단순히 대화 기록을 추가하는 것만으로는 이런 질문에 대한 적절한 답변을 할 수 없다는 뜻이다.

참고로, 이런 구현으로도 LLM이 그럴듯한 응답을 돌려주는 것처럼 보이는 경우가 있다. 이는 컨텍스트에 포함된 문서를 기반으로 답변하는 것이 아니라, 대화 이력이나 LLM이 원래 가지고 있는 지식을 바탕으로 그럴듯한 문장을 생성하는 것일 뿐이다.

대화 이력을 바탕으로 질문을 다시 작성한다.

앞서 언급한 문제를 해결하는 방법으로 'LLM이 대화 이력을 바탕으로 질문을 다시 생성하게 하는 방법'이 있다. 처리 흐름은 다음 그림과 같다.

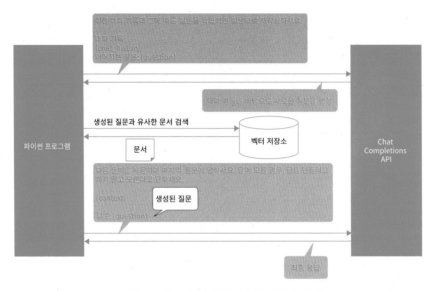

그림 8.16 대화 기록을 바탕으로 질문 다시 작성하기

먼저 대화 기록과 그에 따른 질문 내용을 바탕으로 LLM이 질문 문장을 생성하도록 한다. 예를 들어,

- 사용자: 생성 AI에 저작물 내용을 입력하는 것 자체는 문제가 없나요? 한 마디로 답변해 주세요.
- LLM: 저작물의 내용을 생성 AI에 입력하는 것은 문제가 없습니다.
- 사용자: 좀 더 자세히 알려주세요.

라는 내용을 바탕으로 '저작물의 내용을 생성 AI에 입력하는 데 문제가 있습니까?'와 같은 질문 문장이 생성된다.

이 질문 문장을 기반으로 Vector store를 검색하여 가장 가까운 문서를 가져온다. 그 내용을 컨텍스트에 포함시켜 LLM이 최종 응답을 생성하도록 한다. 이런 흐름으로 하면 '좀 더 자세히 알려주세요'와 같은 입력에도 적절하게 대응할 수 있다.

RunnablePassthrough를 사용해 이 처리를 쉽게 구현하는 방법을 다음 절에서 알아본다.

8.10 RunnablePassthrough 사용하기

RunnablePassthrough를 사용하도록 **app.py**를 변경한다.[7]

01. 먼저 몇 가지 패키지를 가져온다.

```
from langchain.chains import create_history_aware_retriever
from langchain_core.runnables import RunnablePassthrough
```

02. 검색된 문서들을 하나의 문자열로 합치는 format_docs 함수를 정의한다.

```
def format_docs(docs):
    return "\n\n".join(doc.page_content for doc in docs)
```

03. handle_mention 함수를 RunnablePassthrough를 사용하도록 변경한다.

코드 8.3 app.py

```
# @app.event("app_mention")
def handle_mention(event, say):
    channel = event["channel"]
    thread_ts = event["ts"]
    message = re.sub("<@.*>", "", event["text"])

    # 게시글의 키(=Momento 키): 처음=event["ts"], 그 이후=event["thread_ts"]
    id_ts = event["ts"]
    if "thread_ts" in event:
        id_ts = event["thread_ts"]

    result = say("\n\nTyping...", thread_ts=thread_ts)
    ts = result["ts"]

    history = MomentoChatMessageHistory.from_client_params(
        id_ts,
        os.environ["MOMENTO_CACHE"],
        timedelta(hours=int(os.environ["MOMENTO_TTL"]))),
    )
```

---

7 (옮긴이) 원서는 ConversationalRetrievalChain을 사용하게 돼 있었는데, 출간 이후에 랭체인 v1.0 이상 버전에 맞게 수정한 브랜치에는
   RunnablePassthrough를 사용하는 코드가 실려 있다. 번역서는 바뀐 코드를 기준으로 한다.

```python
vectorstore = initialize_vectorstore()
retriever = vectorstore.as_retriever()

# 여기에서의 conversational_retrieval_chain의 구현은 공식 문서의 아래 페이지를 참조
#
# https://python.langchain.com/docs/get_started/quickstart#conversation-retrieval-chain
# https://python.langchain.com/docs/use_cases/question_answering/chat_history

# LangChain의 create_history_aware_retriever를 사용하여,
# 과거의 대화 기록을 고려하여 질문을 다시 표현하는 Chain을 생성
rephrase_prompt = ChatPromptTemplate.from_messages(
    [
        MessagesPlaceholder(variable_name="chat_history"),
        ("user", "{input}"),
        ("user", "위의 대화에서, 대화와 관련된 정보를 찾기 위한 검색 쿼리를 생성해
주세요."),
    ]
)
rephrase_llm = ChatOpenAI(
    model_name=os.environ["OPENAI_API_MODEL"],
    temperature=os.environ["OPENAI_API_TEMPERATURE"],
)

rephrase_chain = create_history_aware_retriever(
    rephrase_llm, retriever, rephrase_prompt
)

# 문맥을 고려하여 질문에 답하는 Chain을 생성
callback = SlackStreamingCallbackHandler(channel=channel, ts=ts)
qa_prompt = ChatPromptTemplate.from_messages(
    [
        ("system", "아래의 문맥만을 고려하여 질문에 답하세요.\n\n{context}"),
        (MessagesPlaceholder(variable_name="chat_history")),
        ("user", "{input}"),
    ]
)
```

```
qa_llm = ChatOpenAI(
    model_name=os.environ["OPENAI_API_MODEL"],
    temperature=os.environ["OPENAI_API_TEMPERATURE"],
    streaming=True,
    callbacks=[callback],
)
qa_chain = qa_prompt | qa_llm | StrOutputParser()

# 두 Chain을 연결한 Chain을 생성
conversational_retrieval_chain = (
    RunnablePassthrough.assign(context=rephrase_chain | format_docs) | qa_chain
)

# Chain을 실행
ai_message = conversational_retrieval_chain.invoke(
    {"input": message, "chat_history": history.messages}
)

# 대화 기록을 저장
history.add_user_message(message)
history.add_ai_message(ai_message)
```

04. 먼저, '생성 AI에 저작물 내용을 입력하는 것 자체는 문제가 없나요? 한 마디로 답변해 주세요.'라고 질문
해 본다. 그랬더니 한 마디로 대답해 주었다.

> AI에 저작물 내용을 입력하는 것은 저작권 침해 문제가 발생할 수 있습니다.

05. 이어서 '좀 더 자세히 알려주세요.'라고 질문한다. 그러자 조금 더 자세한 답변을 해주었다.

> AI에 저작물 내용을 입력할 때, 해당 내용이 기존의 저작물과 유사하거나 동일한 경우에는
> 저작권 침해 문제가 발생할 수 있습니다. 따라서, 저작물을 입력할 때에는 저작권에 대한
> 이해와 주의가 필요합니다. 추가적으로, AI 산출물을 외부에 공표하거나 이용하고자 할 때에는
> 해당 저작물의 저작권 상태를 확인하고, 약관을 준수하여야 합니다.

RunnablePassthrough를 통해 대화 이력을 기반으로 한 Q&A 처리를 쉽게 구현할 수 있었
다. 원래의 RetrievalQA(Chain) 구현에 단순히 대화 이력을 추가했을 때 발생하는 문제는 사
실 쉽게 발견하기 어려운데, RunnablePassthrough와 같은 방식이 필요하다는 것은 랭체인
을 배우면서 얻을 수 있는 지식 중 하나다.

여기까지 완성된 코드는 `serverless deploy` 명령어로 Lambda 함수로 배포하고, 슬랙 설정에서 Socket Mode를 OFF로 설정하면 물론 Lambda로 구동할 수도 있다. 꼭 한번 시도해 보기 바란다.

요약

이 장에서는 7장에서 구현한 슬랙 앱에 파인콘에 저장해 둔 문서 내용을 바탕으로 답변하는 기능을 구현했다. 대화 기록을 기반으로 한 Q&A를 구현하기 위해서는 RunnablePassthrough와 같은 방법이 필요하다는 것도 소개했다.

이 장에서 구현한 방법 외에도 5장에서 소개한 것처럼 검색 결과 문서를 map_reduce, map_rerank, refine으로 처리하는 등의 방식이 효과적인 경우도 있다. 또한, 랭체인에는 'HyDE(Hypothetical Document Embeddings)'라는 기법을 구현한 HypotheticalDocumentEmbedder라는 Chain도 있다. HyDE를 이용하면 질문자가 답변에 필요한 문서에 가까운 질문을 하지 못하더라도 LLM이 예상할 수 있는 일반적인 답변을 생성한 후, 관련성이 높은 문서를 검색하여 적절하게 답변할 수 있다.

이 장에서 구현한 것처럼 문서에 대한 Q&A 기능에 더욱 특화된 프레임워크로는 라마인덱스(LlamaIndex)가 있는데, 라마인덱스처럼 랭체인보다 해당 분야에 특화된 툴을 배우는 것도 더 나은 애플리케이션을 만드는 데 도움이 될 것이다.

이 책에서는 독자적인 지식을 호스팅하기 위한 벡터 데이터베이스로 파인콘을 사용했다. 이 외에도 Azure Cognitive Search, Amazon Kendra와 같은 엔터프라이즈 검색 솔루션이 있다. 각각 특징이 있고, 다양한 인덱싱 방식과 검색 방법을 사용할 수 있으며, 대량의 데이터를 손쉽게 인덱싱할 수 있는 기능이 탑재되어 있다. 서비스 운영까지 고려하면, 이를 활용하면 더 높은 성능의 검색이 가능한 경우도 있다. 많이 사용해 보기 바란다.

## CHAPTER 9

LLM 앱의
프로덕션 릴리스를 향해

앞으로 더 많은 기업이 LLM 애플리케이션을 개발하게 될 것이다. 데모 수준의 앱 개발은 순조롭게 진행할 수 있겠지만, 사용자가 매일 사용하는 안전하고 사용하기 편한 앱으로 만들기 위해서는 많은 개선이 필요하다. 베타 버전으로 출시하여 사용자 피드백을 받아 개선해 나가는 방법도 종종 취하는데, 이 경우에도 보안 취약점으로 인해 시스템 전체의 안전성에 문제가 발생하지 않도록, 그리고 베타 버전의 좋지 않은 사용자 경험으로 인해 정식 출시 시 전혀 기대하지 않게 되는 일이 없도록 보안, 컴플라이언스, 안정성, 사용자 경험 등을 고려해야 한다. 이 글에서는 필자의 경험을 바탕으로 도움이 될 만한 노하우를 설명하고자 한다. 그중에는 LLM의 성격에 관한 주제부터 서버리스(클라우드)로 시스템을 구축할 때의 주제도 포함돼 있다. 또한, LLM 앱의 구현 내용의 차이에 따라 이 장에서 설명하지 않은 내용도 있을 수 있으니, 하나의 팁으로 이해해 주기 바란다.

9.1   기업에서 생성 AI를 활용하려면

기업 내 생성 AI의 활용과 생성 AI를 활용한 새로운 서비스 개발은 앞으로 더욱 늘어날 것이지만, 시스템 및 데이터의 안전성과 신뢰성을 확보하는 것은 기존의 정보시스템 관리 방식과 마찬가지로 매우 중요하다.

시스템이 위협에 노출되거나 고객 데이터 유출 사고를 일으키지 않기 위해서는 단순히 테스트 프로세스를 수행하거나 운영 모니터링을 하는 것뿐만 아니라, 시스템 설계 단계부터 적절한 리스크 관리를 수행하고 활동 방침과 구체적인 계획을 결정하여 정보시스템의 관리 프로세스에 포함시켜야 한다.

그리고 생성 AI의 특징을 고려하여 조직에서 그 활용을 추진하기 위해 일본 딥러닝 협회 (JDLA)가 모범으로 삼고 있는 '생성 AI 활용 가이드라인'을 바탕으로 기업 활동에서 생성 AI의 활용을 추진할 때의 포인트에 대해 알아보겠다.

주의

> **최신 동향에 대해**
>
> 이 장에서 다루는 가이드라인 및 각종 법률 정보는 이후 개정될 수 있다. 또한, 여기서는 포괄적인 해설을 하고 있지 않다. 생성 AI 관련 법적 대응 및 규제 준수를 위해 요구되는 내용에 대한 자세한 내용은 반드시 직접 최신 정보를 확인하기 바란다.

9.2   공공기관 · 협회의 '생성형 AI 이용 가이드라인'을 바탕으로 자체 가이드라인 마련

기업에서 생성 AI를 활용하기 위해서는 우선적으로 사내 생성 AI 활용 가이드라인을 작성해 두는 것을 강력히 추천한다. 이를 작성해 두면 금지 사항을 명확하게 정의하고 공지할 수 있을 뿐만 아니라, 생성 AI를 잘 활용하기 위해 주의해야 할 사항과 조직으로서 생성 AI를 다룰 때 지켜야 할 원칙, 그리고 사내 절차 및 리스크 대응 방침을 제시함으로써 효율적인 활용을 추진할 수 있기 때문이다.

일본 딥러닝 협회(JDLA)에서는 챗GPT가 폭발적으로 확산되는 가운데 발생하는 다양한 우려 사항으로 인해 생성 AI의 보급이 저해되지 않도록 생성 AI의 활용을 고려하는 조직이 원활하게 도입할 수 있도록 하기 위해 안내서를 공개하고 있다. 현재 공개된 안내서는 주로 챗GPT를 대상으로 한 생성 AI를 가정해 작성됐다. 그러므로 앞으로 음성, 이미지, 동영상에 특화된 생성 AI가 일반화되면 고려할 점이 더 많아질 것이다. 생성 AI의 발전과 보급에 맞춰 자사 가이드라인도 한 번 수립하고 끝나는 것이 아니라, 지속적인 업데이트를 전제로 작성 및 계몽해 나가야 한다.

많은 조직에서 현 단계에서는 우선 챗GPT를 이용한 문자 입력에서 출력 문자를 가져오는 활용 패턴이 주를 이룰 것으로 생각되므로, 이러한 안내서를 참고하여 자사용으로 제작하는 것이 효과적일 것이다.

예를 들어, 일본 딥러닝 협회의 서식에는 '데이터 입력 시 주의할 사항'과 '산출물을 이용할 때 주의할 사항'의 크게 두 파트로 나누어 고려 사항이 수록돼 있다.

데이터를 입력할 때 주의할 사항:

(1) 제3자가 저작권을 가지고 있는 데이터 (타인이 작성한 문장 등)

(2) 등록상표 · 의장(로고나 디자인)

(3) 유명인의 얼굴 사진이나 이름

(4) 개인정보

(5) 타사로부터 비밀유지의무를 부과받아 공개된 기밀정보

(6) 자사의 기밀정보

산출물을 이용할 때 주의할 사항:

(1) 산출물의 내용에 허위가 포함되어 있을 가능성이 있음

(2) 산출물을 이용하는 행위로 인해 타인의 기존 권리를 침해할 가능성이 있음

　① 저작권 침해

　② 상표권 · 의장권 침해

　③ 허위 개인정보 · 명예훼손 등

(3) 생성물에 대해 저작권이 발생하지 않을 가능성이 있음

(4) 생성물을 상업적으로 이용하지 못할 가능성이 있음

(5) 생성AI의 정책상 제한에 주의할 것

1장에서도 언급했지만, 생성 AI의 산출물에는 허위 내용이 포함될 수 있다. 생성 AI에 의해 콘텐츠가 생성되는 곳에는 사내 시스템과 외부 서비스를 불문하고 '생성 AI에 의해 생성된 정보는 부정확하거나 부적절할 수 있지만, 당사의 견해를 나타내는 것은 아니다'라는 주의 문구를 반드시 표시하도록 가이드라인으로 규정하는 것이 좋다.

> **Memo**
>
> **'답변의 정확성'에 대한 제약 표시**
>
> AI가 생성한 콘텐츠를 사용자에게 제공하는 경우, 'AI가 생성한 정보는 부정확하거나 부적절할 수 있으며, 당사의 견해를 나타내는 것이 아니다'와 같은 주의 문구를 표시하는 것을 고려하자.

개인이 매번 판단을 잘못하여 활용에 제동이 걸리는 상황을 피하고, 안전하게 생성 AI의 활용을 추진하기 위해서는 반드시 자사 전용 '생성 AI 활용 가이드라인'을 정하고 상황에 따라 범위와 고려사항을 재검토하는 운영을 정착시켜야 한다. 정보보안 관리 활동을 지속적으로 수행하고 있는 조직이라면, 그 활동의 일환으로 이 가이드라인의 정기적인 검토와 실제 현장에서의 활용 상황 모니터링도 추가하여 실효성 높은 운용을 실현할 수 있다.[1]

> » 참고: 일본 딥러닝 협회 《生成AIの利用ガイドライン(생성 AI 이용 가이드라인)》
> https://www.jdla.org/document/

외부 서비스 이용 시 서비스 약관을 꼼꼼히 읽을 것

생성 AI 이용 가이드라인은 챗GPT를 주 이용 대상으로 가정하여 OpenAI사의 이용약관을 많이 언급하고 있으며, 챗GPT에 국한되지 않고 외부 서비스를 이용함에 있어 해당 외부 서비스 이용약관의 규정된 범위를 넘어서는 이용이 불가능하다. 시스템의 일부로 편입하여 운영함

---

1 (옮긴이) 일본 딥러닝 협회 웹사이트 자료실의 '生成AIの利用ガイドライン'(생성 AI 이용 가이드) 섹션 두 번째 항목 《生成AIの利用ガイドライン【条項のみ】第1.1版, 2023年10月公開》은 5페이지 분량으로 간결하게 작성된 워드(.docx) 파일이다. 번역문을 다음 주소에 올려 두었다. https://wikidocs.net/238150

우리나라의 각 기관에서도 생성형 AI 활용에 관한 보안, 윤리, 저작권 등의 안내서를 발간하고 있으니 참고하자.
» 국가정보원, 《챗GPT 등 생성형 AI 활용 보안 가이드라인》, https://www.ncsc.go.kr:4018/main/cop/bbs/selectBoardArticle.do?bbsId=InstructionGuide_main&nttId=54340&pageIndex=1&searchCnd2=#LINK
» 서울특별시, 《서울시 생성형 AI 윤리 가이드라인》, https://sdf.seoul.kr/comm/getFile?srvcId=BBSTY1&upperNo=2273&fileTy=ATTACH&fileNo=1&board=7
» 한국저작권위원회, 《생성형 AI 저작권 안내서》, https://www.copyright.or.kr/information-materials/publication/research-report/view.do?brdctsno=52591
» 서울특별시, 《학교급별 생성형 AI 활용 지침》, https://buseo.sen.go.kr/component/file/ND_fileDownload.do?q_fileSn=2082233&q_fileId=f21601ca-363d-4771-9287-6f37cb94449e

에 있어 이용정책 위반으로 서비스 이용이 보류되는 상황이 발생하면 구축한 시스템 전체를 사용할 수 없게 되므로 반드시 직접 이용약관 및 주변 규정 문서를 읽어보고, 이에 저촉될 수 있는 행위나 입력 데이터가 발생하지 않는지 반드시 확인하기 바란다.

예를 들어, OpenAI의 이용 약관에는 금지된 사용법이 명시되어 있다. 군사적 사용, 아동 포르노, 악성 코드 제작 목적 등에 챗GPT나 API를 사용하는 것을 금지 행위로 규정하고 있는데, OpenAI의 API를 LLM 앱에 통합할 경우 사용자의 입력으로 인해 의도치 않게 이 이용 규정을 반복적으로 위반하여 서비스가 중단될 수 있다. 이러한 문제를 해결하기 위해 OpenAI에서는 콘텐츠의 적정성을 판단하는 Moderation API라는 API를 무료로 제공하고 있으니, Chat Completions API를 호출하기 전후에 이 API를 통해 콘텐츠를 체크하는 것을 고려해 보기 바란다.

이용 약관 외에도 Enterprise privacy 페이지에는 챗GPT를 EU 지역에서 이용할 경우 GDPR(EU 일반 데이터 보호 규정)의 데이터 처리 계약(DPA)이 가능하다는 점과 OpenAI가 대응하고 있는 컴플라이언스 기준에 대한 내용 등 이용하면서 미리 알아두면 좋을 사항들이 다수 기재돼 있다.

> 참고: Usage policies
> https://openai.com/policies/usage-policies

> 참고: Enterprise privacy at OpenAI
> https://openai.com/enterprise-privacy

9.3 서비스 기획 및 설계 단계에서의 과제

가이드라인을 정비함으로써 챗GPT와 OpenAI API의 활용을 보다 쉽게 진행할 수 있게 되었으리라 생각한다. 여기서는 이 책에서 실습한 LLM 앱(RAG 플로에 의한 사내 데이터 검색 시스템)을 주제로 프로덕션 릴리스를 위한 고려 사항을 설명하겠다. 모든 앱에 적용되는 설명이 아닐 수 있으니, 자신에게 필요한 부분의 팁으로 활용하기 바란다. 베타 버전을 만들기 전까지는 쉽지만, 프로덕션 릴리스를 앞두고는 수십 배 더 힘들어지기 때문에 조금이나마 도움이 되었으면 좋겠다.

프로젝트 리스크 대응

탄탄한 프로젝트 계획을 승인하고 시작했든, 사장님 직속 상사의 지시로 급하게 시작한 프로젝트든, 많은 LLM 앱 개발은 프로젝트 진행에 있어 충분한 리소스가 확보된 상태에서 시작하는 경우가 드물다고 생각한다. 또한 웹 애플리케이션 프로젝트에 비해 AI 프로젝트는 프로젝트 목표 달성을 위한 불확실성이 큰 경향이 있다고 생각한다. 이러한 상황에서의 프로젝트 리스크는 여러 가지가 있겠지만, 여기서는 크게 4가지에 대해 설명하겠다.

- **프로젝트의 불확실성에 대한 경영진의 후원 확보**

    AI 프로젝트에서는 예산 확보, 인력 확보 등의 측면에서 돌발 상황에 직면할 가능성이 높다. 시행한 스파이크(검증)에서 기대한 만큼의 결과를 얻지 못해 다른 방법을 모색해야 하는 경우, 조직의 역량(조직 전체의 전략 실현 능력)이 예상보다 인력 부족(디자이너, 제품 매니저, 사업 개발(비즈니스 개발), ML 엔지니어, 애플리케이션 개발자) 등으로 인해 부정적인 영향이 큰 것으로 판명되는 등 프로젝트 책임자의 재량만으로 신속하게 해결할 수 없는 문제에 직면했을 때 보다 재량권이 있는 사람에게 QCD(품질/비용/납기) 변경에 대한 승인을 받거나 영향을 받는 내부 부서와 협상이나 커뮤니케이션을 쉽게 할 수 있도록 도와주는 등 경영진의 후원을 받을 수 있도록 해야 한다. 평소에 너무 많다고 느껴질 정도의 간격으로 커뮤니케이션을 하고, 오픈 마인드로 정보를 공유 및 협의하며 관계를 형성하고, 철수선 설정 등 충분한 프로젝트 관리를 통해 유사시 프로젝트를 위기에 빠뜨리지 않도록 활동해 두어야 한다.

- **출시 고객 확보**

    어떤 LLM 앱의 프로덕션을 출시하고 싶어서 시작한 '프로덕트 아웃' 프로젝트의 경우, 프로덕션을 출시했음에도 불구하고 사용자에게 전혀 활용되지 않는 상황이 발생할 수 있다. LLM 앱 프로젝트를 통해 자사의 역량을 확장하거나 AI에 대응하는 조직 체계를 구축하는 계기가 되는 등 장점은 있다고 생각하므로 부정하지는 않지만, 그것이 면죄부가 되어서는 안 된다. 빠르면 기획 단계나 베타 버전 제공을 통해 정식 출시 시점에 충분한 사용자 기반을 확보할 수 있도록 해야 한다.

- **인재 채용 및 육성**

    이 책에서 실습한 것처럼 OpenAI+LangChain과 같은 기존 API나 프레임워크를 활용하면 데모 수준의 LLM 앱은 애플리케이션 개발자의 사이드 프로젝트로 빠르게 구축할 수 있다. 하지만 프로덕션 레벨의 애플리케이션으로 구축하기 위해서는 앱 특성에 맞는 평가 방법의 선정, 평가 절차의 확립, 운영 노하우, 문제 해결, 튜닝, 리스크 평가 등 여러 측면에서 역량 부족을 느끼게 될 것이다. 프로젝트 계획 시 어느 정도 릴리스 이후를 염두에 두고 ML 엔지니어 등의 채용 계획 및 체제 구축에 필요한 인력 채용 계획과 체제 구축 계획을 세우는 것을 추천한다.

- 리스크 평가

  구축한 LLM 앱의 제공 지역이 국내만인지, 해외 지역도 포함되는지 여부에 따라 콘텐츠 저작권 및 개인 정보 컴플라이언스 기준이 달라진다. 리스크가 발현되었을 때 사업 활동에 미치는 영향 정도를 조사하여 미리 리스크 평가를 해둘 필요가 있을 수 있다. 개인정보 보호에 관한 주제와 보안 이슈에 관한 주제를 아래에 설명해 두었으니, 자신의 LLM 앱의 특성을 고려하여 전문가와 함께 사전에 리스크 평가를 실시하도록 하자.

9.4 테스트 및 평가에 대하여

일반적인 웹 애플리케이션 부분은 지금까지의 익숙한 테스트 방법을 통해 진행하기로 하고, 여기서는 비기능적 측면의 평가로 정확도 평가, 보안에 대해 언급하고자 한다.

LLM 부분 평가 방법

지속적인 통합과 배포는 애플리케이션 개발 생산성의 핵심이지만, LLM 부분의 평가를 통합하는 것은 다소 난이도가 높은 주제라고 생각한다. 실제로 이 책에서 6장부터 8장까지의 애플리케이션 테스트는 저자들이 테스트할 질문과 그에 대한 예상 답변의 조합을 만들고, 의도한 답변이 생성되었는지, 답변의 정확성, 포함해야 할 단어, 글자 수, 문장이 주는 인상 등에 대해 한 건씩 결과를 육안으로 판단하여 평가했다. 장기적으로 LLM 앱을 프로덕션에서 운영할 경우, 이렇게 사람에 의한 평가만으로는 스케일링이 불가능한 과제가 있다.

이 책의 8장에서 구축한 RAG 앱의 평가 기준은 일반적으로 기반 모델 평가에 활용되는 벤치마크와 같이 특정 변형 프롬프트에 대한 응답 점수를 정확도 지표로 삼는 것이 아니라, 테스트 대상 지식 데이터 세트에 대한 포괄적인 응답의 정확도를 평가해야 하며, 그 지표가 약간 달라질 수 있다.

따라서 기본적으로 구축하는 LLM 앱의 특성에 따른 평가 기준(무엇을 어떻게 평가할 것인지)을 적절히 설정한 후, 장기적으로 그것이 테스트 자동화로 안정적이고 효율적으로 평가할 수 있는 개발 플로를 자체적으로 구축해 나가야 하는 것이 현 단계에서는 필요한 것 같다.

예를 들어 RAG 워크플로인 LLM 앱이라면 테스트 대상 데이터셋(지식 부분)에 대한 테스트 파라미터가 되는 질문과 예상 답변을 포괄적으로 작성하고, RAG로 생성된 답변의 임베딩 정보(embeddings)와 예상 답변의 임베딩 정보(embeddings)의 유사성을 평가할 수 있는 지표(embeddings)를 구축할 수 있을 것이다.

또한, 응답 내용의 정확성뿐만 아니라 성능 모니터링, 안전성, 투명성, 공정성 등의 항목을 평가 지표로 설정하여 최종적으로 안전한 LLM 앱을 사용자에게 전달할 수 있게 된다.

랭체인에는 Evaluation이라는 모듈군으로 LLM을 이용해 답변의 점수를 매기는 구현이 있어 앞으로 더욱 주목받게 될 것 같다. 또한 깃허브에서도 사용 사례에 맞는 평가 프레임워크(RAG용 평가 프레임워크 등)가 여러 개 공개되고 있기 때문에 실제로 이 'LLM 앱의 개별 특성에 맞는 합리적인 평가 자동화'가 더욱 중요한 화두가 될 것으로 보인다.

또한 다음 블로그에는 LLM 자체의 평가 방법부터 피드백 수집 방법, 보수적인 UX의 필요성에 대한 내용이 담겨 있어 참고할 만하다.

> » 참고: Patterns for Building LLM-based Systems & Products
> https://eugeneyan.com/writing/llm-patterns/

랭스미스의 성능 모니터링

랭스미스(LangSmith)[2]는 랭체인 실행 시 트레이스(Trace)를 해주는 클라우드 서비스로 2023년 7월 18일 릴리스됐다. 여러 태스크를 체인으로 연결했을 때도 중간에서 어떤 입출력이 어느 정도의 응답시간으로 실행되고 있는지 등을 시각화할 수 있다. 또한, 플레이그라운드(playground) 기능도 있어 실행 이력을 바탕으로 파라미터 등을 바꿔가며 리플레이할 수 있다. gpt-3.5-turbo로 실행한 것을 gpt-4로 리플레이하면 어떻게 되는지, temperature를 바꿔서 리플레이하면 결과가 어떻게 달라지는지 등을 시험해 볼 수 있어 편리하다.

랭스미스에 로그를 보내는 기능 자체는 이미 랭체인에 포함돼 있으므로 환경 변수에 엔드포인트, API 키 등 몇 가지 정보를 추가하기만 하면 바로 랭스미스의 클라우드 서버로 로그가 전송된다.

7장이나 8장에서 구축한 앱에 다음 환경 변수를 추가하고 바로 사용해 보자.

---

2 (옮긴이) https://smith.langchain.com/

01. 다음 환경 변수를 .env 파일에 추가한다.[3]

```
LANGCHAIN_TRACING_V2=true
LANGCHAIN_ENDPOINT=https://api.smith.langchain.com
LANGCHAIN_API_KEY=<랭스미스 화면에 출력된 API 키>
LANGCHAIN_PROJECT=default # 전송 대상 프로젝트 이름, 미설정 시 기본값으로 지정
```

02. 재배포한다.

```
$ serverless deploy
```

03. 애플리케이션을 실행하고 구축한 슬랙 앱에 어떤 질문을 던져보고, 그 실행 결과가 히스토리에 추가되는
지 확인한다.

그림 9.1 Project 상세 화면

04. 실행 이력을 보면 API 이용 내역과 지정한 LLM의 파라미터가 기록되어 있음을 알 수 있다.

---

3 (옮긴이) 랭스미스 화면 왼쪽 아래의 Settings를 누르면 API keys 화면이 나온다. 그곳에서 [Create Api Key] 버튼을 클릭해 API 키를 발
급받아 복사한 뒤 LANGCHAIN_API_KEY의 값으로 붙여 넣는다.

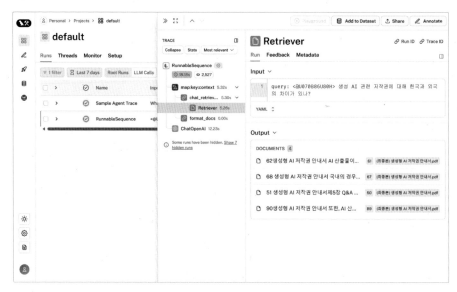

그림 9.2 실행 결과 Trace 화면

05. Playground에서는 OpenAI의 API 키를 설정하면 히스토리에서 파라미터나 입력 내용을 변경하고 다시 실행할 수 있다.

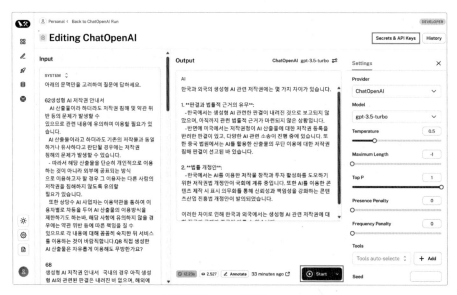

그림 9.3 Playground 화면

RetrievalQA(Chain)에서 내부적으로 취득한 데이터를 로그로 추적하고 싶을 때, PAL Chain에서 중간에 출력된 코드를 확인하고 싶을 때, 에이전트 기능의 내부적인 분기 작동 이력을 되짚어보고 싶을 때 등 지금까지는 개발 시 표준 출력에 `print` 문으로 출력하거나 `verbose=True`로 지정해 일일이 확인하던 것을 프로덕션 환경에서도 동일한 해상도로 안전하게 디버깅 및 조사를 할 수 있다는 점이 장점이라고 생각한다. 주기적으로 관찰하여 APM처럼 사용자의 실제 워크로드에서 응답 품질을 확인하고 성능을 통계적으로 추적하는 데도 도움이 된다.

> » 참고: LangSmith-cookbook
>
> https://github.com/langchain-ai/langsmith-cookbook

COLUMN

콘텐츠 사용 사례에 따른 온도(temperature) 권장 값

실제로 응답 품질을 개선하기 위해서는 Few-shot 프롬프트와 같은 프롬프트의 방식(2장 참조)을 도입하거나 응답 내용의 온도(temperature)를 조정하는 등의 방법을 생각해 볼 수 있다. OpenAI 포럼에서도 용도에 따라 경험상 Chat Completions API를 어느 정도의 temperature로 설정하는 것이 좋을 것 같다는 게시물이 올라오기도 한다. 영어/한국어 등 언어의 차이에 따라 적정 값이 달라질 가능성도 있지만, 사용 사례에 따라 구분하여 사용하는 데 참고하기 바란다.

> » 참고: API reference
>
> https://community.openai.com/t/cheat-sheet-mastering-temperature-and-top-p-in-chatgpt-api-a-few-tips-and-tricks-on-controlling-the -creativity-deterministic-output-of-prompt-responses/172683

표 9.1 사용 사례별 온도 권장값(예시)

사용 사례	온도	Top_p	설명
코드 생성	0.2	0.1	확립된 패턴과 관습에 따라 코드를 생성하도록 의도된 설정. 낮게 설정하면 출력이 더 결정론적으로 집약된다. 구문적으로 더 정확한 코드를 생성하는 데 도움이 된다.
글쓰기	0.7	0.8	스토리텔링을 위한 창의적이고 다양한 텍스트를 생성하는 설정. 높게 설정하면 출력물이 더 탐색적이고 패턴화되는 것을 방지할 수 있다.

사용 사례	온도	Top_p	설명
채팅 봇의 응답	0.5	0.5	일관성과 다양성의 균형 잡힌 대화 응답을 생성하기 위한 설정. 출력은 보다 자연스럽고 답변의 다양성 측면에서도 매력적이다.
코드 주석 생성	0.3	0.2	간결하고 적절한 코드 주석 생성을 위한 설정. 출력은 다소 결정론적이며 규약을 준수하는 것을 중시하지만, 사용자의 의도에 부합하지 않는 경우 재생성 변형을 보장하고 싶다.
데이터 분석 스크립트	0.2	0.1	보다 정확하고 효율적인 데이터 분석 스크립트 생성을 위한 설정. 출력은 보다 결정론적으로 집계된다.
탐색적 코딩	0.6	0.7	대안과 창의적인 접근 방식을 모색하는 코드를 생성하도록 설정. 탐색적으로 부분마다 인터랙티브하게 생성하기 때문에 기성 패턴에 얽매이지 않는 출력을 원한다.

9.5 보안 대책에 대하여

챗GPT 이전의 채팅 모델이 부적절한 답변으로 인해 종료되거나 챗GPT도 플러그인, 에이전트, Advanced data analysis 등 기능이 풍부해짐에 따라 위험한 행동을 하기도 한다. 기능성으로 활용하는 이상 보안 대책은 떼려야 뗄 수 없는 주제다.

OWASP Top 10 for Large Language Model Applications

OWASP는 The OWASP Foundation이라는 미국의 비영리단체로 전 세계에서 활동하는 IT 커뮤니티다. 웹 애플리케이션의 전형적인 취약점에 대한 가이드라인과 검사 도구를 만들어 공개하고 있다. 이번에 2023년 8월 1일 생성 AI를 활용한 앱에 대한 OWASP Top 10 for Large Language Model Applications가 v1.0으로 공개되었다.

1. 프롬프트 인젝션

   LLM이 의도하지 않은 작동을 유발하는 프롬프트 덮어쓰기

2. 안전하지 않은 출력 처리

   LLM의 출력을 그대로 시스템 출력으로 사용할 경우의 위험성

3. 훈련 데이터 오염

　　보안, 효과성, 윤리적 행동에 미치는 영향

4. 모델에 대한 DoS

　　토큰 대량 소비, 응답성 악화, 비용 폭등

5. 공급망 취약성

　　플러그인 및 제3자 컴포넌트로 인한 침해

6. 기밀 데이터 유출

　　응답으로 인한 기밀 데이터 유출 가능성 → 무단 접근, 프라이버시 침해, 보안 침해

7. 안전하지 않은 플러그인 디자인

　　플러그인에서 안전하지 않은 입력으로 인해 취약점 악용될 수 있음

8. 에이전트의 폭주

　　자율 에이전트가 의도하지 않은 결과를 초래하는 행동을 수행할 가능성

9. 과도한 의존

　　부정확하고 부적절하게 생성된 콘텐츠에 의존하여 사기, 법적 문제, 보안 취약점 발생

10. 모델 도둑

　　독자 모델에 대한 부정 접근, 유출 → 경제적 손실, 경쟁우위 하락

이 책에서는 API를 통해 모델을 이용하기 때문에 모델의 백엔드 측에서 신경 써야 할 항목은 생략하고, 외부 모델을 이용하는 애플리케이션 구성에서 주목해야 할 몇 가지 항목을 정리해 보겠다. 취약점 개요와 대책 중 일부를 소개하며, 자세한 내용은 관련 홈페이지에서 확인할 수 있다.

> ◦ 참고: OWASP Top 10 for Large Language Model Applications
>
> 　https://owasp.org/www-project-top-10-for-large-language-model-applications/

1. 프롬프트 인젝션

　　프롬프트 인젝션은 공격자에게 조작된 프롬프트를 실행하게 하여 데이터 유출 등 다양한 의도하지 않은 작동을 유발하는 공격이다. 프로그램의 함수와 같이 입력값이 제한되어 있는 것에 비해 자연어에 의한 지시가 가능한 LLM에 대해서는 프롬프트 내에서의 지시와 사용자 입력 및 외부 데이터 부분의 확실한 분리 및 지정을 개발자가 담보할 수 없기 때문에 공격자의 의도를 파악하여 차단하는 난이도가 높은 것으

로 알려져 있다. 시스템 역할에 설정한 프롬프트를 무시하고 프롬프트를 실행시키는 단순한 인젝션은 필자가 확인한 바로는 OpenAI의 모델에서는 이미 대응되어 있는 것으로 보여 재현이 불가능했다. 그러나 Function calling이나 에이전트와 같은 고기능 능력에 대해 의도하지 않은 작동을 지시할 수 있게 되면 백엔드나 데이터베이스에서 기밀 정보가 유출될 가능성이 있다. 또한, 임의의 사이트에서 가져온 문자열을 프롬프트에 포함시키면 의도하지 않은 명령이 실행되는 프롬프트 인젝션 공격이 발생하여 피해를 입힐 수 있다.

» 참고: Universal and Transferable Adversarial Attacks on Aligned Language Models
https://llm-attacks.org/

2. 안전하지 않은 출력 처리

애플리케이션의 출력 처리 과정에서 LLM의 안전하지 않은 출력을 위생 처리하지 않고 사용하면 XSS나 CSRF와 같은 프런트엔드 취약점 공격, 권한 상승, 원격 코드 실행 등을 유발할 수 있다. 프로그램 코드에서 모델로부터 출력을 받으면 확인하고, 출력할 때 안전한 문자열로 인코딩하여 위생적으로 처리해야 한다.

3. 모델에 대한 DoS 공격

공격자가 어떤 방식으로든 LLM에 대량의 요청을 투입하여 서비스 품질을 저하시키고 높은 리소스 비용을 부담하게 하는 공격이다. 입력 콘텐츠의 길이를 체크하거나 요청의 속도 제한을 걸어 일정 시간 내 요청 수를 제한하는 등의 조치를 취해야 한다.

4. 공급망 취약성

LLM의 공급망에는 제3자가 제공하는 학습 데이터, 사전 학습된 모델, 배포 플랫폼 및 실행 환경이 포함되는데, 이 중 일부 구성 요소에 존재하는 취약점이 관련 구성 요소에 악영향을 미칠 수 있다. 다음 항목인 '안전하지 않은 플러그인 설계'도 이 공급망에 포함된다. 기존의 소프트웨어 패키지에 포함된 취약점으로 인한 악영향 외에도, 예를 들어 LLM 모델의 취약점으로 인한 부적절한 콘텐츠 출력, 학습 데이터에 부적절한 콘텐츠나 기밀정보가 포함되어 모델의 오염 등 광범위한 악영향이 발생할 수 있다. 공급망 전체에서 신뢰할 수 있는 공급업체의 컴포넌트만 사용하거나 사용 시 서명 정보를 확인하고 취약점 스캔과 같은 조치, 오래된 컴포넌트의 최신화 등의 조치를 취해야 한다. 실제로 과거 OpenAI에서 취약한 파이썬 라이브러리의 영향으로 데이터 유출 사고가 발생하거나 PyPI의 종속성 연쇄 공격으로 인한 악성코드 유입 등의 공격이 발생하여 피해가 발생한 사례가 있다.

5. 안전하지 않은 플러그인 설계

LLM 플러그인, 혹은 이 책에서 다룬 API를 통한 Function calling과 같은 플러그인 구조는 지시사항에 맞는 함수를 모델이 판단하여 자동으로 호출되는 확장 기능이다. 이러한 플러그인 확장은 입력 텍스트의 유효성 검사가 이루어지지 않은 상태에서 호출되어 악성 요청을 생성할 수 있다. 입력 콘텐츠에 대해 유효성 검사를 철저히 해서, 유해한 작동을 일으키는 호출이 이뤄지지 않게 관리해야 한다.

6. 에이전트의 폭주

'LLM 에이전트'는 원하는 지시에 대해 외부의 실행성을 결합하여 실현될 때까지 순차적으로 처리를 수행하는 LLM의 확장 기능이다. 이는 강력하고 매우 편리하게 이용할 수 있기 때문에 앞으로 더욱 많은 에이전트 형태의 LLM 앱이 제공될 것으로 예상된다. 하지만 콘텐츠에서 명령을 추론하고 실제로 실행할 수 있는 권한을 가지고 있기 때문에 의도하지 않은 작동을 유발할 수 있다. 실행 가능한 기능을 최소한으로 제한하거나 외부에 작용하는 대상의 권한(데이터 취득, 편집, 삭제 등)을 최소화하는 등의 조치를 통해, 의도한 권한 이상의 작동을 하지 못하게 해야 한다.

이러한 과제와 대책은 위에서 언급한 바와 같이 공개된 문서 중 일부다. 꼭 한 번 모든 항목에 대해 확인해 보기 바란다.

랭체인 코어의 취약점 제거에 대하여

앞서 언급한 OWASP Top 10 for LLM App의 '4. 공급망 취약성'의 프레임워크가 이 책에서는 랭체인에 해당하지만, 랭체인은 공개 당시부터 많은 실용적인 기능과 논문에서 제안한 개념의 PoC 구현 수준의 기능까지 하나의 핵심 패키지로 통합되어 있다. 2023년 7월 13일, 저자인 해리슨 체이스(Harrison Chase)가 향후 랭체인의 핵심 패키지에서 실험적인 기능의 패키지를 분리하고, 코어에서 CVE(알려진 취약점)를 제거하겠다는 발표를 포함, 대대적인 마이그레이션 계획이 발표됐다.

> » 참고: 개선/변경에 대한 간략하고도 높은 수준의 생각들
> https://github.com/langchain-ai/langchain/discussions/7662

지금까지의 랭체인 코어를 핵심(core)과 실험(experimental) 패키지로 나누어 다음 세 가지를 달성하고자 한다.

1. langchain 코어 패키지에서 CVE(보안 취약점)를 제거한다.
2. 실험적인 소스 코드를 core와 experimental로 명확히 구분하고, 새로운 아이디어나 논문의 구현에 대해 실운영에 적합한 코드가 아니더라도 experimental에 쉽게 추가할 수 있게 한다.
3. langchain 코어 패키지의 실용성을 높이기 위해 경량화한다.

experimental 패키지로 마이그레이션된 기존 기능 외에 확장성이 너무 강력한 기능도 마이그레이션 대상에 포함되어 있으며, 이를 제외하면 코어 패키지는 안전하게 사용할 수 있다.

다음은 최종적으로 experimental 패키지로 전환이 예정되어 있다고 선언된 패키지다. 마이그레이션 상황은[4] 수시로 확인하기 바란다.

- langchain/experimental에 포함되는 것들

- SQL chain

- SQL agent

- CSV agent

- Pandas agent

- Python agent

이러한 마이그레이션된 기능은 experimental 패키지를 설치하면 기존과 동일하게 사용할 수 있다.

랭체인을 프로덕션 환경에서 사용하면서 자신에게 필요 없는 라이브러리도 점점 더 많이 포함되면서 리소스 효율이 떨어지고, 취약점이 남는 것이 걱정되는 사람이 많았을 것이다. 반대로, 논문 개념 수준의 것들이 점점 더 많이 유입됨으로써 LLM 분야의 지식으로 매우 공부가 될 것이라고 생각하는 사람이 많았던 것도 사실이다. 이 두 가지 장점을 모두 누리기 위한 한 걸음으로 큰 도약이라고 할 수 있다.

발표에서도 알 수 있듯이 experimental의 분할은 그 첫 번째 단계이며, 앞으로 문서 개선, 모듈성, 커스터마이징, 디버깅 편의성 향상 등 몇 가지 큰 변화가 있을 것으로 예상된다. 단순히 사용하는 것뿐만 아니라, 이러한 작업 타임라인과 그 배경에 있는 생각을 계속 따라가는 것이 보다 안전하고 효율적으로 랭체인을 계속 사용하는 데 있어 중요할 것 같다.

9.6 개인 정보 보호 관점 및 일본의 개인정보 보호 제도

생성 AI의 기능을 서비스로 제공하는 경우, 사용자가 입력하는 프롬프트에 의해 의도치 않게 개인 정보나 기밀 정보를 입력받을 가능성이 있다. 현재로서는 비용 효율적인 방법으로 사용자가 입력하는 이러한 프롬프트 내 데이터의 종류를 판별하는 것이 어려울 것으로 예상되므로,

---

4 이 글의 집필 시점에는 일부만 전환된 것으로 확인되었다.

입력되는 것을 전제로 입력 데이터를 저장하지 않는 방안이나 서비스 운영에 필요한 최소한의 통계 정보만 수집하도록 제한하고, 그러한 최소한의 데이터를 수집하는 것에 대한 이용자의 동의를 얻어야 할 수도 있다. 또한, 이용자에게도 이용 시마다 알기 쉽게 주의사항을 표시하는 등의 노력이 필요할 수 있다. 이러한 대책은 생성 AI의 보급이 빠르게 진행되는 가운데 법 개정이나 그 해석 등 빠르게 정비되고 있는 분야이므로 항상 최신 정보를 접하고 필요한 대책을 스스로 강구할 필요가 있다는 점에 유의하기 바란다.

Memo

사용자 입력 제한에 대하여

개인정보나 기밀정보의 입력만을 엄격하게 차단하는 방법은 현 단계에서는 현실적이지 않으므로 해당 정보를 입력하지 않도록 하려면 '개인정보나 기밀정보는 입력하지 마세요'와 같은 주의 문구를 눈에 잘 띄는 곳에 표시하는 것을 고려해야 한다.

개인정보보호법에서 규정한 본인 동의 및 목적 내 사용

개인정보 보호에 관한 법률(통칭: 개인정보보호법)에서는 개인정보 취급사업자에게 수집하는 개인정보의 이용 목적을 명시하고 본인의 동의를 얻어야 하며, 그 목적 달성에 필요한 범위를 초과하여 개인정보를 처리해서는 안 된다고 규정하고 있다.

개인정보의 제3자 제공에 대해서는 개인정보 주체가 어느 범위까지 허용하고, 불편하면 삭제를 요구할 수 있다는 '자기정보통제권'의 개념이 기본이다. 이에 따라 '개인정보에 해당하는 정보를 특정하고' '본인 동의를 받는 것'이 중요하다.

개인정보 보호에 관한 법률을 반드시 준수하여 몰라서 어쩔 수 없는 상황이 발생하지 않도록 주의한다.

Memo

개인정보를 함부로 수집하지 않는다

개인정보를 수집할 때는 관련 법규를 숙지하고, 전문가와 함께 충분한 검토를 거쳐야 한다.

> 참고: 개인정보 보호법
> https://www.law.go.kr/법령/개인정보보호법

개인정보 보호에 관한 '결정지향적' 이익모델과 정보적 타자성으로부터의 자유에 대하여

이제 일본 개인정보보호제도의 향후 개정의 쟁점이 될 것으로 보이는 '결정지향적' 이익 모델과 정보적 타자로부터의 자유라는 개념에 따른 개인의 권리이익 보호의 재검토에 관한 제언을 살펴보자. 개인정보 보호법의 정기적인 재검토를 위해 이러한 제안이 향후 반영되어 우리가 대응해야 할 제도적 과제도 변화할 가능성이 있다.

예를 들어, 직원의 적성검사 데이터에 포함된 성격 등의 요인에 따라 승진이나 평가가 결정된다면 본인의 동의가 있었음에도 불구하고 업무적합성이나 성과평가 등 본래 승진이나 평가를 결정하는 축과 무관한 데이터 이용방식으로 인해 통계적 차별이 발생할 수 있다. 개인정보보호는 개인정보의 보호가 아니라 개인의 권익 보호가 목적이라는 법 목적의 재확인으로 돌아가 법 목적의 이론화와 그 이론에 근거한 입법적 해결을 하자는 것이 이 제언이다.

- '결정지향적' 수익모델에 대하여

  개인 데이터에 근거하여 자신에 대한 어떤 결정이 내려질 때 그 결정에 사용되는 개인 데이터는 평가의 목적에 합당한 것이어야 한다는 개념이다.

- 정보적 타자로부터의 자유에 대하여

  개인정보에 대한 재산권적 모델인 본인 동의 원칙에서 벗어나 '결정지향적' 이익 모델로 회귀하여 정보 자체의 보호에 초점을 맞추지 않고, 개인정보 처리에 따른 타인의 평가와 결정이 본인의 자기결정을 저해할 수 있기 때문에 본인이 방어할 수 있는 권리를 말한다.

이러한 제안이 실제로 일본의 개인정보 보호법 개정에 반영될 시기는 아직 확실하지 않다. 그러나 본래의 개인정보 보호의 관점에서 보면, 개인정보를 이용한 평가 내용이 OECD 원칙에서 규정한 바와 같이 평가 목적에 합당한 것인지, 그리고 그 개인정보 주체 본인에게 불이익이 발생하지 않았는지, 프로세스 전체의 충분한 추적성이 시스템에 요구될 수 있다. 관심이 있다면 향후 동향을 주시하기 바란다.

> 참고: GLOCOM 롯폰기회의 정책제안-보고서 목록(제언서 "디지털 사회를 견인하는 '개인정보보호법제'를 향하여")
> https://roppongi-kaigi.org/report/

9.7 EU에서 규정한 금지 AI 및 고위험 AI 처리 동향

2023년 6월 유럽의회에서 'EU AI Act'라는 생성 AI를 포함한 포괄적인 AI 규제 법안을 의결했으며, 12월에는 EU 집행위, 유럽의회, 27개국 대표 등 3자 간 합의안이 도출됐다. 이 세계 최초의 인공지능법안은 2026년경 규제가 완전 적용될 것으로 보인다.[5] 위험 기반 접근법을 채택하고 있으며, AI로 인한 위험 수준에 따라 규제 내용이 달라진다. 이 중 '허용할 수 없는 위험'으로 판단되는 AI의 이용은 명시적으로 금지되며, '고위험 AI'로 인정되는 것은 규제가 '제한적 위험성이 있는 AI'로 인정되는 것은 투명성 의무 등이 부과된다. 또한 GDPR과 마찬가지로 취급하는 개인정보 주체(EU 거주자 등)에 따라 역외 적용[6]되므로 대응해야 할 과제가 될 수 있다.

> 참고: (보도자료) EU AI법: 인공지능 관련 첫 번째 규정
>
> https://www.europarl.europa.eu/news/en/headlines/society/20230601STO93804/eu-ai-act-first-regulation-on-artificial-intelligence

> 참고: EU AI Act
>
> https://artificialintelligenceact.eu/

> 참고: 강진원 · 김혜나, 2024. 2. 13., 〈EU 인공지능(AI) 규제 현황과 시사점〉, KISTEP 브리프 119, 한국과학기술기획평가원
>
> https://www.kistep.re.kr/boardDownload.es?bid=0031&list_no=93089&seq=1

> 참고: 박희영, 2024. 1. 4., 〈유럽연합(EU) 인공지능법안(AI Act)과 저작권법 – ChatGPT 등 생성형 인공지능과 관련하여〉, 이슈리포트 2023-19, 한국저작권위원회
>
> https://www.copyright.or.kr/information-materials/trend/the-copyright/view.do?brdctsno=52561&pageIndex=2&noticeYn=&brdclasscodeList=&etc2=&etc1=&searchText=&searchkeyword=&brdclasscode=&nationcodeList=&searchTarget=ALL&nationcode=

EU AI 법은 유럽 시장에서의 규제이므로 우리나라 시장에 직접적인 영향을 미치지는 않는다. 그러나 이에 대한 또 다른 국제적인 움직임이 있다. 유럽평의회는 2023년 7월 AI 조약에 대한 통합 초안을 일반에 공개했으며, 채택은 2024년으로 예정되어 있는 것으로 보인다. EU AI Act를 참고한 내용이 많을 것으로 보인다[7].

---

5 (옮긴이) 원서 출간 이후의 진행 상황을 반영했다.

6 주권 범위 밖에서도 규칙이 적용될 것. 여기서는 EU 거주자에게 서비스를 제공하는 경우 한국에 본사를 둔 기업에도 적용되는 것을 말한다.

7 9.6절과 9.7절은 정보 제공만을 목적으로 한다. 실제 서비스 설계 시에는 반드시 법률가 등 전문가와 상의하기 바란다.

웹 앱,
슬랙 앱 개발 환경 구축

A.1 AWS 가입

Cloud9 및 Lambda를 사용하기 위한 AWS 가입은 다음 공식 문서를 참고하여 진행하기 바란다.

> » 참고: AWS 계정 생성 절차
>
> https://docs.aws.amazon.com/ko_kr/cloud9/latest/user-guide/setup-express.html

A.2 Cloud9 환경 생성

AWS Cloud9 콘솔[1]에 접속한다. 서울 리전을 선택해 둔다.

그림 A.1 AWS Cloud9 콘솔 화면

화면 오른쪽 상단의 [환경 생성]을 눌러 새로운 환경을 만든다.

- 이름은 적당히 붙여도 된다. 예) langchain-book

- 환경 유형: 새로운 EC2 인스턴스

---

1 (옮긴이) https://console.aws.amazon.com/cloud9

- 인스턴스 유형: t2.micro를 선택한다.

- 플랫폼: Amazon Linux 2를 선택한다.

- 타임아웃: 30분을 선택한다.

- 네트워크 설정〉 연결: AWS System Manager를 선택한다.

그림 A.2 신규 환경 생성 화면

'Cloud9 IDE' 열에서 새로 생성한 환경의 [열림]을 눌러 Cloud9 IDE를 연다.

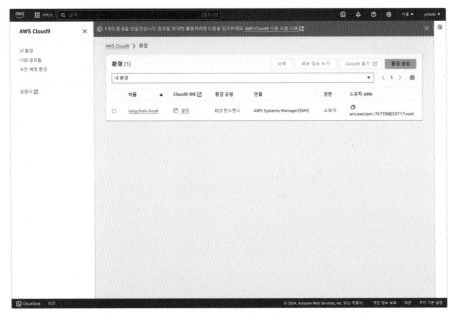

그림 A.3 Cloud9 환경 목록 화면

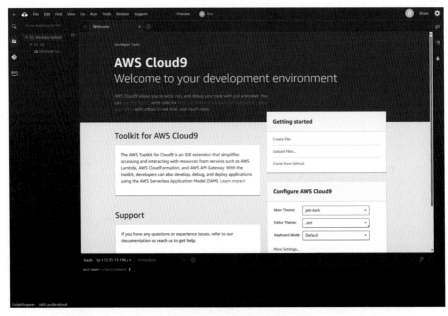

그림 A.4 Cloud9 IDE 홈 화면

Cloud9 요금 설명

Cloud9 자체의 이용 요금은 무료다. 단, 이번처럼 Cloud9를 호스팅하는 가상 서버로 EC2를 이용하는 경우 EC2 이용료가 부과된다.

Cloud9를 호스팅하는 서버로 SSH로 접속이 가능한 가상 서버를 미리 별도로 준비해 두는 것도 가능하다.

A.3   Cloud9와 깃허브 연동

여기서는 Cloud9에서 깃허브에 SSH로 접속하는 방법을 설명한다. 설정 절차는 깃허브 공식 문서의 다음 페이지에서도 확인할 수 있다.

> » 참고: 새 SSH 키 생성하기
>
> https://docs.github.com/ko/authentication/connecting-to-github-with-ssh/generating-a-
> new-ssh-key-and-adding-it-to-the-ssh-agent#generating-a-new-ssh-key

깃허브와 SSH 설정

다음 명령어로 SSH 키 쌍을 생성한다. -C 옵션으로 지정하는 코멘트에는 자신의 이메일 주소 등을 설정한다.

```
ssh-keygen -t ed25519 -C "your_email@example.com"
```

다음 명령어를 통해 생성한 공개키의 내용을 확인할 수 있다.

```
cat ~/.ssh/id_ed25519.pub
```

다음으로 깃허브에 공개키를 설정한다.

1. 깃허브에서 오른쪽 상단의 프로필 아이콘을 클릭하고 'Settings'를 선택하여 설정 화면으로 전환
2. 'SSH and GPG keys'에서 'New SSH Key'로 공개키를 등록하는 화면으로 전환
3. cloud9-langchain-book과 같은 이름으로 Key 부분에는 복사한 공개키 내용을 붙여넣어 등록

Cloud9에서 깃허브와 통신을 확인한다. 다음 명령어를 실행한다.

```
ssh -T git@github.com
```

이때 표시되는 지문(fingerprint)이 다음 깃허브 웹페이지에 나와 있는 것과 동일한지 확인하기 바란다.

> » 참고: GitHub의 SSH 키 지문
>
> https://docs.github.com/ko/authentication/keeping-your-account-and-data-secure/githubs-ssh-key-fingerprints

최종적으로 다음과 같이 표시되면 Cloud9에서 깃허브에 SSH로 접속할 수 있다.

```
Hi <GitHub 사용자 이름>! You've successfully authencated, but GitHub does not provide
shell access.
```

Git 사용자 설정

Git의 사용자 설정을 한다(하지 않아도 되지만, 하지 않으면 커밋 시 WARNING이 나온다).

```
git config --global user.email <이메일 주소>
git config --global user.name <사용자 이름>
```

참고로 여기서 설정한 이메일 주소는 깃허브에 공개된다. 이메일 주소를 비공개로 설정하고 싶다면 깃허브의 다음 페이지를 참고하면 된다.

> » 참고: 커밋 이메일 주소 설정하기
>
> https://docs.github.com/ko/account-and-profile/setting-up-and-managing-your-personal-account-on-github/managing-email-preferences/setting-your-commit-email-address

깃허브에서 저장소 복제하기

깃허브에 생성한 저장소를 복제한다.

```
git clone git@github.com:<깃허브 사용자명>/<저장소 이름>
```

이제 git add, git commit, git push 등의 작업을 정상적으로 할 수 있다.

A.4   Cloud9에서 파이썬 환경 구축

여기서는 Cloud9에 이 책에서 사용하는 Python 3.10을 설치하는 방법을 설명한다. 특정 버전의 파이썬을 설치하는 유명한 도구로 pyenv(https://github.com/pyenv/pyenv)가 있다. 이 책에서는 pyenv를 사용하여 Cloud9에 Python 3.10을 설치한다.[2]

pyenv 설치

Cloud9의 터미널을 연다.

다음 명령어로 pyenv를 설치한다.

```
curl https://pyenv.run | bash
```

다음 명령어로 ~/.bashrc에 pyenv를 사용하기 위한 설정을 추가한다.

```
echo 'export PYENV_ROOT="$HOME/.pyenv"' >> ~/.bashrc
echo 'command -v pyenv >/dev/null || export PATH="$PYENV_ROOT/bin:$PATH"' >> ~/.bashrc
echo 'eval "$(pyenv init -)"' >> ~/.bashrc
```

다음 명령어로 셸을 다시 시작한다.

```
exec "$SHELL"
```

다음 명령어로 pyenv가 설치되었는지 확인한다.

```
pyenv --version
```

---

2 (옮긴이) 'pyenv 설치'와 'Python 3.10 설치'는 Cloud9 환경을 구성할 때마다 'Python 3.10을 사용하기 위한 절차'와 '가상 환경에 대하여'에서 설명하는 절차는 프로젝트별로 실행한다.
한 번 가상 환경을 생성한 후에는 해당 프로젝트 디렉터리에서 작업할 때 가상 환경을 활성화하기만 하면 된다.
Cloud9 연결이 끊어졌다가 다시 접속했을 때 가상 환경이 비활성화돼 있다면 프로젝트 디렉터리로 이동한 후 . .venv/bin/activate 명령으로 가상 환경을 활성화하자.

Python 3.10 설치

이 책에서 준비한 Cloud9 환경에 Python 3.10을 설치하기 위해서는 OS 패키지를 설치해야한다. 다음 명령어를 실행한다.

```
sudo yum remove -y openssl-devel
sudo yum install -y openssl11-devel bzip2-devel xz-devel
```

다음으로 pyenv에서 파이썬 3.10을 설치하기 위해 아래 명령어를 실행한다(시간이 조금 걸린다).

```
pyenv install 3.10
```

Python 3.10을 사용하기 위한 절차

pyenv를 사용하여 Python 3.10을 사용하기 위한 설정을 진행한다. 먼저 프로젝트 디렉터리로 이동한다.

```
cd <프로젝트 디렉터리>
```

다음으로 이 디렉터리 아래에서 사용할 파이썬 버전을 3.10으로 지정하기 위해 다음 명령을 실행한다.

```
pyenv local 3.10
```

이 명령은 `.python-version`이라는 파일을 생성하는데, pyenv를 사용하는 경우 `.python-version` 파일이 있으면 해당 디렉터리 아래에서는 해당 파일에 기록된 버전의 파이썬이 사용된다.

가상 환경에 대하여

파이썬 개발에서는 여러 프로젝트에서 설치하는 패키지 버전이 충돌하지 않도록 '가상 환경'을사용하는 것이 일반적이다. 여기서는 가상 환경의 사용법을 설명한다.

먼저 다음 명령어로 가상 환경을 생성한다.

```
python -m venv .venv
```

그런 다음 다음 명령어를 사용하여 가상 환경을 활성화한다.

```
. .venv/bin/activate
```

그러면 터미널에 다음과 같이 표시되며, 가상 환경을 사용하는 상태가 된다.

```
(.venv) myuser:~/environment/<프로젝트 디렉터리> (main) $
```

다음 명령어를 실행하면 가상 환경 사용을 종료할 수 있다(터미널을 다시 열어도 가상 환경은 종료된다).

```
deactivate
```

A.5 Momento 가입

Momento 웹페이지에 접속한다.

» 참조: Momento
https://www.gomomento.com/

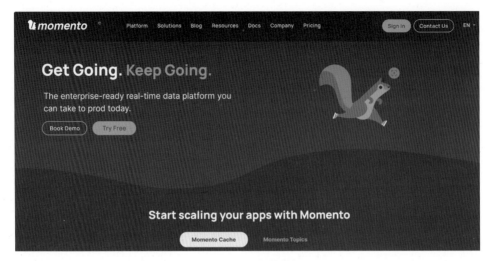

그림 A.5 Momento 웹사이트

[Try Free]를 클릭하여 가입한다.

- 구글이나 깃허브 같은 외부 IdP를 사용하거나 이메일 주소로 가입한다.

- 이메일 주소를 입력하면 Momento에서 인증 코드를 메일로 보내주니 이를 이용해 가입하면 된다.

왼쪽 패널의 캐시 목록을 선택하여 캐시(컬렉션)를 생성한다.

- 캐시 이름과 캐시를 호스팅할 클라우드 제공업체 및 지역을 선택한다.

- 클라우드 공급자로 'AWS', 리전으로는 'ap-northeast-1'을 선택한다.

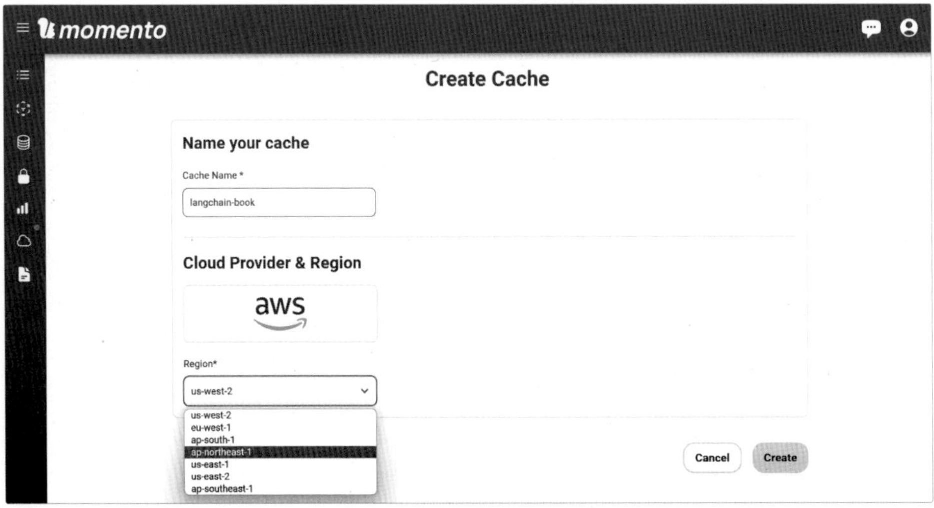

그림 A.6 캐시 생성

왼쪽 패널의 'API Keys'를 선택하여 토큰을 생성한다.

- 방금 생성한 캐시를 사용할 수 있는 API 토큰을 생성하기 위해 클라우드 제공업체 'AWS' 리전 'ap-northeast-1'을 선택한다.

- Type of key는 선택한 공급자 + 지역 범위의 모든 서비스의 모든 조작이 가능한 'Super User Key'와 '서비스', '캐시', 'Role Type(사용 가능한 조작)'을 지정하는 'Fine-Grained Access Token'의 두 종류다. 이 책에서는 'Super User Key'를 선택한다.

- [Generate Api Key]를 눌러 키를 생성한다.

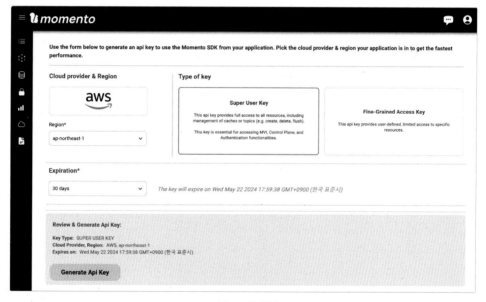

그림 A.7 키 생성

마지막으로 [Download JSON]을 눌러 토큰을 저장한다[3].

---

3 원래는 'Fine-Grained Access Key'를 발행하는 것이 바람직하지만, 이 글의 작성 시점(2023년 7월 22일)에 일부 작업에서 제대로 작동하지 않아 Super User Key를 사용한다.

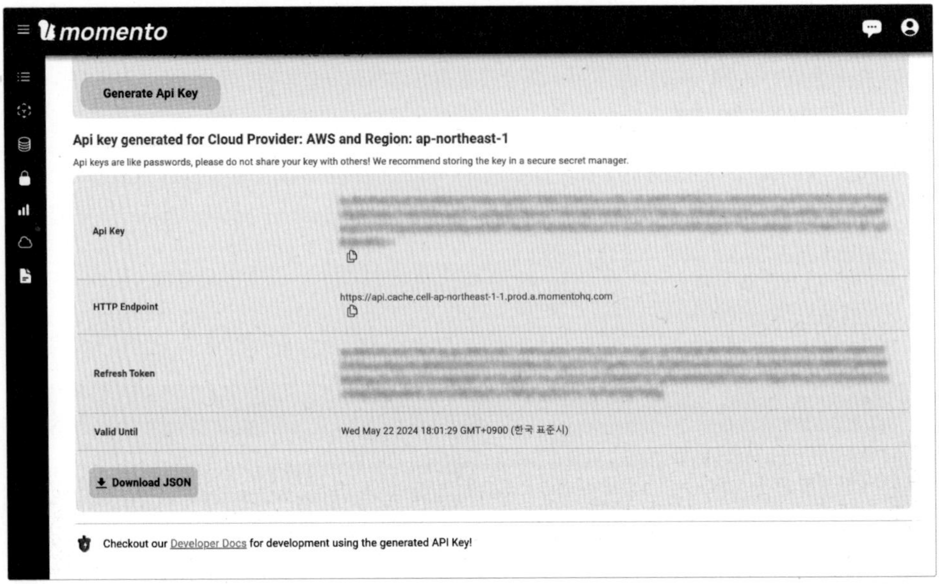

※ 이 화면은 신규 토큰 생성 후 한 번만 표시되므로 안전하게 보관하자.

그림 A.8 토큰 생성

랭체인의 새로운 표기법
'랭체인 표현 언어(LCEL)' 소개

(이 책의 저자인 오시마 유키가 블로그에 쓴 글[1]을 허락받고 옮겨 싣는다.)

1 〈LangChain の新記法「LangChain Expression Language (LCEL)」入門〉, 2023. 12. 2, https://zenn.dev/os1ma/
articles/acd3472c3a6755

B.1   LCEL(LangChain Expression Language)이란?

LCEL(LangChain Expression Language)[1]은 랭체인에서 코드를 작성하는 새로운 방법이다.

LCEL에서는 프롬프트와 LLM을 |로 연결해 작성하고, 처리의 연쇄(Chain)를 구현한다. 2023년 10월부터 랭체인에서는 LCEL을 사용하는 구현을 표준으로 하고 있다.

이 글에서는 LCEL의 기본적인 사용 방법을 소개한다.

> 부록의 소스 코드는 이 책의 저장소의 appendix 폴더에 있다.

B.2   LCEL의 기본 사용법

prompt와 model을 연결하기

먼저, LCEL을 사용하는 가장 간단한 예로 prompt와 model을 연결해 본다.

우선 prompt(PromptTemplate)와 model(ChatOpenAI)을 준비한다.

```python
from langchain_openai import ChatOpenAI
from langchain.prompts import PromptTemplate

prompt = PromptTemplate.from_template("""요리 레시피를 생각해 보세요.

요리 이름: {dish}""")

model = ChatOpenAI(model_name="gpt-3.5-turbo", temperature=0)
```

그리고 이들을 연결한 chain을 만든다.

```python
chain = prompt | model
```

---

1 공식 문서: https://python.langchain.com/docs/expression_language/

이 chain을 실행한다.

```
result = chain.invoke({"dish": "카레"})
print(result.content)
```

그러면 다음과 같이 LLM이 생성한 응답이 표시된다.

```
재료:

- 소고기 또는 닭고기 300g
- 양파 1개
<생략>
```

prompt(PromptTemplate)의 빈칸 채우기와 model(ChatOpenAI)의 호출이 연쇄적으로 실행됐다.

LCEL에서는 chain = prompt | model과 같이 프롬프트와 LLM을 |로 연결해 작성하고 처리의 연쇄(Chain)를 구현한다.

LCEL 이전에는 chain = LLMChain(prompt=prompt, llm=llm)과 같이 작성해 Chain을 구현했다.

이들을 비교해 보면 LCEL 쪽이 더 직관적인 코드로 보인다.

output_parser 연결

두 번째 예로, prompt와 model에 더해 output_parser도 연결해 본다.

LLM에게 요리 레시피를 생성시키고, 그 결과를 Recipe 클래스의 인스턴스로 변환하는 흐름을 실행해 본다.

먼저 Recipe 클래스를 정의하고 output_parser(PydanticOutputParser)를 준비한다.

```
from dotenv import load_dotenv
from langchain_openai import ChatOpenAI
from langchain.output_parsers import PydanticOutputParser
```

```python
from langchain.prompts import PromptTemplate
from pydantic import BaseModel, Field

class Recipe(BaseModel):
    ingredients: list[str] = Field(description="ingredients of the dish")
    steps: list[str] = Field(description="steps to make the dish")

output_parser = PydanticOutputParser(pydantic_object=Recipe)
```

이어서 prompt(PromptTemplate)와 model(ChatOpenAI)을 준비한다.

```python
prompt = PromptTemplate.from_template(
    """요리 레시피를 생각해 보세요.

    {format_instructions}

    요리 이름: {dish}""",
    partial_variables={"format_instructions": output_parser.get_format_instructions()},
)

model = ChatOpenAI(model="gpt-3.5-turbo").bind(
    response_format={"type": "json_object"}
)
```

> prompt의 {format_instructions} 부분에는 Recipe 클래스의 정의를 바탕으로 '이런 형식의 JSON을 반환해 줘'라는 텍스트가 포함된다.
>
> 또한 model의 설정으로 Chat Completions API에 추가된 JSON 모드를 사용하고 있다.

LCEL 표기법으로 prompt와 model, output_parser를 연결한 chain을 만든다.

```python
chain = prompt | model | output_parser
```

chain을 실행해 본다.

```
result = chain.invoke({"dish": "카레"})
print(type(result))
print(result)
```

그러면 최종적인 출력으로 Recipe 클래스의 인스턴스를 얻었다.

```
<class '__main__.Recipe'>
ingredients=['카레 가루', '고기(돼지고기, 닭고기, 소고기 등)', '감자', '당근', '양파', '마늘',
'생강', '토마토 캔', '물', '소금', '후추', '식용유'] steps=['1. 감자와 당근을 씻어 껍질을
벗기고 먹기 좋은 크기로 자른다.', '2. 양파, 마늘, 생강을 다진다.', '3. 냄비에 식용유를 두르고
마늘과 생강을 볶는다.', '4. 고기를 넣고 볶다가 색이 변하면 양파를 넣는다.', '5. 감자와 당근을
넣고 볶는다.', '6. 토마토 캔을 넣고 물을 부어 끓인다.', '7. 카레 루를 넣어 녹이고 소금과
후추로 간을 맞춘다.', '8. 밥 위에 카레를 얹으면 완성.']
```

LCEL에서는 "StrOutputParser"가 사용되는 경우도 많다.

StrOutputParser는 ChatOpenAI 등의 챗 모델 출력인 AIMessage 등을 문자열로 변환하는 데 사용된다.

```
chain = prompt | model | StrOutputParser()
result = chain.invoke({"dish": "카레"})
print(result)
```

B.3 LCEL의 작동 방식

여기서 LCEL 표기법이 어떻게 실현되고 있는지 조금 설명한다.

LCEL은 LangChain의 각종 모듈이 상속하고 있는 'Runnable 인터페이스' 등에 의해 실현되고 있다.

LangChain(langchain-core)의 소스 코드에서 Runnable은 추상 기반 클래스(ABC)로 정의돼 있다.[2]

---

2 https://github.com/langchain-ai/langchain/blob/f4d520ccb5ea2bc648a88adf689eb866384b9ae1/libs/core/
langchain_core/runnables/base.py#L83

```
class Runnable(Generic[Input, Output], ABC):
```

Runnable에는 __or__와 __ror__가 구현돼 있다.[3]

```
def __or__(
    self,
    other: Union[
        Runnable[Any, Other],
        Callable[[Any], Other],
        Callable[[Iterator[Any]], Iterator[Other]],
        Mapping[str, Union[Runnable[Any, Other], Callable[[Any], Other], Any]],
    ],
) -> RunnableSerializable[Input, Other]:
    """Compose this runnable with another object to create a RunnableSequence."""
    return RunnableSequence(first=self, last=coerce_to_runnable(other))

def __ror__(
    self,
    other: Union[
        Runnable[Other, Any],
        Callable[[Other], Any],
        Callable[[Iterator[Other]], Iterator[Any]],
        Mapping[str, Union[Runnable[Other, Any], Callable[[Other], Any], Any]],
    ],
) -> RunnableSerializable[Other, Output]:
    """Compose this runnable with another object to create a RunnableSequence."""
    return RunnableSequence(first=coerce_to_runnable(other), last=self)
```

파이썬에서는 __or__와 __ror__에 의해 연산자 |를 오버로딩할 수 있으므로 chain = prompt | model과 같은 표기법이 가능하다.

---

3 https://github.com/langchain-ai/langchain/blob/f4d520ccb5ea2bc648a88adf689eb866384b9ae1/libs/core/langchain_core/runnables/base.py#L354

> 자바스크립트/타입스크립트 버전의 랭체인에서는 LCEL을 사용하는 코드가 다음과 같다.
>
> ```
> const chain = prompt.pipe(model);
> ```
>
> 자바스크립트/타입스크립트에서는 연산자 오버로딩을 구현할 수 없어서 인터페이스를 이렇게 한 것으로 보인다.

B.4 약간 더 복잡한 LCEL 예제

LCEL의 작동 원리를 어느 정도 알았으니, 조금 더 복잡한 LCEL 예제도 몇 가지 살펴보자.

규칙 기반 처리(일반 함수) 끼워 넣기

LLM을 사용한 애플리케이션에서는 LLM의 응답에 대해 규칙 기반으로 추가 처리를 하거나 어떤 변환을 가하고 싶을 때가 많다.

LCEL에서는 Chain의 연쇄에 임의의 처리(함수)를 추가할 수 있다.

예를 들어 LLM이 생성한 텍스트에 대해 소문자를 대문자로 변환하는 처리를 연쇄시키고 싶은 경우에는 다음과 같이 구현할 수 있다.

```python
from langchain.schema.runnable import RunnableLambda


def upper(inp: str) -> str:
    return inp.upper()


chain = prompt | model | output_parser | RunnableLambda(upper)
```

사용자 정의 처리와 LLM 호출을 연쇄시키고 싶다는 유스케이스는 꽤 많으므로, 그 흐름을 직관적으로 작성할 수 있는 건 매우 기쁜 일이다.

RAG(검색 증강 생성)

끝으로, 최근 화제가 되고 있는 RAG(Retrieval-Augmented Generation) 예제다.

RAG에서는 다음 그림과 같이 사용자 입력과 관련된 문서를 VectorStore에서 검색해 프롬프트에 포함해 사용한다.

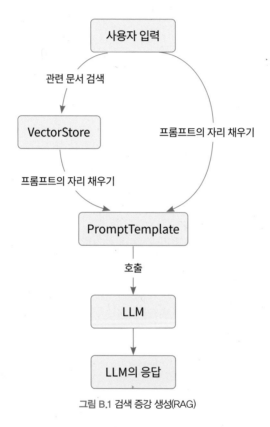

그림 B.1 검색 증강 생성(RAG)

벡터 검색 등으로 관련 문서를 찾아 프롬프트에 포함해서 사내 문서 등 LLM이 원래 모르는 정보를 바탕으로 답변시킬 수 있는 기법이다.

RAG를 LCEL로 구현하기 위해 먼저 retriever(LangChain에서 문서를 검색하는 인터페이스)를 준비한다.

```
from langchain_openai import ChatOpenAI
from langchain_openai import OpenAIEmbeddings
```

```python
from langchain.prompts import ChatPromptTemplate
from langchain.schema.runnable import RunnablePassthrough
from langchain.vectorstores.faiss import FAISS

texts = [
    "저의 취미는 독서입니다.",
    "제가 좋아하는 음식은 카레입니다.",
    "제가 싫어하는 음식은 만두입니다.",
]

vectorstore = FAISS.from_texts(texts, embedding=OpenAIEmbeddings())
retriever = vectorstore.as_retriever(search_kwargs={"k": 1})
```

prompt, model, output_parser를 준비한다.

```python
prompt = ChatPromptTemplate.from_template(
    """다음 context에만 기반해 답변해 주세요.

    {context}

    질문: {question}
    """
)

model = ChatOpenAI(model="gpt-3.5-turbo", temperature=0)
output_parser = StrOutputParser()
```

LCEL로 chain을 구현한다.

```python
chain = (
    {"context": retriever, "question": RunnablePassthrough()}
    ¦ prompt
    ¦ model
    ¦ output_parser
)
```

이 LCEL chain에서는 처음에 {"context": retriever, "question": RunnablePass through()}라고 쓰여 있다. 다음 그림처럼, 입력이 retriever에 전달되면서 prompt에도 전달된다.

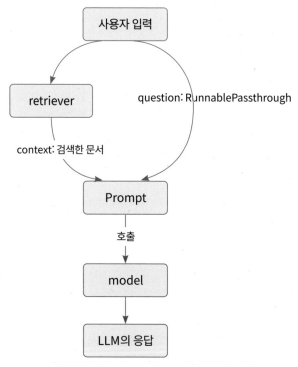

그림 B.2 입력을 retriever와 prompt에 전달하는 체인

이 chain을 실행한다.

```
result = chain.invoke("제가 좋아하는 음식은 무엇일까요?")
print(result)
```

그러면 검색한 독자 지식[4]에 기반해 답변해 주었다.

```
답변: 카레입니다.
```

---

4 (옮긴이) LLM의 기본 지식 외의 추가 정보

B.5 결론

이 글에서는 랭체인의 새로운 표기법인 LCEL을 소개했다.

LLM을 사용한 애플리케이션 개발에서 연쇄적으로 처리를 실행하고 싶은 경우가 매우 많다. 그런 처리 흐름을 직관적으로 작성할 수 있는 것은 매우 기쁜 일이고, LCEL을 알게 된 이후로 '랭체인을 도입하는 건 무겁지만 LCEL은 사용하고 싶다'라고 생각하는 일이 많았다.

한편, 2023년 11월 말부터 랭체인의 핵심 기능을 langchain-core라는 패키지로 분리하기 시작했다.[5] langchain-core에는 랭체인의 주요 추상화와 LCEL이 포함되어 있고, 지금까지 보다 안정적인 패키지로 만들 것을 의도하고 있다고 한다.

'랭체인의 추상화와 LCEL만 사용할 수 있으면 좋을 텐데'라고 생각했던 필자에게는 매우 반가운 활동이다.

앞으로의 랭체인 업데이트도 기대된다.

---

5 https://github.com/langchain-ai/langchain/discussions/13823

MEMO